Inhalt

1 Die Botschaft dieses Buches an Sie

Millionen von Worten sind zu dem Thema Übergewicht geschrieben und gesagt worden, und jedermann weiß heutzutage alles darüber – nur nicht, wodurch es verursacht wird und wie man es los wird.

Ich bin immer wieder sprachlos, wie wenige Ärzte überhaupt die wahre Ursache von Übergewicht behandeln. Kein Wunder, daß ihre Patienten nicht abnehmen!

Werfen Sie alles, was Sie bisher von Übergewicht wußten, über Bord! Denken Sie etwa: »Aber natürlich, das kommt vom zu vielen Essen!«?

Keineswegs! Dies ist eine jener Fehlannahmen, die wir immer für eine bewiesene Tatsache gehalten haben, eines jener vielen Märchen über das Übergewicht, mit denen wir jetzt aufräumen müssen.

Eine Stoffwechselstörung ist in den meisten Fällen die Ursache von Übergewicht. Seit vor 50 Jahren das erste vielbeachtete Diät-Buch erschien, haben Ärzte und Ernährungswissenschaftler uns erzählt, daß Abnehmen nur eine Frage verminderter Kalorienzufuhr und einer »ausgeglichenen Diät« sei.

Die meisten Menschen – Ärzte und Ernährungswissenschaftler mit inbegriffen – wissen jedoch überhaupt nichts von der Stoffwechselstörung, die der Hauptgrund für fast alle Fälle von Übergewicht ist.

So ist das Ergebnis dieser 50 Jahre, in denen sie den Patienten, die an einer Stoffwechselstörung litten, eine sogenannte »ausgeglichene Diät« verordneten, eine weltweite Übergewichts-Epidemie.

Eine Revolution in unserer Ernährung ist längst fällig! Übergewicht bringt viele Probleme mit sich. Die häufigste gesundheitliche Gefährdung unserer Zeit – Erkrankungen der Herzgefäße – hängt aufs engste mit Übergewicht zusammen, ebenso mit Diabetes mellitus sowie einem erhöhten Risikofaktor für Unfälle und Operationen, mit Hyperinsulinismus, Arthritis sowie Nieren-, Leber- und Gallenleiden, ja sogar mit Selbstmord.

Warum ist dies eine Diät-Revolution? Wenn man die erfolgreiche Revolte gegen allgemein anerkannte Institutionen als eine Revolution bezeichnet, dann sind die vergangenen 8 Jahre meiner Arzttätigkeit eine solche.

In den folgenden Kapiteln werde ich Ihnen erzählen, wie es dazu kam, doch sei schon hier gesagt, daß ich in jener Zeit 10 000 Patienten gegen Übergewicht behandelt habe.

Sie alle haben, ohne Kalorien zu zählen oder Pillen zu schlukken, abgenommen und das meistens *ohne jegliches quälende Hungergefühl.*

Sie nahmen nicht ab, weil sie etwa kleinere Mengen einer »ausgeglichenen Diät« aßen. Um es vorwegzunehmen: Dies ist keine »ausgeglichene Diät«. Sie ist gezielt unausgeglichen, sprich einseitig. Und warum? Weil man nur dadurch die Stoffwechselstörung beheben kann, die in den meisten Fällen das Übergewicht verursacht. Wie Sie sicherlich wissen, bestehen die meisten »ausgeglichenen« Diätarten aus ungefähr 50 Prozent Kohlehydrat, 30 Prozent Protein (Eiweiß) und 20 Prozent Fett. Menschen mit Übergewicht leiden im allgemeinen an einem gestörten Kohlehydrat-Stoffwechsel, wodurch ihr Körper nicht mit so viel Kohlehydraten fertig wird. In dieser Diät meiden wir anfangs *sämtliche* Kohlehydrate und dulden sie anschließend auch nur in sehr kleinen Mengen.

Dies ist eine Nie-Mehr-Hungrig-Diät! Eine der glücklichen Nebenwirkungen dieser gezielt einseitigen, therapeutischen Diät ist die ungeheure Veränderung Ihres Hungerempfindens. Meine Patienten nehmen ab, ganz gleich, ob sie nun mehr oder weniger bei dieser Diät essen. Die meisten essen weniger, aber das kommt nur daher, daß ihr Hunger durch das, was sie bei dieser Diät essen, restlos befriedigt wird. Überrascht stellen sie fest, daß sie einfach nicht mehr so viel essen *können* wie vorher.

Einige haben 30, 40, ja 100 oder mehr Pfund abgenommen, während sie täglich 2000–3000 Kalorien zu sich nahmen, was Ihnen beweist, daß Sie sogar abnehmen können, wenn Sie *so* viel essen wollen.

Ihre Pfunde schwanden dahin durch Spiegeleier mit Speck zum Frühstück und Sahne in ihrem Kaffee, durch Mayonnaise in ihrem Salat und zerlassene Butter auf ihrem Hummer, durch Rippchen, Entenbraten und Rauchfleisch sowie durch meinen köstlichen Käsekuchen zum Nachtisch (siehe Rezept 75). Und sogar der Cholesterinspiegel senkt sich gewöhnlich bei dieser Diät und der Triglyzeridspiegel fast immer, was noch wichtiger ist (hierüber erfahren Sie mehr im Rezept-Kapitel). Und mit ihren Pfunden wurden meine Patienten drückende Jahre los. Sie entwickelten neue Energie, eine positive Einstellung zum Leben und ein gesundes Selbstvertrauen, mit einem Wort: Sie wurden neue Menschen! Und sie zählen keine Kalorien mehr!

Gegen die häufigste Form von Übergewicht erreicht man nämlich gar nichts, wenn man nur die Kalorien zählt und den Körper mit einem Kalorien-Defizit quält.

Die Kalorien-Zählerei hat versagt! Der eindeutige Mißerfolg der herkömmlichen Medizin bei der Behandlung von Übergewicht hat die Ärzte erstaunlicherweise nicht veranlaßt, nach anderen Alternativen zu suchen.

Statt dessen traten andere Ereignisse ein. Wie ein Pilz schoß eine gigantische Industrie, die kalorienarme Nahrungsmittel und Getränke herstellte, aus dem Boden, und die pharmazeutische Industrie tat das Ihre mit einem regenbogenbunten Niagara-Fall von Diät-Pillen. Haben all diese Appetitzügler und all diese kalorienarmen Lebensmittel und Getränke uns jedoch in ein Volk schlanker und gesunder Menschen verwandelt? Sie kennen die Antwort! Jedes Jahr bereitet unerwünschtes Übergewicht mehr Menschen Sorge, und das mit Recht, denn bei unserer zunehmend sitzenden Lebensweise altern und sterben mit jedem Jahr mehr von uns frühzeitig an Krankheiten, die vorwiegend durch eine falsche Ernährung und Übergewicht bedingt sind.

Die Theorie der Kalorien-Zählerei als Lösung für das Problem des Übergewichts hat versagt (Kapitel 8 wird Ihnen mehr darüber erzählen).

Und zwar hat sie aus zwei Gründen versagt und uns nicht schlank und gesund gemacht! Erstens können nur sehr wenige Menschen lange genug das nagende Hungergefühl ertragen, das jeden bei einer kalorienarmen Diät ständig quält, um tatsächlich nennenswert abzunehmen.

Der zweite Grund ist jene bereits erwähnte spezifische Stoffwechselstörung.

Viele der heutzutage häufigsten Erkrankungen haben eine gemeinsame Hauptursache: eine Kohlehydrat-Unverträglichkeit. Eine große Anzahl von Ärzten und medizinischen Forschern hat im Laufe der Jahre beobachtet, daß Menschen mit Übergewicht, Diabetiker, Hypoglykämiker (Menschen, die an einem zu niedrigen Blutzuckerspiegel leiden) und Herzinfarkt-Anwärter alle eines gemeinsam haben: Etwas stimmt ganz und gar nicht mit der Art, wie ihr Körper Zucker und andere Kohlehydrate umsetzt. Diese Menschen haben eine Unverträglichkeit gegen Kohlehydrate, die durch eine Stoffwechselstörung bedingt ist.

Was wir also brauchen, ist eine völlig neue Diät, die den Anteil von Kohlehydraten in der täglichen Nahrung der Verträglichkeitsgrenze der Menschen mit einer Kohlehydrat-Unverträglichkeit anpaßt. Dann, und *nur* dann bekommt man Übergewicht mit all seinen Gefahren unter Kontrolle.

Warum hat die Medizin nicht die tödliche Rolle der Kohlehydrate erforscht? Wie ist es möglich, daß so viele »Ernährungswissenschaftler« nichts von dieser Kohlehydrat-Unverträglichkeit gemerkt haben?

Warum hat die medizinische Forschung so lange diesen logischen Weg zur erfolgreichen Behandlung von Übergewicht ignoriert anstatt ihn zu verfolgen?

Wie erklärt sich die Blindheit gegenüber der Flut von medizinischen Veröffentlichungen über den zwischen Kohlehydrat-Konsum und Übergewicht bestehenden Kausalzusammenhang, die 1864 mit der Publikation von William Bantings berühmtem »Brief über die Korpulenz« einsetzte und bis heute nicht aufgehört hat? Könnte diese Blindheit teilweise mit den hohen gestifteten Geldbeträgen zusammenhängen, mit denen die Hersteller der denaturierten, fast ausschließlich kohlehydrathaltigen Nahrungsmittel verschiedene Gebiete der Ernährungswissenschaft überschütten?

Wir sind die Opfer einer »Kohlehydrat-Vergiftung«! Die am häufigsten als Todesursache registrierten Krankheiten des 20. Jahrhunderts gehen auf eine »Kohlehydrat-Vergiftung« zurück, wie ich es nenne. Wodurch wird diese verursacht? *Hauptsächlich durch Zucker!* In vielen Fällen hat man es mit einer echten Zucker-*Sucht* zu tun. Wie Dr. John Yudkin feststellte: »Wir essen heute in 2 Wochen mehr Zucker als vor 200

Jahren in einem ganzen Jahr!«

Seit Jahrzehnten sind wir durch eine Art Gehirnwäsche von der Lebensmittel-Industrie dazu erzogen worden, den Tag mit einem aus Getreideprodukten bestehenden Frühstück zu beginnen und uns zu allen weiteren Stunden des Tages an allen möglichen Erfrischungsgetränken zu laben, die keinerlei Nährwert sondern lediglich Kohlehydrate enthalten. Unsere Vorfahren, die Höhlenmenschen, ernährten sich vorwiegend von Fleisch. Und entsprechend war und ist unser Organismus konstruiert – für die Verarbeitung von Protein! 50 Millionen Jahre brauchte unser Körper nur winzige Mengen von Kohlehydraten zu verarbeiten – und das waren *naturbelassene* Kohlehydrate! Als der Mensch vor 7000 Jahren den Ackerbau entdeckte, stieg der Anteil von Kohlehydraten in seiner Nahrung, doch waren sie immer noch naturbelassen. Diese Kohlehydrate waren mit anderen Worten nicht durch einen Mahl- oder Verfeinerungsprozeß künstlich konzentriert und damit denaturiert worden. Die drastische Wandlung der Trink- und Eßgewohnheiten des Menschen setzte erst im vergangenen Jahrhundert ein, und zwar hauptsächlich durch die Nahrungsmittel-Industrie, die ihm nun eine Ernährung aus vorwiegend denaturierten Kohlehydrat-Produkten anbot.

Der Mechanismus, mit dem unser Körper die ursprünglich winzigen Mengen von Kohlehydraten verarbeitete, brach unter der Last unserer Cola-Catchup-Kuchen-und-Bonbon-Kultur zusammen. Und das Ergebnis war Übergewicht, aber auch die Erkrankungen der Herzgefäße, die heutzutage an der Spitze *aller* Todesursachen überhaupt fungieren, sowie ein ganzes Spektrum von Zivilisationskrankheiten, die es vorher nicht gab.

Das Nie-mehr-hungrig-Rezept für Übergewichtige: Meiden Sie die Kohlehydrate! Nicht die Kalorien! Das Streichen der Kohlehydrate vom täglichen Speisezettel ist die wirksamste und dauerhafteste Behandlung bei Übergewicht. Einer der Gründe, die diese Diät so unerhört erfolgreich machen, beruht darauf, daß man mit den Kohlehydraten auch das lästige Hungergefühl eliminiert (über den biologischen Grund für dieses verblüffende Phänomen erfahren Sie später mehr). Es ist nicht nötig, die Kalorien zu zählen! Sie essen . . . und essen. Nach Herzenslust! Sie brauchen Ihren Hunger nicht zu unterdrücken und nehmen doch ab. Vielleicht denken Sie: »Aber mein Körper benötigt doch bestimmt auch Kohlehydrate?« Dies ist eine weitere jener Fehlannahmen, die so fest in unserem Denken verankert sind (und das gilt ebenso für Ärzte wie Patienten), daß es schwerfällt, sich von ihnen zu trennen.

Wir müssen umlernen! Die heutige explosionsartige Zunahme von allgemeinem Wissensstoff bedeutet für uns alle ein großes Problem, das nicht so sehr darin besteht, zu lernen, sondern *umzulernen*. Und so ist diese Vorstellung, daß der Körper Kohlehydrate brauche, eine jener alten Fehlannahmen, die einfach überholt sind, eine aus dem Heer jener »Wahrheiten« von gestern, die nicht den wirklichen Tatsachen entsprechen. »Menschen wie Tiere können sehr wohl mit einer Ernährung auskommen, die keine Kohlehydrate enthält, da der Organismus auch Fett und Protein als direkte Energiequellen zu benutzen vermag«, heißt es in dem berühmten Buch des *Department of Agriculture »Composition of Foods«* (»Die Zusammensetzung von Nahrungsmitteln«), das 1963 in der überarbeiteten Fassung neu erschien.

Philip K. Bondy, Leiter der Abteilung für Innere Medizin an der Medizinischen Fakultät der Yale Universität und Herausgeber von Duncans Abhandlung »Stoffwechselkrankheiten«, einem Buch, das geradezu eine Bibel für die Ärzte dieses Fachgebietes geworden ist, schreibt dazu: ». . . die menschliche Ernährung braucht keine Kohlehydrate zu enthalten . . . Wie Versuche gezeigt haben, können Menschen bei guter Gesundheit monatelang von einer aus Fleisch und Fett bestehenden Diät leben.«

Natürlich, denn die sich von Fleisch ernährenden Höhlenmenschen lebten und überlebten viele Millionen Jahre in einer verhältnismäßig kohlehydratarmen Welt. Die totale Umkehrung in der menschlichen Ernährung bis zu dem Punkt, wo denaturierte Kohlehydrate ihren Hauptbestandteil ausmachen, hat eine entwicklungsmäßige Fehlanpassung bewirkt, die sich nicht nur bei Erwachsenen, sondern sogar schon bei Kindern bemerkbar macht.

Die durch Kohlehydrate verursachten Schäden treten früh auf. Arterien können sich bereits bei noch sehr jungen Menschen krankhaft verändern. Die Autopsien, die bei einer großen Zahl von Gefallenen des Korea- sowie des Vietnam-Krieges durchgeführt wurden, zeigten dicke Fettablagerungen (Atherome) an der Aortenwand bei der Hälfte dieser jungen Männer. *Ihr durchschnittliches Alter betrug 22 Jahre!* Ihre

Arterien wiesen bereits die Symptome schwerer Schäden auf, die gemäß jüngsten Forschungsergebnissen auf einen jahrelangen Überkonsum von denaturierten Kohlehydraten in Verbindung mit einer genetischen Prädisposition für Herzgefäßerkrankungen zurückgeführt werden müssen.

Denn Kohlehydrate – und nicht Fette! – machen dicke Menschen dick. Sie tun dies auf zweierlei Art: Erstens verhindern sie, daß Ihr Körper sein eigenes Fett verbrennt, und zweitens regen sie Ihren Organismus an, noch mehr Fett zu produzieren und liefern ihm die Baustoffe dafür. Verbindungen, die nur aus Proteinen und Fetten bestehen, haben nicht diese Eigenschaft.

Diese Diät ist also eine Anti-Kohlehydrat-Diät, die Übergewicht zum Verschwinden bringt, das auf kalorienarme Diätarten nicht reagiert.

85 Pfund weniger und mehr Energie. Lyn Duddy, der die Musik für die Jackie Gleason Show komponierte, hatte jahrelang jede neu aufkommende Diät ohne Erfolg ausprobiert und nahm dann 85 Pfund ab durch seine eigene, recht eintönige Version der Anti-Kohlehydrate-Diät. »Ich hasse Fisch und hasse Käse«, sagte er. »So lebte ich ziemlich ausschließlich von Steaks, Hühnchen und grünem Salat. Es war aber nicht schwer. Zum Frühstück aß ich so viel gebratenen Speck und so viele Spiegeleier, wie ich nur schaffte. Und ich konnte meinen Salat mit Mayonnaise und mein Fleisch mit Kräuterbutter essen. Bevor ich mit dieser Diät anfing, wußte ich gar nicht, daß ich einen zu niedrigen Blutzuckerspiegel hatte. Ich wußte nur, daß ich nie viel überschüssige Energie hatte. Jetzt habe ich viel mehr Schwung und Energie.«

Die Diät, die bei Übergewicht und alle seinen lebensgefährlichen Spießgesellen hilft. *Diese Diät ist nämlich keineswegs nur eine Abmagerungsdiät! Sie ist die wirksamste medizinische Behandlung für die meisten Menschen mit einem Diabetes mellitus (der sich im Erwachsenenalter manifestierte), mit Cholesterin-Problemen, mit Magengeschwüren, mit Migräne, mit Herz- und Arterienerkrankungen und ganz besonders für Patienten, die unter abnormer Müdigkeit und Störungen im Gefühlsleben leiden, was beides Begleiterscheinungen von Hypoglykämie sind.*

All diese wahren Geißeln der Menschheit, sowie noch ein halbes Dutzend andere, können durch einen gemeinsamen

Grund über einen hereinbrechen: Durch eine Stoffwechselstörung, die durch eine Unfähigkeit des Körpers, Kohlehydrate richtig umzusetzen, bedingt ist.

Wir haben aus Erfahrung gelernt, daß wir eine Krankheit erfolgreich bekämpfen können, wenn wir ihre Ursache erkannt haben. Dies gilt auch für diese Krankheiten des 20. Jahrhunderts.

Diese Diät behandelt sowohl die Ursache wie die Symptome! Es ist jetzt möglich, all diese Krankheiten in den Griff zu bekommen, wenn man mit dem unästhetischen und lebensverkürzenden Übergewicht anfängt.

Ich weiß, daß diese Diät Ihnen helfen wird! Sie hat Tausenden von Patienten geholfen, die zu mir in die Sprechstunde kamen. Und noch viel mehr Menschen hat sie geholfen – all jenen, die nur über diese Diät in den Zeitschriften und Zeitungen, die darüber berichteten, lasen – in *Vogue, Harper's Bazaar, Town and Country, Cosmopolitan, Mademoiselle* und *Fortune* –, um nur einige zu nennen.

Ich weiß, dies Buch kann Ihr gesamtes Leben ändern! Jedes Mal, wenn etwas über diese Diät veröffentlicht wurde, habe ich Tausende von Briefen aus der ganzen Welt bekommen. Die Menschen schrieben mir, daß es ihnen ganz leichtfiele, diese Diät zu befolgen, und sie zu ihrem glücklichen Erstaunen nie mehr hungrig seien; sie fühlten sich einfach fabelhaft und ständen allem viel positiver gegenüber. Und sie berichten, daß sie völlig mühelos abnehmen, glücklich dabei sind und daß sie sich selbst wieder leiden mögen – kurz, daß die Diät ihr ganzes Leben verändert hat.

Ich habe sogar manchmal von ihren Ärzten gehört, daß sich Fälle von Diabetes und Hypertonie wesentlich besserten und Cholesterin- und Triglyzeridspiegel sich senkten, und das alles nur durch eine beachtliche Gewichtsabnahme.

Allerdings habe ich gelernt, daß es keine starre Formel gibt, die bei jedem wirkt. Es ist meine Hoffnung, daß dieses Buch Ihnen zu neuen Eßgewohnheiten verhilft, die *Ihnen* am meisten entsprechen – *Ihrem* Stoffwechsel, *Ihrem* Geschmack, *Ihren* Gewohnheiten und Bräuchen, Vorlieben und Abneigungen. Falls Sie nämlich an Übergewicht leiden, bedeutet das ein lebenslanges Problem. Wir Ärzte wissen das, doch es ist erstaunlich, wie wenige Patienten diese so selbstverständliche Tatsache hinzunehmen bereit sind.

2 Die Diät-Revolution, die Ihr gesamtes Leben ändern wird!

Tausende von Menschen sind durch diese Anti-Kohlehydrat-Diät viele lästige und gefährliche Pfunde losgeworden und haben dafür viele gute Jahre für ihr Leben gewonnen! Und dies sind die Charakteristika dieser Diät:

- Bei dieser Diät brauchen Sie keine Pillen zu schlucken, denn Sie sind *nie hungrig!*
- Viele Menschen kommen gleich von Anfang an in ein Stimmungshoch.
- Schluß mit der Kalorien-Zählerei!
- Sie essen *soviel* Sie wollen! Und *sooft* Sie wollen!
- Sie essen *üppig*! Dicke, süße Sahne, Butter, Mayonnaise, Käse, Fleisch, Fisch, Geflügel. (Und dazu frischen grünen Salat!)
- Die meisten Menschen nehmen in der ersten Woche 5–9 Pfund ab und 2–5 Pfund in der zweiten Woche.
- Sie werden noch mehr lästige Zentimeter als Pfunde loswerden!
- In der zweiten Woche dürfen Sie etwas von den kohlehydrathaltigen Dingen essen, die Ihnen am meisten fehlten (vielleicht Oliven, mehr Gemüse, oder auch ein Glas von Ihrem Lieblingswein trinken).
- In der folgenden Woche essen Sie mehr Kohlehydrate bis . . .
- Sie Ihre kritische Kohlehydrat-Schwelle (KKS) erreichen. Sie erkennen das, wenn . . .
- Ihre Urin-Teststreifen sich nicht mehr lila verfärben. Dies bedeutet . . .
- Es ist an der Zeit, Ihre Kohlehydrat-Zufuhr um einige Gramm zu vermindern . . . Das wär's!
- Jetzt haben Sie eine verwöhnten Feinschmeckern so normal erscheinende Diät, daß niemand von alleine darauf kommen würde, daß Sie überhaupt eine Diät einhalten.
- Sie können jetzt so viel abnehmen, wie Sie wollen, und für den Rest Ihres Lebens schlank und gesund bleiben, denn nun wissen Sie zum ersten Mal *genau*, wieviel Kohlehydrate *Ihr* Körper verträgt, ohne ständig zu dick, müde und

hungrig zu sein.

- Ihr Appetit und Ihr Stoffwechsel haben sich normalisiert. Sie sind schöner und gesünder geworden, wodurch wiederum Ihr Leben lebenswerter ist.
- Und jetzt wollen und können Sie gar nicht mehr anders, als so zu essen, so auszusehen und sich so zu fühlen – topfit und schlank und jung! Ein neuer fröhlicher Mensch!

Zerbrechen Sie sich nicht den Kopf wegen all jener Fragen, die Sie möglicherweise jetzt stellen möchten. (»Was ist denn das für eine Art von Stoffwechselstörung?« »Wie soll ich jemals bei Mayonnaise und Schlagsahne abnehmen?!« »Was für ein Urin-Teststreifen?«) Ich werde alle diese Fragen bald ausführlich beantworten. Lassen Sie mich zuerst einmal den Unterschied zwischen dieser Diät und anderen kohlehydratarmen Diätarten erklären.

Der grundlegende Unterschied zwischen dieser Diät und anderen kohlehydratarmen Diätarten: Sie haben natürlich schon von sogenannten »kohlehydratarmen« Diätarten gehört. Haben Sie mal eine ausprobiert? Es gibt viele von ihnen – jede ist ein Schritt in die richtige Richtung. Es besteht jedoch ein grundsätzlicher Unterschied zwischen all jenen Diätarten und dieser. Bei den meisten jener Diätarten rät man Ihnen, Ihre Kohlehydrat-Zufuhr auf 60 Gramm pro Tag zu beschränken. Stimmt's?

Dies hatte seinen Grund. Bei 60 Gramm Kohlehydrat pro Tag scheidet der Körper keine Ketonkörper aus (das sind winzige Partikelchen, die Abfallprodukte der unvollständigen Fettverbrennung darstellen). Sie müssen wissen, daß die Ärzte, die jene Diätarten aufstellten, die Ausscheidung von Ketonkörpern für unerwünscht hielten. Sie werden etwas später mehr über Ketonkörper erfahren. Sie sind auch eines jener Themen, über die umzulernen ist.

Vergessen Sie zuerst einmal, was Sie über Ketonkörper gehört haben. Wenn ein Mensch mit seinem Atem oder Urin Ketonkörper ausscheidet, handelt es sich um einen Zustand von Ketonämie.

Gerät nun ein zu dicker Mensch mit einer Kohlehydrat-Unverträglichkeit absichtlich in Ketonämie, so kann er sich nur darüber freuen. Es ist ein Zeichen dafür, daß die unerwünschten Fettmassen von seinem Körper als Energiespender verbrannt werden. Es ist ein erster Schritt auf dem Weg zu gesunder Schlankheit, einem stabilisierten Blutzuckerspiegel und einem gesenkten Triglyzeridspiegel ... ein erster Schritt also zu all dem, was sein Herz begehrt – im übertragenen wie buchstäblichen Sinn des Wortes!

Wenn Sie dagegen nach einer längeren Hungerzeit oder als Diabetiker in Ketonämie geraten, bedeutet das etwas ganz anderes. Dann ist es das Symptom für eine Azidose – und das ist ein Warnsignal.

Zu viele Ärzte betrachten diese beiden Zustände als gleichartig, obwohl sie so verschieden wie Tag und Nacht oder Gesundheit und Krankheit sind.

Es besteht *keine* Azidose, wenn die Ketonämie als normale Begleiterscheinung dieser Diät auftritt.

Ich habe Tausende von Patienten in Ketonämie überwacht! Ärzte, die bei einer Abmagerungskur wie dieser das Auftreten einer Ketonämie fürchten, verfügen über keine Erfahrung mit der Ketonämie, die durch eine kohlehydratfreie Diät ausgelöst wird. Ich habe sie, denn dies ist mein ganz spezielles Fachgebiet.

Jahrelang habe ich regelmäßig und sorgfältig das Wohlbefinden von Tausenden von Patienten überwacht, die sich monatelang ohne Unterbrechung in Ketonämie befanden. Ich habe dabei keinerlei negative Wirkungen feststellen können und habe auch niemals als Ergebnis einen Fall von Azidose gehabt. Ganz im Gegenteil bin ich zu der Schlußfolgerung gekommen, daß die Ketonämie ein äußerst erstrebenswerter Zustand ist, denn während Sie sich in diesem glücklichen Zustand befinden (und ich meine das wörtlich, denn in der Regel wird er von einem Stimmungshoch begleitet), wird Ihr Fett mit einem *Maximum* an Geschwindigkeit und einem *Minimum* an Entbehrungen verbrannt (im Zustand der Ketonämie verschwindet nämlich jegliches Hungergefühl!).

Nicht 60 Gramm Kohlehydrate, sondern null Gramm! Hierin unterscheidet sich diese Diät *grundlegend* von allen anderen. Während der ersten Woche dieser Diät ist Ihre Kohlehydrat-Zufuhr biologisch gleich Null. Dies löst eine chemische Situation in Ihrem Körper aus, die für die schnellstmögliche Verbrennung Ihrer Fettreserven die günstigste von allen ist: Ihr Körper scheidet Ketonkörper aus, und jeder Hunger verschwindet.

Der Brennstoff, den Ihr Körper als erstes verbrennt, stammt von den Kohlehydraten, die Sie essen oder trinken, und solange Kohlehydrate vorhanden sind, verbrennt Ihr Körper lieber diese als sein Depotfett – und bleibt bei seinen alten Stoffwechselgewohnheiten. *Kohlehydrate als solche werden jedoch nicht länger als 48 Stunden im Körper gespeichert.*

Wenn also *keine* Kohlehydrat-Zufuhr erfolgt, muß Ihr Körper sich aus seiner eigenen Brennstoffquelle versorgen – aus dem gespeicherten Fett. Er wird gezwungen, seine bisherigen Stoffwechselgewohnheiten zu ändern, und im Verlauf dieser Änderung verwandelt sich Ihr Körper aus einer kohlehydratverbrennenden Maschine in eine fettverbrennende Maschine.

Dies ist die Diät-Revolution: die neue chemische Stoffwechselsituation, bei der Ketonkörper ausgeschieden werden – und mit ihnen die unerwünschten Pfunde, und das alles *ohne* Hungergefühle!

Durch ganz allmähliche winzige Zugaben von Kohlehydraten verbrennt Ihr Körper weiter Fett als Brennstoff! Wir müssen diese chemische Situation aufrechterhalten, wenn Sie weiter ohne Hungergefühle abnehmen wollen. Und wenn wir Kohlehydrate nur ganz allmählich und in winzig kleinen Mengen zuführen, dann schaffen wir es . . . daß Ihr Körper weiter als fettverbrennende Maschine funktioniert.

Daran halten wir uns also. In der zweiten Woche können Sie einige Gramm mehr Kohlehydrate Ihrer Diät hinzufügen, und in jeder weiteren Woche ein wenig mehr (circa 5 Gramm).

Auf diese Weise – es ist wie ein Taschenspielertrick – verbrennen Sie weiter Ihr eigenes Fett *genauso schnell* wie in der ersten Woche dieser Diät.

Woher wissen wir das so genau? Nun, wir sehen es daran, daß Sie weiter abnehmen und niemals hungrig sind. Wir wissen es, weil Sie sich wohler und vielleicht sogar geradezu prächtig fühlen. Aber wir wissen es auch noch aus einem anderen Grund.

Unterschied Nummer 2: Das willkommene Lila! Wie wir sahen, scheidet Ihr Körper Ketonkörper aus, wenn er mit dieser Höchstgeschwindigkeit sein Fett verbrennt, und das sowohl mit dem Atem wie im Urin. Es ist der denkbar wünschenswerte Zustand während einer Diät, denn es ist der Beweis, daß das überschüssige Fett im Körper verbrannt wird.

Sie können ohne jede Schwierigkeit feststellen, ob Ihr Urin

Ketonkörper enthält. Billige Teststäbchen, die Sie ohne Rezept in jeder Apotheke bekommen, verfärben sich lila, wenn Ketonkörper vorhanden sind. (Alles Weitere hierüber erfahren Sie später.)

Es ist interessant – und sehr wichtig! –, dies genau zu kontrollieren, wenn Sie mit jeder weiteren Woche kleine Mengen von Kohlehydraten Ihrer Diät hinzufügen. Denn nur durch diese Teststreifen können Sie mit Sicherheit feststellen, ob Ihr Körper weiter eine fettverbrennende Maschine ist, so wie in der ersten Woche der Diät.

Die Ausscheidung von Ketonkörpern hat noch einen anderen Vorteil, denn sie sind nichts anderes als unvollständig verbrannte Kalorien. Das bedeutet also, daß Sie mit Ihrem Atem und Urin Kalorien loswerden. Dies ist einer der Gründe dafür, warum Sie in diesem Zustand mehr Kalorien essen können als Ihr Körper verbrennt – *solange Sie keine Kohlehydrate anrühren!* – und *trotzdem* weiter abnehmen. Die Ketonkörper bilden den geheimnisvollen Faktor, der diesen biochemischen Zaubertrick bewirkt. Hunderte von Kalorien werden heimlich jeden Tag in Form von Ketonkörpern und einem Schwarm unvollständig verbrannter Fettmoleküle aus Ihrem Körper geschmuggelt.

Sie werden diese Kalorien nicht durch Arbeit oder ermüdende körperliche Bewegung los, sondern einfach, indem Sie atmen und Ihre Nieren für sich arbeiten lassen. Und das alles erreichen Sie, indem Sie lediglich die Kohlehydrate weglassen!

Unterschied Nummer 3: Nie mehr hungrig! Sie können unbegrenzt handfeste »dickmachende« Sachen essen! Bei dieser Diät können Sie unbegrenzt wahrlich üppige Dinge essen, z.B. Hummer mit zerlassener Butter, Steak mit Sauce Béarnaise und nicht nur einfache Frikadellen, sondern diese auch noch mit fettem Käse überbacken oder noch besser mit knusprigem Frühstücksspeck! Solche Köstlichkeiten sind wahrscheinlich der Grund, weshalb Sie jetzt nie mehr hungrig sind. Doch merkwürdigerweise sind Sie das nicht. Die Gewichtsabnahme von Tausenden meiner Patienten beweist, daß der Hauptgrund für die Tatsache, daß Sie bei all diesen nahrhaften Dingen abnehmen, folgender ist: *Solange Sie Kohlehydrate strikt meiden, können Sie jede Menge solch »dickmachender« Dinge essen, ohne auch nur ein einziges Gramm zuzunehmen.*

Ein Heinzelmännchen namens FMH zaubert Ihnen jeden Hunger fort, während Sie abnehmen! Sie nehmen bei dieser Diät hauptsächlich deshalb ohne Hungergefühle ab, weil Ihr Stoffwechsel sich umgestellt hat. Dieses Gefühl, einfach keinen Hunger zu haben, ist ein vollkommen neues Erlebnis für Sie. Durch das Weglassen von Kohlehydraten haben Sie sich einen mächtigen Bundesgenossen zu Hilfe geholt; dies ist eine Substanz, die von Ihrer Hypophyse produziert und als das fettmobilisierende Hormon (FMH) bezeichnet wird oder als FMS, wie sie ursprünglich genannt wurde.

Erst 1960 gelang es, dieses Hormon als reine Substanz zu isolieren, als drei englische Forscher, Dr. T. M. Chalmers, Professor Alan Kekwick und Dr. G. L. S. Pawan vom *Middlesex Hospital* in London, es aus dem Urin von Menschen und Tieren extrahierten, die mit einer kohlehydratfreien Diät ernährt wurden.

Warum nehmen Menschen nicht bei einer 1000-Kalorien-Diät ab? Die drei englischen Forscher untersuchten den Urin von Patienten, die mit allen möglichen anderen Diätarten ernährt wurden, und fanden kein FMH; einzig und allein im Urin der Patienten, die keine Kohlehydrate aufnahmen und deren Diät entweder nur aus Fett und/oder Protein bestand, war dieses Hormon festzustellen.

FMH ist also mit anderen Worten eine natürliche Substanz des menschlichen Körpers, die dieser nur produziert, wenn in der Nahrung nur sehr wenig oder keine Kohlehydrate enthalten sind. Und sein Vorkommen im Urin zeigt an, daß der Körper seine gespeicherten Fettreserven als Brennstoff verbraucht. Wenn dieses Hormon seine Aufgabe erfüllt hat, d.h. die Türen zu den körpereigenen Fettspeichern geöffnet hat, werden die Überreste von ihm mit dem Urin ausgeschieden. Zwar wissen wir nicht genau, wie dieses Hormon (oder einige andere) genau vorgeht. Wir können nur beobachten, was es bewirkt.

Durch welches Signal wird dieses Heinzelmännchen auf den Plan gerufen? Das Signal, auf das hin die Hypophyse dieses fettmobilisierende Hormon in den Blutkreislauf ausschüttet, ist anscheinend der völlige Mangel an bequemem Brennstoff in der Nahrung – an Kohlehydraten also. Sind keine Kohlehydrate verfügbar, wendet sich der Körper an die Hypophyse: »Ich brauche Brennstoff. Laß mich an meine Fettreserven ran!« Durch das Weglassen von Kohlehydraten wird diese wundersame natürliche Körpersubstanz – FMH, diese Zauberkugel – von der Hypophyse ins Blut ausgestoßen.

Und der ganze Sinn dieser Diät ist es, dies zu erreichen! Und es ist auch der Grund, weshalb diese Diät auch dort wirkt, wo alle anderen Diätarten versagt haben. Das in Ihrem Blutkreislauf zirkulierende FMH garantiert Ihnen, daß die Energie, die Ihr Körper Ihnen zur Verfügung stellt, von der ständigen Verbrennung Ihrer eigenen unerwünschten Fettreserven stammt. Und dies ist nur möglich, weil FMH Ihrem Körper diese Reserven zugänglich macht.

Vergessen Sie aber ja nicht: Das Losungswort hierfür heißt anfangs »*Keine Kohlehydrate!*« und später nur ganz allmählich gesteigerte kleine Mengen, so, wie wir es zu Beginn dieses Kapitels besprachen und dann erklärten.

Der Unterschied Nummer 4: Auch der hartnäckigste Dicke nimmt ab! Es ist fast nie passiert, daß ein Patient nach Ablauf der ersten Woche dieser Diät zurückkam und sagte: »Ich habe Ihre Diät genau befolgt, Doktor, aber ich habe nicht abgenommen.« In den seltenen Fällen, wo es geschah, haben wir stets einen ganz klaren Grund dafür gefunden, der sich abstellen ließ (siehe hierzu Kapitel 14). Die Mühelosigkeit und Schnelligkeit, mit der Menschen abnehmen, ist jedoch kolossal verschieden. Die Sängerin Leslie Uggams z.B. verliert bei dieser Diät in nur wenigen Tagen viele Pfunde. Doris Lilly, die Journalistin, hat es genauso leicht. Sie nahm im ersten Monat 20 Pfund ab und ist nun schon seit 5 Jahren schlank geblieben. Einer meiner Mitarbeiter interviewte sie hierzu. Sie sagte: »Ich mußte mich immer in die riesigste Kleidergröße hineinzwängen, denn was mir bequem gepaßt hätte, gab es nur in der Zeltabteilung. Ich ging jedoch viel aus und merkte es nicht so richtig. Doch eines Abends besuchte ich die Merv Griffin Show in einem neuen, glänzenden Norell-Kleid. Das Fernsehen übertrug die Show. Als ich mich auf dem Bildschirm sah, schrie ich auf. Ich sah wie eine glänzende silberne Tonne aus. Fett! Fett! Fett! Ich ging zu den Uchitels zum Dinner (er war damals der Besitzer des berühmten Nachtclubs El Marocco) und heulte bei denen los; sie rieten mir dann, zu Dr. Atkins zu gehen. Das tat ich und nahm 40 Pfund ab, davon 20 im ersten Monat! Keine Spritzen! Keine Pillen! Dr. Atkins gab mir nur Überdosen von Vitaminen, einschließlich Vitamin C. Wahrscheinlich, weil ich keinen Orangensaft zum Frühstück trinke. Das Ganze braucht nur ein bißchen Energie. Zu essen bekommt man wahrhaftig genug. Ich trinke allerdings nicht, weshalb es mir leichter fällt. Oh, natürlich, gelegentlich trinke ich auch mal einen Scotch. Aber nicht mehr.

Dr. Atkins hat meine gesamten Eßgewohnheiten geändert. Seit ich mit der Diät begann, habe ich kein einziges Stück Brot mehr im Haus gehabt. Früher aß ich wie so viele Amerikaner mittags ein Sandwich. Jetzt gegrilltes Fleisch und Fisch. Das ist gar kein Problem. Und ich bin *so* glücklich, daß ich jetzt in eine normale Kleidergröße hineinpasse! Sogar meine Füße sind kleiner geworden. Ich habe meine gesamten Schuhe verschenkt und alle Kleider und nur die Handtaschen und die Pelzmäntel behalten. Es ist jetzt 5 Jahre her, und ich habe nicht wieder zugenommen.«

Die Kalorien-Zählerei kann hartnäckigen Dicken nicht helfen! Ich habe nur einige wenige glückliche Menschen gesehen, die schnell und ohne nennenswerte Anstrengung abnehmen. Die meisten übergewichtigen Patienten haben sich ihr Leben lang mit einer herzzerreißenden Serie von Diätarten abgequält, die alle nichts halfen. Mich macht es jedes Mal glücklich, einen solchen Patienten am Ende der ersten Woche dieser Diät zu sehen. Diese Freude würde ich gegen nichts eintauschen! Sie haben alle unweigerlich abgenommen und dabei nicht unter Hungergefühlen gelitten. Ein biochemisches Wunder hat sich vollzogen. Sie wagen wieder zu hoffen. Für viele bedeutet diese erste Woche den Wendepunkt in ihrem Leben: eine echte Neugeburt.

Auch Sie können bei dieser Diät abnehmen! Es nehmen sogar Menschen ab, die sich umsonst monatelang mit einer täglichen Kalorienmenge von nur 800–900 Gramm kasteiten. Dieser Widerstand des Stoffwechsels, auch bei so geringer Kalorienzufuhr nicht abzunehmen, d. h. die eigenen Fettreserven zu verbrennen, bedeutet in meinen Augen ein echtes Handicap für die davon betroffenen Menschen. Diese Diät bricht diesen Widerstand, was *keiner* kalorienarmen Diät gelingt. Perry Zenlea, einer meiner Patienten, ist so ein Fall. Als er jedoch aufhörte, die Kalorien zu zählen und statt dessen die Kohlehydrat-Gramme überwachte, hörte er auf, darunter zu leiden.

Perry Zenlea war heroisch im Einhalten jeder Diät gewesen, doch trotzdem dick. Er ist Ingenieur und 45 Jahre alt und einer der disziplíniertesten Menschen, die je zu mir in die Praxis kamen. Für ihn mußten, schon als er 9 Jahre alt war, alle Sachen vom Schneider gemacht werden, weil er so dick war. Und er wurde mit jedem Jahr dicker.

Perry Zenleas Stoffwechsel-Handikap ist derart, daß er bereits zunimmt, wenn er pro Tag etwas mehr als 100 Kalorien ißt. Dies ist ganz ungewöhnlich für einen Mann, denn der männliche Grundumsatz ist höher als der weibliche.

Die meiste Zeit seines Lebens hat er sich mit 900 Kalorien pro Tag durchgehungert. Wenn er zwischendurch einmal mehr aß, nahm er gleich zu, um dann wieder eisern zu hungern. So nahm er ab und zu und zu und ab, war immer hungrig und fühlte sich entsprechend miserabel. Die Zukunft sah wahrlich nicht rosig für ihn aus! Kein Mensch kann unbegrenzt auf solche Weise existieren.

Monat für Monat hungerte er bei 900 Kalorien am Tag! Als er zu mir kam, hatte er sich auf diese erschütternde Weise 45 Pfund runtergehungert, von denen er bereits 24 wieder zugenommen hatte, wodurch er ein Gewicht von 245 Pfund auf die Waage brachte. Er trank kaum und hatte sich nie etwas aus Süßigkeiten gemacht. Wie war es nur möglich, daß er so dick blieb?

Jetzt befolgt er die Null-Kohlehydrat-Diät seit über einem Jahr und hat 90 Pfund abgenommen! Der Widerstand seines Stoffwechsels, abzunehmen, ist so groß, daß er auch bei der winzigsten Kohlehydrat-Beigabe sofort schlagartig aufhört abzunehmen.

Er befolgt also weiter die Diät der ersten Woche, d.h. eine biologisch kohlehydratfreie Diät, denn er hat noch weiter abzunehmen. Er braucht Ihnen aber nicht leid zu tun, denn . . .

Er nahm 90 Pfund ab, ohne zu hungern oder Kalorien zu zählen! »Dies ist das größte Wunder, das ich jemals erlebt habe!« versichert er mir immer wieder. »Es ist ein völlig neues Leben! Ich bin nie mehr hungrig. Es ist einfach phantastisch. Ich will nie mehr mit dieser Diät aufhören!«

Perry Zenlea verspeist dabei ein so reichliches Abendessen (manchmal bis zu 1½ Pfund Fleisch, Salat oder eine halbe Tasse Gemüse und einen Nachtisch!), daß er zum Frühstück nur eine Tasse Kaffee mit dicker Sahne und Süßstoff trinken kann. Sein Mittagessen besteht meistens aus zwei Rühreiern mit Frühstücksspeck. Wenn er Lust hat, futtert er zwischen den Mahlzeiten und vor dem Zubettgehen noch Käse.

»Seit ich das erste Mal zu Ihnen kam, werde ich jede Woche jünger!« behauptet er. »Ich sehe nämlich nicht nur jünger aus und fühle mich jünger. Es ist vielmehr eine physische Tatsache. Ich bin jünger geworden!« Und er hat recht.

Zenlea war Diabetiker, beide Eltern waren es. Er nahm entsprechende Medikamente ein, als er zu mir kam. Darüber hinaus war ein ein Hypotoniker, was wiederum weitere Medikamente bedeutete. Es gelang mir, ihn von all seinen Medikamenten abzusetzen. Sowohl sein Blutdruck wie sein Blutzucker sind jetzt normal. Sein Cholesterinspiegel, der bei der ersten Untersuchung 335 mg% ergab, sank auf eine normale Höhe von 215 mg%. Falls Sie wie Perry Zenlea trotz quälenden Hungers und allen damit verbundenen Entbehrungen eisern eine kalorienarme Diät befolgt haben, ist Ihre Leidenszeit jetzt zu Ende. Ich verspreche es Ihnen! Sie haben bewiesen, daß Sie die Charaktereigenschaften besitzen, die man braucht, um zu gewinnen. Verbunden mit dem praktischen Wissen, das Ihnen dieses Buch vermittelt, wird es Ihnen mit diesen Eigenschaften gelingen, Ihr ganzes Leben lang genau so viel zu wiegen, wie Sie es wollen – *und nicht ein Gramm mehr!*

3 Wie ich diese revolutionäre Diät entdeckte

Ich habe die Hoffnung, daß es mir mit diesem Buch gelingt, Sie von Ihrem Übergewicht zu befreien und dadurch Ihre Einstellung zum Leben und damit Ihr Leben selbst zu ändern. Dies alles hat diese Diät für mich bewirkt, als ich sie entdeckte. Lassen Sie mich Ihnen erzählen, wie es dazu kam.

Ich war als Kind sehr dünn. Als ich die Schule beendete, war ich 1,83 m groß und wog nur 123 Pfund. Ich war der dünnste Bursche vom ganzen Block. Meine Eltern hatten alles versucht, um zu erreichen, daß ich mehr aß, und so waren wir alle glücklich, als ich schließlich einen enormen Appetit entwickelte. Am College war ich bald der größte Esser.

Und ich begann endlich zuzunehmen. Als ich mit dem College fertig war, wog ich 36 Pfund mehr. Während des Studiums an der medizinischen Fakultät nahm ich weiter zu, wie auch während meines Praktikums im Krankenhaus, wo ich als der unersättlichste Vielfraß galt. Ich war längst zu dick, doch da ich mich aus langjähriger Gewohnheit für dünn hielt, kümmerte ich mich nicht darum.

Erst 1963, zehn Jahre später, nachdem ich immer weiter zugenommen hatte, sah ich plötzlich auf einem Photo, daß ich nicht nur ein Doppelkinn, sondern ein dreifaches Kinn hatte. Das Photo war auf meinem Dienstausweis, den ich bei meiner neuen Tätigkeit als medizinischer Berater der AMERICAN TELEPHONE & TELEGRAPH COMPANY trug. Ich mußte es sein, denn mein Name stand ja darauf, doch hielt ich für besser, es zu prüfen. »Habe ich wirklich ein dreifaches Kinn?« fragte ich eine Schwester. Sie nickte. Es stimmte also! Ich war nicht mehr der magere Junge. Ich war ein dicker Mann und sah 15 Jahre älter aus, als ich es tatsächlich war.

Allein schon die Vorstellung, hungern zu müssen, entsetzte mich! Vermutlich hatte ich es schon eine ganze Weile gewußt, es aber nicht wahrhaben wollen. Denn da war noch ein anderes Problem. Ich hatte Angst vor Hunger. Ich glaube, viele Menschen lehnen aus Angst vor Hunger jede Diät ab. Millionen von Menschen muß es in der Hinsicht wie mir ergehen. Jeder Mensch mit Übergewicht hat zu irgendeinem Zeitpunkt seines Lebens versucht, weniger zu essen – und wurde dann von nagendem Hunger besiegt. Für ihn ist jede Art einer Hungerdiät eine biologisch falsche Anpassung.

Ich kannte verschiedene Diätarten. Das Schlimme war jedoch, daß sie mir alle rieten aufzuhören, wenn ich mein Steak zur Hälfte gegessen hatte. Das ist dann aber nur eine halbe Portion. Ich wußte aus Erfahrung, daß ich nach einem halben Steak hungriger war als vorher, wenn ich mich zu Tisch setzte. Und so wußte ich auch, daß ich nicht einen einzigen Tag lang eine solche kalorienarme Diät einhalten konnte.

Und ich besitze fast keine Willenskraft! Ich habe einen großen Appetit, aber nur sehr wenig Willenskraft. Wenn ich mit Freunden in einem Restaurant sitze und warten muß, weil die Bedienung langsam ist, rufe ich unweigerlich den Kellner herbei und verlange schnell irgend etwas zu essen, während ich warten muß. Ich kann Hunger einfach nicht ertragen. Da ich jedoch jenes Erkennungsabzeichen an meinem Kittel tragen und mir jeden Tag dieses abscheuliche Wabbelkinn ansehen muß, beschloß ich, doch lieber etwas gegen mein überschüssiges Gewicht zu tun. Wenn ich jetzt auf jene Periode in meinem Leben zurückblicke, erkenne ich, was es für ein Glück war, daß ich Kardiologe und nicht Facharzt für Stoffwechselkrankheiten geworden war. Hätte ich nämlich mein Studium auf den menschlichen Stoffwechsel und damit auf Fragen der Ernährung ausgerichtet, so würde ich die gleichen klassischen Fehlannahmen nachplappern, denen so viele meiner Kollegen immer noch anhängen. Da ich jedoch von jenen falschen Vorstellungen frei und unbelastet war, konnte ich damals – wie jetzt – unvoreingenommen die mit dem Stoffwechsel zusammenhängenden Vorgänge beobachten. Ich begann auf jeden Fall in der medizinischen Fachliteratur nach einem für mich gangbaren Weg zu suchen.

Man kann fasten – aber ohne hungrig zu sein? Eines Abends las ich über Dr. Garfield Duncans ernährungswissenschaftliche Versuche an der Universität von Pennsylvania. Während einer Fastenkur, so berichtete er, verlieren Patienten nach 48 Stunden jedes Hungergefühl. Ich war sprachlos. Es erschien mir unglaubhaft, daß ich nach 48 Stunden ohne jede Nahrung nicht hungrig sein sollte. Wie könnte das möglich sein? Es war gegen jegliche Logik. Mein Interesse war jedoch erwacht.

Ich suchte nach der Diät für den »Hungrigen Patienten«! Während meiner Suche fand ich weitere Mosaiksteinchen zu diesem Rätsel. Ich las die Veröffentlichungen jener zwei genialen Forscher, Professor Kekwick und Dr. Pawan, die eine fettmobilisierende Substanz im Urin von Menschen und Tieren nachgewiesen hatten, die 48 Stunden lang mit einer kohlehydratfreien Diät ernährt worden waren. Diese Entdeckung sowie das Auftreten von Ketonkörpern im Urin bedeuteten, *daß der Körper seinen Hunger durch Verbrennung seines eigenen Fettes als Energiespender befriedigte.*

Keine Kohlehydrate bedeutet auch: Keinen Hunger! Das sind ja gute Neuigkeiten, dachte ich. Wenn man durch Weglassen der Kohlehydrate seinen Körper von einer kohlehydratverbrennenden Maschine in eine fettverbrennende Maschine verwandeln kann, müßte ich mein ganzes Steak (denn es enthält ja keine Kohlehydrate!) essen können und gleichzeitig meinen Speck loswerden. Und es wäre ein zusätzlicher Vorteil, wenn ich wie Garfield Duncans Patienten dabei nicht einmal hungrig wäre! Zur gleichen Zeit stieß ich auf eine hochinteressante Untersuchung des verstorbenen Dr. Alfred W. Pennington von der DuPont Company; er behauptete, daß sich Übergewicht häufig durch eine Stoffwechselstörung erklären läßt. Er schlug eine Behandlungsmethode vor, bei der die Kalorien nicht beschränkt werden.

Dr. Pennington hatte es an DuPont-Angestellten nachgewiesen! Kurz nach dem Zweiten Weltkrieg bewies er die Wirksamkeit seiner Behandlungsmethode, als er von der medizinischen Abteilung der DuPont Company den Auftrag erhielt, herauszufinden, weshalb durch kalorienarme Diätarten bei so vielen ihrer Angestellten keinerlei Erfolg erzielt wurde. Pennington gelangte durch seine Untersuchungen zu der Schlußfolgerung, daß Übergewicht nicht durch zu große Nahrungsaufnahme, sondern durch eine Stoffwechselstörung verursacht wird, durch eine Unfähigkeit des Organismus, die Kohlehydrate zu etwas anderem als zur Fettspeicherung zu benutzen.

Er stellte eine Test-Diät zusammen. 20 Angestellte erboten sich, diese auszuprobieren. Die Diät erhielt keinerlei Zucker und Stärke und ersetzte diese durch Protein und Fett. Dies war natürlich eine ketogene Diät, d. h. das Fehlen von Kohlehydraten löste die Ausscheidung von Ketonkörpern im Urin aus, was das Zeichen dafür ist, daß das fettmobilisierende Hormon im Blutkreislauf zirkuliert. Bei Dr. Penningtons Diät wurden keine Kalorien gezählt. Die Diät ging von 3000 Kalorien pro Tag aus, doch jeder, der darüber hinaus hungrig war, durfte so viel essen wie er wollte.

Während der Testperiode bezeugten alle 20 Angestellten, daß sie sich wohl fühlten und nie hungrig waren. Am Schluß des Tests hatten sie im Durchschnitt 20 Pfund in einer durchschnittlichen Zeit von 3½ Monaten abgenommen. Und diejenigen unter ihnen, die vorher einen zu hohen Blutdruck gehabt hatten, stellten erfreut fest, daß er sich entsprechend ihrer Gewichtsabnahme gesenkt hatte.

Ich las von einer Diät und bekam Lust, sie auszuprobieren. Schließlich las ich von der ketogenen Diät, über die Dr. Walter Lyons Blooms aus Atlanta, Georgia, berichtete. Der Zweck dieser Diät bestand lediglich darin, die Umstellung des Stoffwechsels bei einer kohlehydratfreien Diät untersuchen zu können – nicht in der Behandlung von Patienten. Er konnte nachweisen, daß das gleiche erstaunliche Phänomen – das Verschwinden jedes Hungergefühls –, das bei einer Fastenkur beobachtet worden war, ebenfalls bei einer kohlehydratfreien Diät auftritt. Und da das genau war, was ich suchte – eine Diät, bei der man keinen Hunger hatte –, faszinierte mich Dr. Blooms Diät.

Es klang köstlich! Eier mit gebratenem Speck zum Frühstück, viel Fleisch und mittags und abends sogar Salat.

Auf jede dieser vorstehend genannten Veröffentlichungen folgte eine Flut heftigster Angriffe, die deren Gültigkeit in jeder Weise zu widerlegen versuchten. Trotz dieser vernichtenden Kritik erschienen mir diese neuen Theorien logische und vielversprechende Alternativen zur kalorienarmen Diät darzustellen.

Und so beschloß ich 1963, Dr. Walter Blooms Diät selbst auszuprobieren. Es fällt mir nicht schwer, mich an jene Zeit zu erinnern. Ich arbeitete damals an einer Klinik für Diagnostik, von der ich glaubte, daß sie einen wesentlichen Beitrag zur Qualität der Krankenbehandlung in New York leisten würde. Das Krankenhaus wurde jedoch plötzlich verkauft und unsere Klinik geschlossen. Alles in meinem Leben schien schiefzugehen. Mitten in dieser Depression beschloß ich, diese Diät zu versuchen. Ich weiß gar nicht, wo ich den Mut dafür hernahm, doch wahrscheinlich war es gar kein Mut, sondern pure Verzweiflung. Und so begann ich mit dieser ketogenen Diät, obwohl ich alle jene medizinischen Abhandlungen gelesen hatte, die einstimmig versicherten, daß sie falsch sei und keinerlei Hoffnung auf Erfolg hätte.

So begann ich meine Diät und wartete auf Ketonkörper. Für mich war es natürlich ein Kinderspiel, den Urin auf Ketonkörper zu untersuchen, hatte ich das doch schon in meinem zweiten Studienjahr gelernt. Ganz gewöhnliche Teststäbchen, die in jeder Apotheke zu haben sind, verfärben sich lila, wenn Ketonkörper vorhanden sind.

Bald stellte ich fest, daß das beruhigende Lila auch weiter auftrat, wenn ich 10–15 Gramm Kohlehydrate pro Tag aß. Dies bewies, daß mein Körper fortfuhr, sein eigenes Fett zu verbrennen. Ich konnte Käse, kaltes Fleisch, Scampi und Quark essen und zu jeder Mahlzeit einen Salat. Als Nachspeise entdeckte ich Ricotta-Käse, den ich durch Süßstoff und verschiedene Aromen veredelte.

Sogar bei 40 Gramm Kohlehydrat nicht hungrig! Durch unermüdliches Probieren und unvermeidliche Fehler fand ich im Laufe der Zeit heraus, daß ich 35–40 Gramm Kohlehydrate pro Tag essen konnte und dabei weiter abnahm, vorausgesetzt, ich steigerte die Kohlehydratzufuhr *langsam* genug bis zu dieser Grenze. Ich aß Gemüse, manchmal eine Melone oder frische Erdbeeren mit Schlagsahne. Ich stellte sogar fest, daß ich gelegentlich einen Whisky vor dem Essen vertragen konnte. Und im übrigen aß ich den ganzen Tag, zwar nur kleine Imbisse, aber ich aß. Ich machte es mir zur Gewohnheit, täglich etwa dreimal vom Krankenhaus nach Hause zu gehen, um mich zu stärken. Als ich auf diese Weise mein eigenes Versuchskaninchen wurde, war mir klar, daß ich sehr viel essen würde; ich rechnete damit, bestenfalls in einem Monat 3 oder 4 Pfund abzunehmen. Ich war folglich ehrlich überrascht – wahrscheinlich war es die größte Überraschung meines Lebens! –, *als ich nach 6 Wochen dieser Diät 26 Pfund abgenommen hatte!*

Ich empfand sehr gemischte Gefühle über diesen so schnellen Schwund meiner Pfunde. Selbstverständlich war ich entzückt darüber, doch war das nicht alles. Mich erfüllte ein Gemisch aus Freude und Ärger: Freude über die geschwundenen Pfunde und Ärger darüber, daß ich mich so lange durch die falschen Behauptungen der medizinischen Fachwelt hatte täuschen lassen – durch das gleiche, überholte, 50 Jahre alte ernährungswissenschaftliche Dogma, das uns auch heute noch aufgetischt wird und nach dem es nur *einen* Weg geben soll, abzunehmen: die kalorienarme Diät oder mit anderen Worten: FDH – Friß die Hälfte!

Das war für mich bei meinem enormen Appetit natürlich nie in Frage gekommen. Wie konnten so viele Spezialisten sich nur so lange total irren? fragte ich mich. Ich hatte doch so viel durch eine kohlehydratfreie und *nicht* durch eine kalorienarme Diät abgenommen und dabei soviel gegessen, wie ich wollte!

Je mehr ich aß, um so mehr nahm ich ab. Ich habe mir buchstäblich meine lästigen Pfunde weggefuttert. In jenen 6 Wochen verbrachte ich mehr Zeit mit Essen denn je zuvor, denn die bloße Vorstellung, eine Diät einhalten zu müssen, erfüllte mich mit Angst, womöglich hungrig zu sein. Ich war jedoch nie hungrig! Ich hatte lediglich Angst, es zu sein, und aß daher vorsorglich so viel, doch das schien mich nicht am Abnehmen zu hindern.

Am deutlichsten erinnere ich mich daran, wie ich immer eine Stunde bevor mein Wecker klingelte, und zwar morgens um 6 Uhr, aufzuwachen pflegte, weil ich meinen Bauch begutachten wollte und so froh war, daß er jeden Tag flacher wurde. Ganz aufgeregt vor Spannung sprang ich dann aus dem Bett, um zu sehen, ob ich wieder 1 oder 2 weitere Pfunde losgeworden war. Und die Waage bestätigte mir dies jedesmal mit schöner Regelmäßigkeit.

Später fand ich heraus, daß dieses frühe Aufwachen nicht nur an meiner freudigen Aufregung lag, die sich an meinem Körper vollziehende Veränderung mitzuerleben. Es lag wahrscheinlich an der Tatsache, daß sich mein Blutzuckerspiegel durch die streng kohlehydratarme Diät normalisiert hatte. Dies hat immer eine beträchtliche Steigerung der Energie und des allgemeinen körperlichen wie seelischen Wohlbefindens zur Folge.

Damals erkannte ich noch nicht, wie schläfrig, müde und träge ich immer gewesen war, bevor ich mit dieser Diät begann. Ich glaubte, mich durchaus wohl zu fühlen. Erst nach einiger Zeit fiel mir die so positive Veränderung auf, die auch in dieser Hinsicht mit mir vorgegangen war, und ich erkannte plötzlich, daß ich mich vor Beginn dieser Diät ganz und gar nicht wohl gefühlt hatte. Ich lade alle Leser wärmstens ein, dieses Phänomen an sich selbst auszuprobieren.

65 Angestellte probieren meine Diät und nehmen ab! Meinen neuen Kollegen in der medizinischen Abteilung von AT & T war natürlich nicht entgangen, daß ich 26 Pfund dünner war. Und sie sahen, wieviel ich aß und wie wohl ich mich fühlte. Und so war es nicht schwer, alle davon zu überzeugen, daß eine Versuchsstudie über die mögliche Gewichtskontrolle bei unseren Angestellten eine gute medizinische Präventivmaßnahme war.

65 Personen meldeten sich für meine Diät. Das Ergebnis war verblüffend. Ohne eine einzige Ausnahme erreichten alle nicht nur ihr ideales Gewicht, sondern hielten es auch. Hunger hatte niemand während der Diät verspürt. Einige meinten sogar, sie hätten nie so viel gegessen. Die Mehrzahl nahm 16 Pfund im ersten Monat ab. Einer unserer Direktoren brachte es sogar auf 60 Pfund in 4 Monaten und meinte, er fühle sich »körperlich und geistig verjüngt«. Ein anderer, der in 5 Monaten 49 Pfund abnahm, war besonders darüber erfreut, daß der Ärger, den er mit seinen Füßen gehabt hatte, völlig aufhörte und er jetzt wieder wandern konnte, während er vorher nicht länger als eine halbe Stunde gehen konnte, und das auch nur unter großen Schmerzen. Wieder ein anderer, der 26 Pfund in 5 Wochen los wurde, sagte, er fühle sich wie ein neuer Mensch und würde sich mehr körperlich bewegen und mehr laufen und spazierengehen als jemals zuvor.

Wodurch sich diese Diät von anderen »kohlehydratarmen« Diätarten unterscheidet. Während ich 1964 diese Diät an den Angestellten von AT & T testete, wurde eine Reihe von Diätarten populär, die eine tägliche Kohlehydratmenge von 60 Gramm propagierten. Eine von ihnen stammte von John Yudkin, den ich bereits mit großer Bewunderung erwähnte. Jeder sagte zu mir: »Na, Doktor, das ist doch im Grunde *Ihre* Diät?!« »Nun, ich weiß nicht«, erwiderte ich. Ich wußte dagegen, daß meine Patienten in Ketonämie bleiben mußten, wenn sie weiter abnehmen sollten. Im Gegensatz zu dieser meiner Überzeugung waren sämtliche 60-Gramm-Diätarten ganz bewußt so zusammengestellt, daß die Kohlehydratzufuhr wohl eingeschränkt wurde, aber auf jeden Fall eine Ketonämie vermieden wurde.

Eine 60-Gramm-Diät ist für viele Menschen durchaus brauchbar, wenn sie einmal ihr Idealgewicht erreicht haben, und wer seine Kohlehydratzufuhr schlagartig von den gewohnten 400–500 Gramm auf 60 Gramm senkt, hat natürlich anfangs damit einen recht spektakulären Erfolg. Der erfahrene Diät-Kenner oder der vernünftige Esser, der schon längst nur wenig Kohlehydrate ißt, wird dagegen bei einer 60-Gramm-Diät nicht viel abnehmen.

Diese Diät wirkt hundertprozentig! Es war, glaube ich, sehr wichtig, daß ich von Anfang an mit großer Sicherheit wußte, daß ich mit einer Diät arbeitete, die dramatische Erfolge erzielte und *immer* wirkte. Diese Überzeugung hat mir selbstverständlich enorm im Umgang mit meinen Patienten geholfen. Wenn ein Patient behauptet, die Diät würde bei ihm nicht wirken, *weiß* ich, daß es nicht stimmt. Sie *muß* auch bei ihm wirken! Und ich weiß daher, daß etwas nicht richtig gemacht worden ist, und es gelingt mir schließlich, den Patienten davon zu überzeugen. Gemeinsam versuchen wir nun den Grund zu finden, und dann wirkt die Diät immer.

Ich hoffe, es wird mit Ihnen genauso sein, wenn Sie dieses Buch lesen. Sie kennen sich mit Diätarten aus, ich weiß. Weshalb probieren Sie also nicht diese Diät und vergleichen Ihre Reaktion darauf? Urteilen Sie selbst, ob Sie sich besser fühlen oder nicht, ob Sie mehr Energie entwickeln, weniger hungrig sind und Ihnen das ganze Experiment einfach Spaß macht. Ich frage meine Patienten alle danach. Ihre Antworten haben ergeben, daß 95 Prozent von denen, die sowohl eine gute kalorienarme Diät wie eine gute kohlehydratarme Diät ausprobierten, es viel leichter fanden, ohne Kohlehydrate als ohne Kalorien auszukommen!

Ich habe Blooms Diät derartig erweitert, daß Sie Ihr ganzes Leben lang so essen können! Dies ist nämlich keine kurzfristige Diät. Es ist die Umstellung auf eine neue, gesunde Ernährungsweise für Ihr ganzes Leben. Sie werden sich Ihre eigene Diät zusammenstellen, die dann so genau zu Ihnen paßt wie ein Paar Haftschalen. Und Sie werden mit Genuß essen – schmackhafte, reichliche und abwechslungsreiche Mahlzeiten. Deshalb habe ich Blooms Test-Diät erweitert. Seine Diät dauerte nur drei Tage und sollte, wie bereits erwähnt, nur die Wirkung einer kohlehydratfreien Diät auf den Stoffwechsel zeigen. Es war die Speck- und Eier-, Fleisch- und Salat-Periode.

Für den von ihm angestrebten Zweck genügte das völlig. Ich wollte jedoch eine Diät, mit der ich in Freuden den Rest meines Lebens verbringen konnte. Und so entwickelte ich durch alle unvermeidlichen Irrungen und Wirrungen hindurch diese Diät. Ich fügte ihr sogar Mayonnaise, Butter und die anderen Fette hinzu, die ich gern mag; und bis zum Erreichen der kritischen Kohlehydrat-Schwelle (KKS) dürfen Sie sogar Kohlehydrate essen, wenn Sie die Mengen entsprechend langsam steigern.

Es macht psychologisch den entscheidenden Unterschied aus, daß man bei einer Diät viel und gut essen kann, z. B. Sahne im Kaffee, Erdbeeren mit Schlagsahne, Mayonnaise, gebratenes, fettes Fleisch, Fisch, Wurstwaren und zerlassene Butter und all die leckeren Süßspeisen, über die Sie im Rezeptteil mehr erfahren. (Besonders sei mein Käsekuchen erwähnt, der für die meisten meiner Patienten ein wahres Lebenselixier ist!)

Die Variationsmöglichkeiten dieser Diät sind fast unbegrenzt! Sie können mit dieser Diät unbegrenzt variieren. Gleichzeitig ist sie *der einzige Weg, gut zu essen und doch Ihr Leben lang schlank und gesund zu bleiben!* Für Ihre überlastete Pankreas (Bauchspeicheldrüse) oder Ihr immer wiederkehrendes Übergewicht sind Kohlehydrate *reines Gift!* Vielleicht werden Sie daher von nun an immer Ihr Gift rationieren. Doch wenn Sie dieses Buch aufmerksam lesen, wird Ihnen das mit weniger Verzicht und geringerem Aufwand an Willenskraft gelingen als Sie denken. Ich habe Ihnen schon gestanden, wie wenig Willenskraft ich habe, und mir ist es trotzdem gelungen, all diese Jahre meine Diät einzuhalten. Es besteht keinerlei Grund, nun sofort einen Rekord im Abnehmen aufzustellen. Wir streben einen Rekord an Gesundheit, an Wohlbefinden an – eine neue Art, ein ganzes Leben lang zu essen!

Dies ist wirklich eine Diät-Revolution, denn sie ermöglicht Ihnen, Ihr Leben lang voller Behagen üppig und reichlich zu essen, ohne jemals gegen Hunger ankämpfen zu müssen. Und währenddessen schwinden Ihre Pfunde und Zentimeter dahin und verschaffen Sie sich neue Energien, Gesundheit und Glück.

4 Nie ein quälendes Hungergefühl!

»Ich habe einfach keine Willenskraft, Doktor. Stimmt es wirklich, daß man bei dieser Diät abnimmt, ohne zu hungern? Und ohne Pillen zu schlucken?«

Wie oft bekomme ich diese Fragen zu hören! Meine Antwort lautet: Es stimmt! Es gibt gar keinen Zweifel darüber. Hunger tritt nur dann auf, wenn Menschen versuchen, ihre Nahrungszufuhr *quantitativ* einzuschränken, um abzunehmen.

Diese quantitative Einschränkung ist jedoch nicht der einzige Weg, um abzunehmen. Wir gehen den anderen Weg, den natürlichen, und eliminieren lediglich die Kohlehydrate. Wir brauchen uns nun nicht mehr darum zu sorgen, *wieviel* wir essen. Wie können Sie jemals hungrig sein, wenn Sie wissen, daß Sie zu jeder Tages- und Nachtzeit so viel essen dürfen, wie Sie wollen?

Essen Sie, wenn Sie Zweifel haben! »Wie kann man so viel essen, wie man will, und doch abnehmen?« Auch diese Frage höre ich oft von neuen Patienten. Und ich erkläre ihnen dann, daß sie es verstehen würden, wenn sie bereits mehr über die physiologischen Gründe von Übergewicht wüßten. *Alle Menschen mit Übergewicht haben nämlich einen gestörten Stoffwechsel.* Ihr Körper produziert zuviel Insulin, und dieses Insulin senkt den Blutzuckerspiegel, was wiederum Hunger auslöst. Man braucht nur selektiv jene Nahrungsmittel auszuschließen, die die Ausschüttung von Insulin auslösen, und der betreffende Patient hört auf, jenes unmäßige Hungergefühl zu empfinden. Deshalb sage ich: Essen Sie so viel, wie Sie brauchen, um Ihren Hunger zu befriedigen, nur *keine* Dinge, die die Insulinproduktion anregen! Und wenn Sie nicht genau wissen, ob Sie nun hungrig sind oder nicht, dann essen Sie auf jeden Fall sicherheitshalber!

Die meisten Menschen wissen nicht, daß Kohlehydrate tatsächlich hungrig machen, indem sie die Insulinausschüttung auslösen, was wiederum den Blutzuckerspiegel absacken läßt, während Proteine und Fette hohen, echten Sättigkeitswert haben.

Sogar ein großer Esser wird, wenn er Kohlehydrate meidet,

feststellen, daß er ohne jede Willensanstrengung weniger ißt, denn bei meiner Diät hat er einfach nicht mehr den früheren Heißhunger. Dies beweist, wie ungeheuer befriedigend und sättigend diese Ernährungsart ist. Schauen wir uns einmal den Fall von Ruth S. an.

Ruth war so verzweifelt, daß sie ins Krankenhaus ging, um abzunehmen. Als Ruth, eine große Brünette, vor zwei Jahren zu mir kam, war sie 27 Jahre alt und wog 257 Pfund. Sie hatte eine gute Stellung, nette Freunde und einen guten Psychiater, doch eine traurige Vorgeschichte, was ihr Übergewicht betraf. Schon auf dem College wog sie 165 Pfund. 6 Jahre lang nahm sie dann mit Hilfe von Tabletten ab und wieder zu und ab und zu. Als sie 239 Pfund wog, war sie verzweifelt und legte sich ins Krankenhaus. Ihr Gewicht ging in 3 Monaten von 239 auf 178 Pfund zurück, doch 6 Monate später wog sie bereits wieder 239 Pfund.

Sie hatte so gut wie keine Hoffnung mehr, als sie zu mir kam und mich fragte, ob es noch irgendeinen Sinn hätte, es mit einer weiteren Diät zu versuchen. Sie war damals dicker, als sie es jemals gewesen war. Sie hatte keinen Diabetes und war ganz einfach nur dick, doch ihre Mutter wog 272 und ihre Schwester 219 Pfund. Sie selbst hatte ein geradezu unbegrenztes Fassungsvermögen für Kartoffelchips und Cola.

»Ich haßte mich selbst und war schrecklich deprimiert und völlig mutlos, als ich zu Ihnen kam«, gestand sie mir später.

Wer hätte geglaubt, daß sie eine Diät einhielt? »Anfangs fiel es mir schwer, so ganz anders zu essen«, sagte sie. »Es war die Umstellung. Aber mit der Zeit gewöhnt man sich daran. Da ich mich immer sattessen konnte, blieb ich dabei. Ich war nie mehr hungrig und zählte keine Kalorien mehr. Trotzdem hatte ich Schuldgefühle. Da saß ich nun in einem Restaurant mit meinen 254 Pfund, wahrhaftig kein zartes Blümchen! Und ich bestellte als Vorspeise Scampi und dann einen Salat und vielleicht Froschschenkel in Knoblauchbutter. Und meinen Kaffee trank ich mit Sahne. Ich fühlte dann geradezu, wie die Leute, die mich anstarrten, dachten: Warum ißt die denn um Himmels willen nicht Diät?! Und dabei *war* dies meine Diät! Ich habe aber gar nicht das Gefühl, daß es eine Diät ist. Für mich ist es einfach eine *andere* Art zu essen, die mir gefällt. Früher war ich immer müde und deprimiert. Mein Übergewicht löste eine Depression nach der anderen aus. Jetzt habe ich viel mehr Schwung und Energie, obwohl ich noch weiter abnehmen will, aber das werde ich schon schaffen. Wie macht es mich glücklich, wenn die Männer sich jetzt auf der Straße nach mir umdrehen! Es ist ein herrliches Gefühl!«

Sie nahm 113 Pfund ab, ohne das Gefühl zu haben, sich einschränken zu müssen. Natürlich dauerte es eine Zeitlang, bis diese 113 Pfund verschwunden waren. Am wichtigsten ist, daß sie jetzt weiß, daß es *möglich* ist. »Ich kann nie wieder so essen wie andere Leute«, sagte sie. »Mir schmeckt das, was ich esse. Ich bin nie rückfällig geworden. Ich konnte es einfach nicht. In Wirklichkeit esse ich besser als die meisten anderen Menschen. Nie bestelle ich nur eine einfache Frikadelle, nein, wenn schon, dann mit Käse überbacken! Und Hühnerbrust esse ich mit Mozzarella und mein Steak mit Sauce Béarnaise. Und ich liebe Schweizer Käse mit Rauchfleisch oder Putenbrust. Wie könnte ich da das Gefühl haben, ich verzichte auf irgend etwas?!«

Ebenso wirksam wie Diät-Pillen – nur ohne ihre schädlichen Nebenwirkungen. Das Verschwinden jedes quälenden Hungergefühls ist einer der großen Vorteile der kohlehydratfreien Diät. Meine Patienten sagen mir, daß die Diät eine genauso starke Wirkung hat wie die Appetitzügler. Und das alles ohne die schädlichen Nebenwirkungen, die den gesunden Schlaf stören, nervös machen und zur Süchtigkeit führen. Die Diät dämpft lediglich auf natürlichste Weise den Appetit erheblich. Dies haben mir mindestens 90 Prozent meiner Patienten bestätigt. Sie sagen von sich aus, daß sie gar nicht verstehen, was mit ihrem früher so gewaltigen Appetit geschehen ist. »Ich kann jetzt nicht mal mehr aufessen, was ich auf dem Teller habe, und dabei aß ich früher immer doppelte Portionen!«

Ich glaube nicht, daß »Völlerei« psychologisch bedingt ist. Meiner Überzeugung nach ist Völlerei keineswegs so sehr psychologisch bedingt, wie immer behauptet wird. Ich glaube nicht, daß es viele Menschen drängt, enorme Mengen von Nahrung in sich hineinzustopfen nur wegen der psychologisch tröstlichen Wirkung des Eßvorganges. Sie überfressen sich einzig und allein deshalb, weil ihr gestörter Stoffwechsel sie mit diesem abnormen Hungergefühl quält. Wenn die Stoffwechselfunktion durch diese Diät in normale Bahnen gelenkt wird, verschwindet nämlich dieser krankhafte Hunger. Viele Patienten werden sogar ausgesprochen mäßige Esser, wie ich festgestellt habe.

Hunger auf Süßigkeiten ist oft ein Symptom! Haben Sie jemals fast unverzüglich nach einer Mahlzeit mit einer üppigen Süßspeise ein heftiges Verlangen nach Süßigkeiten verspürt? Ein derartig unzeitgemäß auftretendes Verlangen ist – genau wie Müdigkeit – eines der Symptome für einen gestörten Kohlehydrat-Stoffwechsel. Durch diese Diät verschwinden solche Symptome.

Diese Befreiung von bizarren Eßgelüsten stellt einen weiteren Punkt in der Skala der durch diese Diät zu erlangenden Belohnungen dar und macht es noch leichter, mit ihr zu leben. Es ist so wunderbar, sein Essen genießen zu können, ohne jemals gegen derartige Gelüste kämpfen zu müssen, während die Pfunde dahinschmelzen! Solange man sich an diese Diät hält, gibt es keine solchen Probleme mehr. Wenn Sie allerdings mogeln und anfangen, Kohlehydrate zu futtern, hat der wildeste Hunger Sie wieder in den Klauen. Sie hassen sich dann zwar selbst, können aber einfach nicht mehr aufhören zu essen. Und so stellen sich die alten Pfunde und Speckpolster und Speckfalten alle wieder ein. Ihr Gewicht nimmt zu und Ihre Energie in gleichem Maße ab.

Wie steht es mit zwanghaften Essern? Häufig fragen mich Patienten bei der ersten Untersuchung: »Ich *kann* einfach nicht aufhören zu essen! Sobald mich etwas aufregt oder bedrückt, gehe ich zum Eisschrank und esse. Wie sollen Sie mir bloß helfen können, wenn ich so ein hoffnungsloser Fall bin!«

»Prächtig!« antworte ich. Denn genau das sollen Sie auch weiter tun! Ich möchte, daß Sie jedesmal, wenn Sie etwas aufregt oder bedrückt, zum Eisschrank gehen und essen, allerdings *nur kohlehydratfreie* Dinge. Ich will weder die tröstliche Rolle, die Essen bei verletzten Gefühlen spielt, noch seine aufmunternde Wirkung bei Depressionen antasten. Ich möchte lediglich, daß Sie sich jedesmal vergewissern, auch bestimmt nichts Kohlehydrathaltiges zu essen. Ansonsten bin ich der Meinung, daß Sie es genau richtig machen, wenn Sie nach einem Ärgernis zum Eisschrank gehen und kaltes Hühnerbein essen oder ein Stück von Ihrem Lieblingskäse oder etwas von einer der Süßspeisen, über die Sie in diesem Buch mehr erfahren werden.

Vermeiden Sie jede Art von Hunger! Patienten, die bei Aufregungen oder Kummer essen, bereiten mir kein Kopfzerbrechen, denn bei unserer Protein-Fett-Diät besteht eine Sättigungsdauer von 24 bis sogar 48 Stunden. Falls Sie sich also an einem Tag mit Protein und/oder Fett vollstopfen, ist das nicht weiter schlimm, da sie am darauffolgenden Tag unweigerlich entsprechend weniger essen, wie sich immer wieder gezeigt hat. Was mir nicht gefällt, sind hungrige Patienten, mag es sich nun um einen seelischen oder körperlichen Hunger handeln. Jedesmal, wenn jemand gegen Hunger ankämpfen muß, wird die Aussicht auf eine langfristig erfolgreiche Gewichtsabnahme äußerst fraglich.

Bei dieser Diät *kann* kein Patient hungrig bleiben. Kommt trotzdem einmal einer nach der ersten Woche zu mir und behauptet, hungrig gewesen zu sein, so sage ich zu ihm: »Dann essen Sie gefälligst mehr! Essen Sie genügend Eiweiß, damit Sie nicht mehr hungrig sind!« Nach der nächsten Woche berichtet er dann, daß er mehr gegessen habe und nicht mehr hungrig war und trotzdem abgenommen hat!

Achten Sie auf die ersten Anzeichen von Hunger! Oft bekomme ich zu hören: »Richtig hungrig bin ich eigentlich nie, aber ich muß einfach immer etwas essen.« Die meisten Menschen, denen es so ergeht, essen hauptsächlich zwischen und nicht zu den Mahlzeiten, ganz besonders aber gleich nach dem Abendessen. Ich behaupte, daß es sich bei diesem sogenannten »zwanghaften« Essen in Wirklichkeit um ein Vorzeichen von Hunger handelt, ein inneres Vorsignal, das nicht so leicht als Hunger erkannt wird, da der Magen ja voll ist, obgleich der Blutzuckerspiegel gesunken ist. Wenn diese »nie hungrigen« Marathonesser auf eine kohlehydratfreie Diät umsteigen, hört dieser ständige Drang, etwas zu knabbern, schlagartig auf. Das Hungersignal wird offensichtlich durch die hungerstillende und den Blutzucker stabilisierende Wirkung dieser Diät ausgeschaltet. »Es ist geradezu mysteriös!« wundern sich die Patienten. »Ich war mein ganzes Leben lang ein unverbesserlicher Daueresser. Jetzt bin ich es plötzlich nicht mehr. Es ist fast unheimlich! Haben Sie mich etwa bei meinem ersten Besuch hypnotisiert? Oder sind jene Vitamintabletten, die Sie verschreiben, in Wirklichkeit Appetitzügler?«

Spielen Kalorien bei einer kohlehydratfreien Diät denn gar keine Rolle? Es hat bei dieser Diät sehr wenig Sinn, die Kalorien zu zählen. Im Gegenteil, es erhöht nur die Gefahr, die Diät nicht durchzuhalten (wie Sie in Kapitel 8 lesen werden). Selbstverständlich steht außer jeder Frage, daß man bei einer täglichen Nahrungszufuhr von 1500 Kalorien und 10 Gramm Kohlehydrat schneller abnimmt als bei 2000 Kalorien und 10

Gramm Kohlehydrat. Wenn die Kohlehydratmenge konstant bleibt, machen die zusätzlichen Kalorien einen Unterschied, doch ist dieser nicht sehr bedeutsam.

Menschen, die aus Gewohnheit immer doppelte Portionen aßen, bleiben manchmal auch bei dieser Diät bei einem sehr hohen täglichen Kalorienverzehr. Solche starken Esser denken eben, sie müßten weiter so viel essen, da sie die neue, viel niedrigere Sättigkeitsschwelle noch nicht entdeckt haben, auf die ihr Körper sich bei dieser Diät umstellt. Wenn sie nur einmal den Versuch machen würden, weniger zu essen, würden sie merken, daß sie bei kleineren Portionen genauso satt und befriedigt wären. Falls Sie es eilig haben, abzunehmen, sollten Sie kleinere Mengen essen, aber nicht so kleine, daß Sie das Gefühl haben, sich Einschränkungen auferlegen zu müssen. Das ist es nämlich keineswegs wert.

Er nahm 21 Pfund in 28 Tagen bei 2000 Kalorien pro Tag ab! Wie Versuche gezeigt haben, können Sie sogar bei 2500 oder 3000 Kalorien täglich bei einer kohlehydratfreien Diät abnehmen – und das nicht nur vorübergehend.

Ich erinnere mich da an einen meiner ersten Patienten. Er war Buchhalter und notierte bis aufs Gramm genau alles, was er aß und trank und rechnete auch den entsprechenden Kalorienwert aus. Bei einer Kalorienmenge von 2500 pro Tag nahm er in einem Monat 21 Pfund ab. Das ist nun eindeutig mehr als nur ein vorübergehender, kurzfristiger Gewichtsverlust, wie es etwa die Ausscheidung von Flüssigkeit aus dem Körper sein kann. Dies ist keineswegs ein Einzelfall. Ich habe Tausende von ähnlichen Fällen in meiner Praxis gehabt. Nehmen wir z. B. Max S.:

Er nahm 45 Pfund bei 5000 Kalorien pro Tag ab! Max wog 272 Pfund und hat durch seine Arbeit bei einem Traiteur* freien und leichten Zugang zu allen nur denkbaren Schlemmereien. Er nahm mich daher beim Wort, als ich ihm sagte: »Essen Sie soviel wie Sie nur wollen!« Als ich ihn aus Neugier bat, die Fleischmengen zu wiegen, die er vertilgte, stellte sich heraus, daß er es auf fast 4 Pfund Fleisch pro Tag brachte, was mindestens 5000 Kalorien entspricht. Ungeachtet dieser gewaltigen Mengen wurde Max 45 Pfund los!

* Traiteur: Französische Bezeichnung für ein Delikatessengeschäft, das auf die kulinarische Ausrichtung von Einladungen und sonstigen festlichen Anlässen in Privat- und Bürohäusern spezialisiert ist.

Er nahm 91 Pfund ab und aß doch für vier! Ich unterhalte mich täglich mit vielen Patienten, die bei geradezu unglaublichen täglichen Mengen erfolgreich abnehmen. Einer von ihnen ist z. B. Marc Elers, ein 1,80 m großer, 26 Jahre alter Steuerberater, der im November 1969 zu mir kam. Er brachte damals 274 Pfund mit auf die Waage. Schon mit 17 Jahren hatte er 173 Pfund gewogen und war während seiner Schulzeit von seinen Eltern zu 6 verschiedenen Ärzten geschleppt worden. Jedesmal, wenn er abnahm, hatte er anschließend wieder zugenommen.

Im Jahre 1965 hatte er es beinahe 9 Monate mit der Reis-Diät der Duke-Universitätsklinik ausgehalten – wahrhaftig eine harte Probe für die Willensstärke und Entsagungsfähigkeit jedes jungen Mannes! Ganz besonders für einen, der so gerne ißt wie Marc. Es kostete ihn qualvolle 9 Monate, um 45 Pfund abzunehmen, die sich natürlich schon sehr bald darauf wieder einstellten.

Da probierte er es mit seiner sechsten Diät, die mehr Tabletten als alle anderen vorschrieb. Er nahm ab . . . und nahm wieder zu. In den 6 Wochen, die seinem ersten Besuch bei mir vorausgingen, hatte er im ganzen wieder 27 Pfund zugenommen.

»Wie können Sie nur glauben, auf diese Weise lange zu leben?« fragte ich ihn. »Weshalb essen Sie bloß für vier?«

»Wenn ich nur für drei äße, wäre ich immer noch hungrig«, entgegnete er. »Und ich *kann* einfach nicht mehr aushalten, hungrig zu sein!«

Marc hat seit Beginn meiner Diät, also in einem Jahr, 91 Pfund abgenommen. Das ist weiter nicht erstaunlich. Bemerkenswert ist nur die Aufstellung über das, was er in dieser Zeit gegessen hat, während er diese 91 Pfund los wurde.

Marc ißt im allgemeinen nur zwei Mahlzeiten pro Tag – Frühstück gegen 11 Uhr und Abendbrot zwischen 16 und 17 Uhr. Sein Frühstück besteht an Wochentagen aus einem Käseomelette aus 3–4 Eiern und einem Becher Quark mit saurer Sahne. Woraus sein Abendessen bestand, mögen folgende wahllos herausgegriffene Beispiele zeigen:

22. Juni 1970:	6 Lammkoteletts, Salat
23. Juni 1970:	7 Frankfurter Würstchen mit Sauerkraut
24. Juni 1970:	2½ Pfund Hummer mit grünen Bohnen
24. Juli 1970:	2 Dutzend Rippchen, 1 Steak, Käse, viel Salat
25. Juli 1970:	3 Eier mit Quark, 1 Dutzend Rippchen, 1 Pfund Hühnchen
26. Juli 1970:	1½ Pfund Steak mit gebratenen Zwiebeln

An den Wochenenden lagen beide Mahlzeiten zeitlich später und waren beträchtlich umfangreicher.

Marc Elers ist kein Produkt meiner Phantasie. Er ist ein lebender Beweis dafür, daß nicht die *Anzahl* von Kalorien, sondern vielmehr die *Art* von Kalorien ausschlaggebend ist. Er kann diese Diät einhalten, weil er nie hungrig zu sein braucht. Er kann seinem abnormen Appetit frönen und dennoch abnehmen, weil er unterhalb der kritischen Kohlehydrat-Schwelle bleibt. Sein Körper speichert also kein Fett, sondern verbrennt die eigenen Reserven mit einer Geschwindigkeit von einigen Pfund pro Woche ungeachtet dieser gigantischen Mahlzeiten. Diese Diät ist für ihn nicht nur wegen ihrer spezifischen Natur die richtige, sondern auch wegen ihrer Vielseitigkeit.

Dies sind jedoch beides Extremfälle. Bei Milton Bradley handelt es sich um einen typischeren Fall.

Er nimmt ab, und sein Cholesterinspiegel sinkt durch Eier und dicke Steaks! Milton Bradley, 36 Jahre und 1,79 m groß, ist einer jener Menschen, die bereits hungrig geboren werden und die auch unter der appetitdämpfenden Wirkung einer fast kohlehydratfreien Diät fortfahren, viel zu essen. Er ist immer dick gewesen, obwohl seine Eltern ein durchaus normales Gewicht haben.

Sein Diät-Frühstück besteht jeden Morgen aus einem Käseomelette aus 2 Eiern und Kaffee mit Sahne. Er ißt ein üppiges Mittagessen, wie z. B. ein gewaltiges Steak – oft bis zu einem Pfund schwer! – und einen Salat mit einer Roquefort-Sauce. Abends ißt er ein zweites Mal Fleisch – meist ¾ Pfund Hackfleisch – und Salat (oder ein grünes Gemüse), eine Süßspeise (manchmal) und trinkt hinterher seinen Kaffee. Milton hat in 2 Monaten bei diesen Mengen 18 Pfund abgenommen – langsam, aber stetig und – eigentlich überflüssig, es zu betonen – ohne hungrig zu sein. Genauso wichtig für ihn und seine Zukunftsaussichten ist der Umstand, daß in diesen 2 Monaten sein Triglyzeridspiegel von 180 auf 90 sank und sein Cholesterinspiegel von 317 auf 213. Und das bei all den Eiern und dem vielen Fleisch.

Milton Bradley ißt viel, Susan Anderson nur wenig, doch beide sind bei dieser Diät nicht hungrig! Susan Anderson ist immer dick gewesen. Als meine Patientin hat sie in 7 Monaten 85 Pfund abgenommen. Es war dies das erstemal, daß sie jemals mehr als 32 Pfund abnahm. Mir wäre es jedoch lieber, sie würde mehr essen, aber sie mag nur eine einzige Mahlzeit pro Tag. (Kein Frühstück; mittags nur eine Dose Diät-Limonade und abends Fisch oder Fleisch mit Salat – mehr will sie nicht.) Aber sie ist glücklich dabei und meint: »Ich weiß ja, daß ich essen könnte, wenn ich wollte, und habe deshalb nie das Gefühl, mir Einschränkungen auferlegen zu müssen. Ich bin einfach nicht hungrig.«

Während dieser 7 Monate hat sie sich vollkommen an diese Ernährungsweise gewöhnt. Sie erfreut sich guter Gesundheit (der Diabetes, mit dem sie zu mir kam, ist nicht mehr nachzuweisen) und steckt voller Energie. Ich habe mich daher damit abgefunden, daß diese Nahrungsmenge ihr entspricht. Jeder Mensch ist und reagiert eben anders. »Die alte Ernährungsweise erscheint mir jetzt einfach unsinnig«, sagt sie. »Ich habe richtige Schuldgefühle, daß ich abnehme und doch so glücklich und zufrieden mit dem bin, was ich esse. Es ist, als wäre ich mein bisheriges Leben lang an einen Rollstuhl gefesselt gewesen und entdeckte plötzlich, daß ich laufen, ja rennen kann. Ich liebe das Leben jetzt so über alle Maßen!« Und ein anderes Mal meint sie: »Ich denke gar nicht mehr an Essen. Früher war ich so davon besessen, daß in meinen Gedanken kaum Raum für etwas anderes war.«

Ich bezweifle nicht länger, daß Susan bei ihrer einen Mahlzeit pro Tag genausowenig hungrig ist wie Milton bei seinen drei reichlichen Mahlzeiten. Die Schlußfolgerung lautet also: Sie können viel oder wenig essen und doch, ohne einen Augenblick hungrig zu sein, abnehmen, *solange* Sie unterhalb der kritischen Kohlehydrat-Schwelle bleiben.

5 Wenn Sie ständig gegen überflüssige Pfunde ankämpfen müssen, sind Sie wahrscheinlich »allergisch« gegen Kohlehydrate

Die Definition dieser häufigsten »Allergie«. Wie soll ich diese meiner Ansicht nach so treffende Bezeichnung Kohlehydrat-»Allergie« nun definieren? Es ist keine echte Allergie in dem Sinne, was die Ärzte unter einer Allergie verstehen, aber es ist eine Überempfindlichkeit gegen Kohlehydrate, die sich in einer Überproduktion von Insulin äußert (Hyperinsulinismus). Mit anderen Worten – und dies sollten Sie behalten, denn es ist einer der Hauptgründe für Ihr Übergewicht –, wenn Sie »allergisch« gegen Kohlehydrate sind, lösen die mit der Nahrung aufgenommenen Kohlehydrate in Ihrem Körper eine stoßweise Ausschüttung von zusätzlichem Insulin in Ihren Blutkreislauf aus.

Dies heißt nicht, daß Sie ernstlich krank sind. Es bedeutet lediglich, daß Ihr Körper überempfindlich auf Kohlehydrate reagiert, genauso wie der eines anderen Menschen vielleicht auf Seetiere. Sie bekommen keinen Ausschlag, sondern Fettpolster – und möglicherweise sind Sie immer müde und deprimiert, verspüren ein unstillbares Verlangen nach Süßigkeiten und bekommen einen hohen Triglyzeridspiegel.

»Allergie« bedeutet hier eine Stoffwechselstörung. Die meisten dicken Menschen haben einen gestörten Stoffwechsel. (Mit Stoffwechsel bezeichnet man den Prozeß, in dessen Verlauf der Körper die ihm zugeführte Nahrung in die körpereigenen Substanzen umsetzt, die er für seinen Energieverbrauch wie für die ständige Zellenerneuerung benötigt.) Der Stoffwechsel gliedert sich in viele Unterkategorien auf. Da ist zunächst der Grundstoffwechsel, der durch die Tätigkeit der Schilddrüse gesteuert wird. Wir sprechen jedoch ebenfalls z. B. vom Salz- und Wasser-Stoffwechsel, vom Protein- wie vom Fett-Stoffwechsel und meinen hiermit immer den Vorgang, durch den Ihr Körper jeden dieser genannten Stoffe umsetzt. Bei Menschen mit Übergewicht scheint mir der Kohlehydrat-Stoffwechsel der empfindlichste zu sein. Wenn Sie immer gegen Übergewicht ankämpfen müssen, liegt der Hauptgrund dafür aller Wahrscheinlichkeit nach in einem gestörten Kohlehydrat-Stoffwechsel.

Ein konservativer Kollege von mir und Anhänger der alten Theorie ist nicht meiner Ansicht. Er beharrt darauf, daß das Übergewicht der Grund für die Stoffwechselstörung sei. »Sie zäumen das Pferd von hinten auf!« meint er.

»Nun, aber meinen Patienten scheint das ausgezeichnet zu bekommen«, antworte ich. »Was macht es also für einen Unterschied?«

Wie auch immer, da die Kohlehydrate der Grund für dieses Übel sind, gibt es nur eine Behandlungsart mit maximaler Wirksamkeit für solche Menschen: Meiden Sie Kohlehydrate gänzlich!

Unnötiges Übergewicht macht mich zornig. Es ist eine Tragödie für Millionen von Menschen, die unter Übergewicht mit all seinen endlosen physisch und psychisch so belastenden Begleiterscheinungen leiden, daß nur ein so verschwindend kleiner Teil der medizinischen Fachwelt Übergewicht als das erkennt, was es im Grunde ist – als einen gestörten Kohlehydrat-Stoffwechsel, der bei manchen Menschen auftritt und bei anderen nicht und der völlig unabhängig von der Menge oder dem Kaloriengehalt der jeweiligen Ernährung ist. Es macht mich zornig, wenn ich an diese sinn- und zwecklosen Entbehrungen denke, die übergewichtigen Menschen von den meisten Diätarten auferlegt werden. Und diese Entbehrungen sind nicht das einzige Kreuz, das Menschen mit einem gestörten Kohlehydrat-Stoffwechsel aufgebürdet bekommen. Meistens leiden sie darüber hinaus noch unter Perioden eines extrem niedrigen Energieniveaus, was das häufigste Symptom für einen niedrigen Blutzuckerspiegel ist. Unglückseligerweise besteht die übliche Patent-»Lösung« für jene so tiefe Niedergeschlagenheit in einer erneuten Portion des gleichen Gifts, gegen das dicke Menschen gewöhnlich nicht nur »allergisch« sind, sondern das sie sehr schnell süchtig macht: in Zucker. (Bei manchen Menschen ist es Alkohol.)

Wie sich dieser Teufelskreis dreht. Erblicken Sie sich selbst darin? Nehmen wir an, Sie wissen aus Erfahrung, daß Sie so gegen 5 Uhr nachmittags ein derartiges »Down« zu haben pflegen, daß Sie Ihre Lebensgeister mit irgend etwas wieder auffrischen müssen. Man hat Ihnen immer wieder versichert, daß ein großes Stück Schokolade (oder Bonbons) dann genau das ist, was Sie als schnellen Energiespender brauchen. Völlig normal, nicht wahr? Falsch! Bei einem Menschen mit einem normal funktionierenden Stoffwechsel wird der Blutzuckergehalt nicht durch dem Körper zugeführten Zucker oder sonstige Kohlehydrate beeinflußt. Der Umstand, daß Sie die Wirkung von Schokolade oder Bonbons spüren, beweist, daß Ihr Blutzuckerspiegel zu tief absinkt.

Was passiert nun, nachdem Sie jene Schokolade oder Bonbons gegessen haben? Weshalb hält dieser Energieschub nicht sehr lange an? Hören Sie die Erklärung: Der in der Schokolade oder den Bonbons enthaltene Zucker trieb den Blutzuckergehalt nur kurzfristig hoch, gerade lange genug, um der überempfindlichen Bauchspeicheldrüse das Signal zur Ausschüttung von einer Überdosis von Insulin zu geben.

Wenn Sie die Funktion des Insulins kennen, begreifen Sie die Gründe für Ihr Übergewicht. Lassen Sie uns einen Augenblick über Insulin sprechen, da es eine so ausschlaggebende Rolle in Ihrem Stoffwechsel spielt. Insulin ist das Hormon, das in kleinen, inselförmig angeordneten Zellen, den sogenannten Langerhansschen Inseln, in der Bauchspeicheldrüse gebildet wird. Seine Hauptfunktion besteht darin, die in Form von Glukose (Traubenzucker) im Blut enthaltenen Kohlehydrate zu steuern, d. h. sie auf chemischem Wege zu dem Zellgewebe zu dirigieren, wo sie als Energie gebraucht oder in Fett umgewandelt und als Energiereserve gespeichert werden. Sowie überschüssige Glukose im Blut vorhanden ist, wird sie in Energiereserven oder Fett umgesetzt. Insulin erfüllt eine nützliche Rolle, indem es dem Zellgewebe die jeweils benötigte Menge an Glukose zuführt, doch seine Eigenschaft, die Bildung von Fettreserven zu bewirken, ist für Menschen mit Übergewicht alles andere als günstig. Es ist wichtig zu wissen, daß sich Insulin insofern von anderen Hormonen unterscheidet, als die von ihm im Blutkreislauf zirkulierende Menge von einer Minute zur anderen wechselt. (Die Hälfte des jeweils vorhandenen Insulins wird bereits 7 Minuten nach seiner Ausschüttung ins Blut wieder abgebaut.) Der Blutzuckergehalt kann sich daher von einer Minute zur anderen ändern. Wenn Ihnen daher Leute sagen, sie hätten einen hohen oder einen niedrigen Blutzuckerspiegel, sollte man sie fragen: »Wann?« Bei vielen Menschen wechselt er von einem Extrem zum anderen innerhalb weniger Stunden.

Wenn Sie also um 5 Uhr nachmittags Ihr Stück Schokolade essen, bewirkt das dadurch ausgeschüttete Insulin, daß Ihr Blutzuckergehalt absinkt – und zwar tiefer, als er es vorher war. Es dauert gewöhnlich nur eine Stunde, bis dieser kurze Energieschub auf diese Weise mit einem jähen Sturzflug endet; bei manchen tritt er sogar noch schneller und abrupter ein.

Wenn Ihr Blutzuckergehalt zu niedrig ist, verläßt Sie alle Energie. Mit dem Stück Schokolade erkaufen Sie sich zwar einen kurzfristigen Energieschub, doch der Preis dafür ist zu hoch. Sie sind hinterher in schlechterem Zustand als vorher. Jetzt sind Sie so erschöpft, daß Sie denken: »Ich brauche mehr Schokolade und am besten noch einen Drink!« Nun, Sie kennen den Teufelskreis! Abnehmen werden Sie auf diese Weise jedenfalls nicht!

Aber es hat noch einen viel ernsteren Aspekt, und zwar folgenden: Jede Zuckerzufuhr (mit dem dadurch ausgeschütteten Insulin) erhöht *für immer* Ihre Empfindlichkeit gegen Kohlehydrate! Mit anderen Worten, je mehr Zucker Sie in Ihrem Leben essen, um so abnormer wird Ihre Reaktion darauf. Dies ist auf verschiedenste Weise durch eine Vielzahl medizinischer Untersuchungen bewiesen worden.

Insulin senkt nicht nur Ihren Blutzuckerspiegel, sondern treibt auch Ihren Triglyzeridspiegel in die Höhe. Einige der führenden medizinischen Kapazitäten haben uns seit Jahren warnend darauf hingewiesen, daß Zucker in der Ernährung zu Herzerkrankungen führt, doch die auf ihren alteingefahrenen Wegen beharrende Ärzteschaft hat dieses ihr angebotene Beweismaterial ignoriert. (Unter diesen Forschern waren unter anderem Dr. John Yudkin; Dr. Peter T. Kuo und Dr. D. R. Basset, beide aus Philadelphia, sowie Professor Margaret J. Albrink von der *West Virginia School of Medicine.*)

Heute wird jedoch endlich in zunehmendem Maße anerkannt, daß ein enger Zusammenhang zwischen einem hohen Insulingehalt und hohem Triglyzeridspiegel im Blut besteht. (Das Fett wird in Form von Triglyzeriden in unseren Fettzellen gespeichert.) Es ist ebenfalls ein enger Zusammenhang zwischen hohem Triglyzeridspiegel und Erkrankungen der Herzkranzgefäße beobachtet worden.

Noch bis vor kurzem hielt man das Cholesterin hier für den größten Übeltäter. Es hat jedoch jetzt den Anschein, als ob Herzinfarkte mit größerer Wahrscheinlichkeit durch einen hohen Triglyzeridspiegel als durch einen hohen Cholesterinspiegel verursacht werden. Insulin bewirkt die Bildung von Triglyzeriden, und man erkennt also folgende Gesetzmäßigkeit: *Je höher der Insulingehalt im Blut, um so höher der Triglyzeridspiegel.*

Insulin, das sogenannte »dickmachende« Hormon. Wir kommen nun zu dem wichtigsten Punkt: zu der Rolle, die Insulin im Fett-Stoffwechsel spielt. Man hat Insulin auch das »dickmachende« Hormon genannt. Es bewirkt die Umwandlung von Zucker (Glukose) in Fett, indem es die Bildung von Fettsäuren anregt. Und es *verhindert ebenfalls manchmal, daß das Fett verbrannt wird, die körpereigenen Fettreserven entgegen ihrer Bestimmung also nicht als Brennstoff verbraucht werden können.*

Die heutige Theorie lautet dahingehend, daß Insulin indirekt die Tätigkeit einer Gruppe von Substanzen herabsetzt, und zwar die der sogenannten Lipoid-Mobilisierer. Sie steuern den Abbau des Fettes aus den unschönen Fettpolstern. Eine dieser fettmobilisierenden Substanzen haben wir bereits erwähnt, es war dies das FMH der Hypophyse.

Für Sie, die Sie gegen Übergewicht ankämpfen, bedeutet dies alles: *Je mehr Insulin Sie produzieren* (d. h. je gestörter Ihr Stoffwechsel ist), *um so härter ist der Widerstand, den Ihr Körper jedem Versuch abzunehmen entgegensetzt.* Wenn Sie Ihre Pfunde daher nicht so mühelos los werden wie einige andere Menschen, liegt der Grund dafür an der Neigung Ihres Körpers, bereitwilligst zu viel Insulin zu produzieren. Aber geben Sie nicht auf! Es mag vielleicht schwierig für Sie sein, abzunehmen, doch ist es nie unmöglich mit einer Diät, deren Gehalt an Kohlehydraten niedrig genug ist. Fast die Hälfte meiner Patienten wies diesen stoffwechselbedingten Widerstand gegen eine Gewichtsabnahme auf, doch sie *alle* haben es geschafft!

Was sind die unmittelbaren Folgen einer Kohlehydrat-Vergiftung? Sie würden dieses Buch wahrscheinlich nicht lesen, wenn Übergewicht nicht *die* unmittelbare Folge einer Kohlehydrat-Vergiftung wäre, die Sie am meisten beunruhigt. Die Aussicht mag Ihnen nicht gefallen, daß Sie, um Ihre Fettpolster loszuwerden, Ihren Konsum von Kohlehydraten drastisch einschränken müssen. (Und das gilt vielleicht für Ihre Lieblingsspeisen!) Es mag eine neue Vorstellung für Sie sein, und anfangs erscheint Ihnen vielleicht sogar die verhaßte Alternative, gänzlich zu hungern, erträglicher. Das kommt jedoch nur daher, daß Sie die Vorteile einer streng kohlehydratarmen Diät noch nicht an sich selbst ausprobiert haben.

Eines verspreche ich Ihnen aber: Auf Grund meiner Erfahrung mit Tausenden von Patienten kann ich Ihnen versichern, daß es unvergleichlich viel leichter ist, die Kohlehydrate drastisch einzuschränken als die Kalorien. Das haben mir alle meine Patienten bestätigt. Und das habe ich auch selbst festgestellt – und danach lebe ich. Zum Teil beruht das darauf, daß Sie bei dieser Diät nie mehr hungrig sind, zum Teil darauf, daß Ihr Geschmack sich ändert, und *last but not least* darauf, daß Sie Kohlehydrate als Ihren Feind betrachten, wenn Sie einmal begriffen haben, was für eine verhängnisvolle Rolle diese in Ihrem Leben gespielt haben – und jederzeit wieder zu spielen bereit sind! Ihnen vergeht nicht nur jeder Appetit auf sie, sondern Sie beginnen sie fast zu hassen. »Nichts könnte mich jemals mehr dazu bewegen, dieses Dreckzeug zu essen!« bekomme ich immer wieder von einst passionierten Kohlehydratessern zu hören.

Sogar Daueresser können abnehmen, wenn sie Kohlehydrate meiden. Selma Boyd ist eine dieser einst passionierten Kohlehydratesser. Sie hat 55 Pfund abgenommen. Sie ist 38 und eine 1,63 m große, fröhliche Brünette, die bei ihrer Heirat 107 Pfund wog, doch die nach der Geburt jedes ihrer 4 Kinder zunahm, bis sie schließlich mit einem Gewicht von 190 Pfund zu mir kam. Mit Hilfe von Appetitzüglern hatte sie genau zwanzigmal Abmagerungskuren gemacht, doch jedes einzige Mal hatte sie hinterher mehr zugenommen, als sie abgenommen hatte.

Sie nahm als meine Patientin in den ersten 12 Wochen 33 Pfund ab. Danach ging ihr Gewicht langsam aber stetig Woche um Woche herunter, bis sie wieder ein durchaus normales Gewicht erreicht hatte.

Sie hat mich oft an den Satz erinnert, mit dem ich sie bei ihrem ersten Besuch zu warnen versuchte: »Wenn Sie weiter so zunehmen, werden Sie nicht mehr erleben, wie Ihre Kinder erwachsen werden!«

Jetzt sagt sie zu mir: »Ich hatte nie viel Willenskraft, doch bleibe ich aus drei Gründen bei Ihrer Diät: Erstens ist es so leicht, nach ihr zu leben; zweitens jagten Sie mir bei meinem ersten Besuch einen höllischen Schreck ein, und drittens geben mir die Komplimente, die mir alle machen, seit ich wieder dünner bin, einen solchen Auftrieb. Meine Familie findet es natürlich auch wundervoll. Diese Diät ist für mich die ideale Lösung!«

Selma hatte es nie geschafft, die üblichen Diätarten durchzuhalten! Selma hat, wie so viele zu dicke Menschen, einen durch Diabetes bedingten niedrigen Blutzuckerspiegel. Außer den bereits erwähnten Diät-Tabletten hatte sie es mit Spritzen, mit der Fleisch- und Wasser-Diät wie auch mit einer Diät-Gruppen-Therapie versucht. Ihre ganz große Schwäche sind Cola-Getränke, Kuchen und Plätzchen.

»Ich gehöre zu denen, die am liebsten den ganzen Tag lang essen«, sagt sie. »Was ich bei den anderen Diätarten zwischen den Mahlzeiten aß, befriedigte mich niemals, z. B. Karotten, Selleriestangen oder saure Gurken. Ich wollte statt dessen einfach einen gehäuften Teller voll einer leckeren Süßspeise mit Schlagsahne und Mandeln essen. Oder einen Geflügelsalat mit viel Mayonnaise.«

Sie ist sehr einfallsreich im Variieren ihrer Diät. Shish kebab macht sie noch schmackhafter durch eine Marinade aus einer italienischen Salatsauce und Weißwein; Lachskroketten bereitet sie mit Eiern und ohne Semmelbrösel. Besonders gerne mag sie in gebratenen Frühstücksspeck gewickelte Krabben.

»Das Ganze ist wie ein Wunder«, meint sie. »Ich ließ jeden Tag einfach an mich herankommen. ›Du hast dich heute gut gehalten‹, pflegte ich mir zu sagen. ›Mach dir um morgen noch keine Sorgen!‹« So lernte Selma, daß sich aus dem Heute die gute Gewohnheit für das Morgen ergibt. Sie ist mit ihrem gestörten Blutzuckerspiegel ein gutes Beispiel für stoffwechselbedingtes Übergewicht.

Bei einem gestörten Stoffwechsel kann Fett sogar ohne Nahrungszufuhr gebildet werden! Dr. Jean Mayer von der Harvard Universität bemerkt in diesem Zusammenhang, daß »ein Tier mit einem stoffwechselbedingten Übergewicht immer mehr körpereigenes Fett bilden wird, auch wenn es nicht mehr als normal frißt. Es wird sogar *im Hungerstadium* weiter Fett produzieren.«

Denken Sie einen Augenblick hierüber nach. Es erklärt wahrhaftig, warum *weniger* Nahrung bei einem gestörten Stoffwechsel nicht die Antwort ist, nicht wahr?! Dies ist jedoch keine schlechte Neuigkeit. Ganz im Gegenteil sogar! Wenn Sie verstanden haben, warum dies geschieht, besteht zum erstenmal berechtigte Hoffnung für Sie, für immer den Kampf gegen ihr Übergewicht zu gewinnen.

Was dies alles für Sie bedeutet. Übergewicht ist nicht nur als solches eine Krankheit, sondern darüber hinaus ein Symptom für eine Reihe von Krankheiten, deren Schweregrad von »harmlos« bis zu »verhängnisvoll« reicht.

Ich schockiere manchmal Patienten, wenn ich zu ihnen sage: »Wenn Sie weiter so essen und zunehmen, sind Sie in zwei Jahren tot!« Gemäß den von der *Metropolitan Life Insurance* aufgestellten Statistiken liegt die Sterblichkeitsquote für Männer mit Übergewicht 75 Prozent höher als bei Männern mit Normalgewicht; für übergewichtige Frauen liegt sie 61 Prozent höher als bei schlanken Frauen. Vielleicht denken Sie, es wäre besser, etwas abzunehmen, damit Ihnen Ihr Spiegelbild besser gefällt. Es geht hier jedoch um sehr viel mehr!

Ein Baum mit todbringenden Zweigen. Es gibt so einen Baum. Wir wollen ihm noch keinen Namen geben. Seine Zweige heißen Diabetes, Herzkrankheit, Übergewicht, niedriger Blutzuckergehalt, Magengeschwür, Migräne, Allergie; das restliche halbe Dutzend von Zweigen trägt die Namen anderer, heute so verbreiteter Krankheiten. Man könnte diesen Baum »Die gestörte Kohlehydrat-Verarbeitung« nennen.

Wenn Kohlehydrate Gift für Sie sind . . . Wir wissen bereits, daß der Verzehr von Kohlehydraten – besonders von Zucker – für einige von uns unangenehme Folgen nach sich zieht, während andere nichts dergleichen zu befürchten haben.

Aber nehmen wir einmal an, Sie gehören zu diesen Menschen mit einer Überempfindlichkeit gegen Kohlehydrate, und die Kohlehydrate, die Sie essen, lösen eine Überproduktion von Insulin in Ihrem Körper aus. Wir wissen von den Tierversuchen, die Dr. R. W. Stout in Belfast durchführte, daß erhöhte Insulinbildung (Hyperinsulinismus) die arteriosklerotischen Ablagerungen in den Blutgefäßen beschleunigt. Und wir wissen auch, daß dies der Wegbereiter für viele ernste Krankheiten sein kann.

Hyperinsulinismus und Herzkrankheiten. Selbstverständlich bildet Hyperinsulinismus nicht den *einzigen* auslösenden Faktor für Erkrankungen der Herzkranzgefäße. Diese werden ebenfalls durch Streß, Rauchen und zu wenig körperliche Bewegung begünstigt und sind bei manchen Menschen vielleicht das physiologische Ergebnis einer besonderen Empfindlichkeit gegen Nahrungsfette.

Dr. Yudkin hat jedoch hervorgehoben, daß ein erhöhter Zuckerverzehr der entscheidendste Faktor zu sein scheint. Er behauptet, daß die Nahrung der untersuchten Personen einen sehr hohen Zuckergehalt enthielt, wenn man auch bisher dem Fett die Hauptschuld bei der Entstehung von Erkrankungen der Herzkranzgefäße zuschrieb.

Je höher der Zuckergehalt in der Nahrung, um so mehr Herzkranke. Er führt als Beispiel die Stämme der Massai und Sambutu in Ostafrika an, deren Nahrung einen hohen Fettgehalt, aber nur sehr wenig Zucker aufweist. Die Quote der Herzerkrankungen liegt bei ihnen extrem niedrig. Bei den Bewohnern der Insel St. Helena dagegen, deren Nahrung viel Zucker und wenig Fett enthält, ist diese Quote sehr hoch.

Durch Vermeiden von Kohlehydraten schützen Sie sich vor unheilbaren Krankheiten. Wenn wir die Kohlehydrate aus Ihrer Diät verbannen, denken wir nicht nur an die unschönen Speckpolster, die Sie loswerden wollen; wir verlängern höchstwahrscheinlich damit Ihr Leben!

Sind alle zu dicken Menschen etwa Zuckerkranke? Dies ist nicht in erster Linie ein Buch für Diabetiker. Es ist ein Buch für alle Menschen, die zu viel wiegen, weil ihr Körper zu viel Insulin produziert. Ich stehe nicht allein mit meiner Meinung da, daß es sich bei diesen Menschen häufig um einen leichten Fall von Diabetes handelt, zumindest um ein Vorstadium davon. Es ist daher wichtig, einige Tatsachen über diesen Zustand zu verstehen.

Die Menge an Zucker (Glukose), die der Körper benötigt, um die normale Funktion des Nervensystems und Gehirns zu gewährleisten, beträgt ungefähr zwei Teelöffel. Das Blut eines gesunden Menschen enthält eben diese Menge. Weist das Blut ständig einen höheren Zuckergehalt auf, so handelt es sich um einen Fall von Diabetes. Der direkte Zusammenhang, der zwischen Diabetes und der konsumierten Zuckermenge besteht, wurde in England während des Zweiten Weltkrieges anschaulich demonstriert. Als der Zucker dort rationiert wurde, sanken die durch Diabetes verursachten Todesfälle um mehr als 40 Prozent!

Und als die Nahrung der jüdischen Nomaden aus dem Yemen plötzlich sehr viel mehr Zucker enthielt, nachdem sie nach dem Zweiten Weltkrieg in die israelischen Städte zogen, schnellte die Zahl von Diabetikern sprunghaft in die Höhe, ebenso wie die der Herzkrankheiten, die bei ihnen vorher so gut wie unbekannt waren.

Die Ursachen von Diabetes. Uns sind nicht die gesamten Ursachen, die zu Diabetes führen, bekannt. Es gibt zwei ganz verschiedene Arten dieser Krankheit. Die bereits bei Kindern auftretende Art ist so völlig anders, daß es sich möglicherweise gar nicht um die gleiche Krankheit handeln mag; sie ist bedeutend ernster und erfordert eine Insulin-Therapie, da die körpereigene Insulinbildung ungenügend ist. Die im Erwachsenenalter bei zu dicken Menschen auftretende Art von Diabetes kann sehr viel harmloser sein; fast immer ist es möglich, eine Verschlimmerung zu verhindern und es nicht bis zu dem Stadium kommen zu lassen, wo eine Insulin-Therapie nötig wird.

Vererbung spielt eine wichtige Rolle. Wir wissen heute, daß bei beiden Arten von Diabetes Ihre Erbfaktoren eine entscheidende Rolle spielen. Falls jemand in Ihrer Familie Diabetes hatte, müssen Sie Ihr ganzes Leben lang davor auf der Hut sein. Wenn einer Ihrer Eltern Diabetiker ist oder war, besteht für Sie eine 50prozentige Chance, es ebenfalls zu werden. Sind oder waren beide Eltern Diabetiker, sind Sie der Definition nach ein Fall von latentem Diabetes (es bedeutet, daß eine 100prozentige Chance dafür besteht, daß Sie es eines Tages werden).

Zunehmendes Alter ist ein weiterer kritischer Faktor. Bei älteren Menschen sinkt die Bereitschaft des Organismus, den Zucker aus dem Blut abzubauen, in einem solchen Ausmaß, daß man fast die Hälfte aller über Sechzigjährigen in chemischem Sinne als Diabetiker bezeichnen müßte, wenn man bei ihnen die gleichen Testwerte anlegen würde wie bei jungen Menschen.

Der dritte Faktor ist eine über längere Zeit hinweg erfolgte zu hohe Zufuhr denaturierter Kohlehydrate. Dies hat häufig Hyperinsulinismus und einen Zusammenbruch des Kohlehydrat-Stoffwechsels zur Folge.

Die Frage erhebt sich nun: Wäre ein Mensch ebenfalls an Diabetes erkrankt, wenn er von klein auf eine kohlehydratfreie Ernährung bekommen hätte? Wir können nur Mutmaßungen hierüber anstellen, wissen jedoch, daß es bei Völkern, bei denen keine denaturierten, isolierten Kohlehydrate verzehrt werden, keine Fälle von Diabetes gibt.

»Aber ist Diabetes denn noch ein Problem, seit 1921 das Insulin entdeckt wurde?« Diabetes gehört leider nicht zu den von uns besiegten Krankheiten und befällt immer noch 6 bis 10 Prozent der amerikanischen Bevölkerung. Man glaubt, daß die Dunkelziffer der nicht erkannten und nicht behandelten Fälle bei 1 Million liegt; meine eigene Laboratoriums-Statistik läßt jedoch vermuten, daß diese Zahl in Wirklichkeit um mehrere Millionen höher ist.

Woran erkennt man Diabetes? Es ist eine der Krankheiten, die am leichtesten unter Kontrolle zu halten sind. Wichtig ist nur, daß sie im Frühstadium, dem»chemischen« oder dem latenten, erkannt wird, und daß man dann aufhört, die Kohlehydrate zu essen, ohne die sie sich nicht weiter entwickeln kann.

Warten Sie nicht auf die Symptome, denn dann ist es schon ziemlich spät. (Die klassischen Symptome sind erhöhter Durst, erhöhter Harndrang und ein nicht zu erklärender Gewichtsverlust.) Die Symptome des Frühstadiums sind wahrscheinlich Übergewicht als solches und die Anzeichen für einen niedrigen Blutzuckergehalt. Ein niedriger Blutzuckerspiegel ist vielleicht sogar das erste erkennbare Symptom von Diabetes.

Der Do-it-yourself-Diabetes-Test. Bei der Untersuchung von Patienten auf Diabetes begnügen sich zu viele Ärzte damit, lediglich einen einzigen Blutzucker-Test morgens vom Urin des noch nüchternen Patienten zu machen oder sich auf eine zufällige im Laufe einer routinemäßigen Untersuchung erhaltene Urinprobe zu verlassen. Meine Untersuchungen zeigen jedoch, daß 90 Prozent aller Fälle von Diabetes auf diese Weise unerkannt bleiben. Ich empfehle daher einen Standard-Glukose-Belastungstest, wie er den von der *American Diabetes Association* aufgestellten Anforderungen entspricht. Von den 2000 Patienten, bei denen ich auf Grund dieser Testanordnung ein positives Ergebnis erhielt und die folglich latente Diabetiker waren, hatten 1900 nicht die geringste Ahnung davon. Und sie waren fast alle in regelmäßigen Abständen von ihren Ärzten untersucht worden!

Da von fünf in meiner Praxis untersuchten Patienten einer Zucker im Urin aufweist nach einer Standarddosis von Glukose, neige ich zu der Annahme, daß der gleiche Prozentsatz auch bei meinen Lesern Gültigkeit hat. Bevor Sie deshalb mit dieser oder jener anderen Diät beginnen, sollten Sie die kleine Mühe auf sich nehmen und den folgenden Test durchführen.

Wie Sie selbst einen Glukose-Belastungstest machen. Als erstes brauchen Sie eine Dosis Glukose. Kaufen Sie in einer Apotheke 1 Flasche Gluko-50-Probetrunk oder ein ähnliches Erzeugnis (falls Sie mehr als 200 Pfund wiegen: 2 Flaschen!); aber auch 100 Gramm Traubenzucker in so viel Wasser aufgelöst, wie Sie wollen, erfüllen den gleichen Zweck. Kaufen Sie bei der gleichen Gelegenheit Harnzucker-Teststreifen, für die kein Rezept erforderlich ist.

Essen Sie nun ganz so wie immer, aber auf jeden Fall mindestens 600 Kalorien in Form von Kohlehydraten an drei aufeinanderfolgenden Tagen. Am Abend des dritten Tages essen Sie bitte nichts mehr nach dem Zubettgehen.

Am nächsten Morgen trinken Sie als erstes die Glukose. Lassen Sie so oft Wasser, wie Sie können, und testen Sie Ihren Urin jedesmal auf Glukose. Sollte das Ergebnis positiv sein, besteht bei Ihnen Diabetes-Verdacht, und Sie *müssen* sich bei einem Arzt oder in einem medizinischen Untersuchungs-Laboratorium einem gründlichen Glukose-Belastungstest unterziehen.

Wenn Sie mehr über Ihren Körper lernen wollen, essen Sie auch in den nächsten 6 Stunden nichts und beobachten Sie genau, wie Sie sich fühlen. Falls Ihnen schwindlig wird, Sie Schweißausbrüche und Kopfschmerzen bekommen, Sie müde und gereizt werden, ein benommenes Gefühl haben oder den Tränen nahe sind oder sich ohne jeden Grund aufregen – wenn diese Symptome oder eines der anderen auftritt, unter denen Sie gelitten haben, dann haben Sie bestimmt einen zu niedrigen Blutzuckerspiegel.

Dieser erste zu Hause durchgeführte Test beweist Ihnen, daß Sie sich dem kompletten Glukose-Belastungstest unterziehen müssen, um eine Bestätigung für Ihre eigene Diagnose zu erhalten. Denn wenn diese Symptome bei Ihnen auftreten, ist es unerläßlich, daß Sie Ihren Arzt aufsuchen und darauf bestehen, daß er einen sorgfältigen Test mit Ihnen macht. Geben Sie sich auch nicht mit einem Ja oder Nein bei der Diagnose zufrieden, sondern fragen Sie ihn nach den zahlenmäßigen Ergebnissen Ihres Glukosetests. Fragen Sie ihn: Besteht ein Unterschied von

100 und mehr Punkten zwischen dem höchsten und dem niedrigsten Wert? Sinkt der Zuckerspiegel mehr als 50 Punkte in irgendeiner Stunde? Sinkt der niedrigste Wert 30 oder mehr Prozent unter den Ausgangswert? Nach meiner Erfahrung sind dies nur einige der Befunde, die mit den klinischen Symptomen eines niedrigen Blutzuckerspiegels in direkter Wechselbeziehung stehen.

Ihr Übergewicht und niedriger Blutzuckerspiegel und Ihr Diabetes haben alle einen gemeinsamen Nenner. »Aber ist ein niedriger Blutzuckergehalt nicht das Gegenteil von Diabetes?« fragen mich oft meine Patienten. »Nein«, sage ich zu ihnen, »das Gegenteil von Diabetes ist: *gesund!*«

Dies ist in grober Vereinfachung die Art und Weise, in der Übergewicht, niedriger Blutzuckerspiegel und Diabetes zusammenhängen:

Stadium Nr. 1 beginnt mit einem genetischen Defekt in Ihrem Kohlehydrat-Stoffwechsel. Sie haben buchstäblich eine Kohlehydrat-»Allergie«, wie Ihr Übergewicht beweist, wenn auch Ihre Glukose-Verträglichkeit noch normal ist.

Im Stadium Nr. 2 ist die Funktion der Bauchspeicheldrüse weiter erhöht, und sie produziert zuviel Insulin. Die Folge davon: mehr Übergewicht und ein jetzt nachweisbarer niedriger Blutzuckerspiegel.

Im Stadium Nr. 3 geht die Überproduktion der Bauchspeicheldrüse weiter, doch das Insulin vermag nicht länger sofort den Blutzuckergehalt im Gleichgewicht zu halten. Die Folge davon: mehr Übergewicht und Symptome von niedrigem Blutzuckerspiegel. Ein Glukose-Belastungstest weist jetzt sowohl Diabetes wie einen niedrigen Blutzuckerspiegel nach. (Dieses Stadium ist bei meinen Patienten genauso häufig wie die anderen Stadien.)

Im Stadium Nr. 4 kann die Bauchspeicheldrüse trotz ihrer erhöhten Insulin-Produktion nicht mehr genug von diesem Hormon ausschütten, um den steigenden Bedarf zu befriedigen. Die Folge: weiteres Übergewicht und ein chronischer hoher Blutzuckerspiegel, d. h. Diabetes.

Dies ist selbstverständlich eine grobe Vereinfachung. Die vorstehend beschriebenen Phasen können alle gleichzeitig auftreten, wodurch sich nicht alle Stadien in der Vorgeschichte jedes Diabetikers klar erkennen lassen.

Der gemeinsame Nenner ist jedoch das Trio, bestehend aus: Übergewicht, niedrigem Blutzuckergehalt und Diabetes. Eine

Überproduktion von Insulin ist der gemeinsame Feind.

Ich bitte Sie, diesen Zusammenhang ganz klar zu verstehen, denn wenn Sie begriffen haben, daß Übergewicht eine Krankheit ist, und sehen, wie es Ihre Beweglichkeit, Ihre Persönlichkeit, Ihre Jugendlichkeit und sogar Ihr Leben bedroht, wird Ihnen der Entschluß, für immer Kohlehydrate zu meiden, leichtfallen, ja, Sie werden es gar nicht mehr anders *wollen!* Und so zu essen, wie *Sie* es *wollen*, erfordert doch wirklich keine Willenskraft!

Oft hält man Diabetes nur durch Diät unter Kontrolle. Ich habe an die 2000 Fälle von chronischem Diabetes bei Erwachsenen behandelt. *In keinem einzigen Fall habe ich bisher anfangen müssen, Insulin-Injektionen zu geben!* Mit Hilfe meiner in diesem Buch beschriebenen Diät gelang es in allen 2000 Fällen, sowohl das Übergewicht wie den Diabetes unter Kontrolle zu bekommen. Ich nehme an, es kann eines Tages passieren, daß ein Patient als die eine Ausnahme in meine Praxis kommt, doch bisher ist das nicht geschehen.

6 Was beschwört diese Geißel des 20. Jahrhunderts herauf?

Wir neigen dazu, es für selbstverständlich zu halten, daß wir uns jetzt genauso ernähren, wie wir uns immer ernährt haben. Nichts ist jedoch weiter von der Wahrheit entfernt! Die Menschheit hat sich während der 50 Millionen Jahre ihres Erdendaseins die meiste Zeit von Fleisch und tierischem Fett ernährt. In schlechten Zeiten sammelten die Frauen Wurzeln und Beeren. Das machte vielleicht 15 Gramm Kohlehydrate pro Tag aus. Der Mensch war jedoch ein Jäger, und unserer Nahrung bestand fast nur aus Fleisch.

Es ist recht nützlich, sich daran zu erinnern, daß der Körper, in dem Sie jetzt leben, ein 50 Millionen Jahre alter Körper ist, der sich fast immer auf diese Weise ernährte. Er kannte keinen Orangensaft zum Frühstück! Doch er überlebte nicht nur, sondern erfreute sich bester Gesundheit. Schwächlinge, die bei dieser praktisch kohlehydratfreien Ernährung nicht gesund und stark und wendig genug waren, hatten keinerlei Überlebenschance und wurden von der evolutionären Auslese eliminiert.

Wie die Ernährungsweise des Menschen eine verhängnisvoll schädigende Wirkung auf seine Gesundheit entwikkelte. Der erste Schritt erfolgte um das Jahr 7000 v. Chr. (anthropologisch gesehen ist das nur einige Minuten her!), als der Mensch im Neolithikum begann, Getreide und Knollenfrüchte anzubauen und dadurch seßhaft wurde. Seine Nahrung enthielt jetzt einen höheren Prozentsatz naturbelassener Kohlehydrate. Für diejenigen, die sich nicht daran zu gewöhnen vermochten, war die Sterblichkeitsquote unzweifelhaft sehr hoch.

Als nächstes kam die Lebensmittel-Industrie. Der zweite Schritt erfolgte erst kürzlich – etwa vor 200 Jahren – und entsprang der Gier des Menschen, Getreide zu speichern, um es in den Perioden zwischen den Ernten verfügbar zu haben. Dies wurde und wird auch heute noch dadurch erreicht, daß die Getreideprodukte so völlig ihres Nährwerts beraubt werden, daß nicht einmal mehr Schädlinge und andere Mikroorganismen von ihnen leben können. Der Reis wurde poliert und das Mehl gebleicht und keimfrei gemacht.

Das Ergebnis war der Verlust von fast allen B-Vitaminen und anderen essentiellen Substanzen sowie ein steigender Konsum von denaturierten, isolierten Kohlehydraten.

Und dann kam der raffinierte Zucker – der Kohlehydratmörder! Zucker spielt in unserer Ernährung erst seit noch nicht einmal 100 Jahren eine wichtige Rolle. Die Kreuzfahrer brachten ihn mit nach Europa, doch jahrhundertelang wurde er nur in Apotheken verkauft, und auch dort nur grammweise. Nur die Reichsten der Reichen konnten ihn sich leisten, und auch bei ihnen blieb er festlichen Gelegenheiten vorbehalten. Man schätzt, daß der Durchschnittsengländer 1750 knapp 4 Pfund pro Jahr aß, und im Jahre 1840 waren es auch noch nicht mehr als 18 Pfund.

Es ist schwierig abzuschätzen, wieviel Zucker wir heute genau in den USA konsumieren. Was wir an sichtbarem Zucker mit Obst und Getreideflocken oder in Tee und Kaffee und beim Kochen zu uns nehmen, ist nur ein kleiner Prozentsatz unseres Gesamtkonsums. Drei Ärzte, Mohamed A. Antar, Margaret A. Ohlson und Robert E. Hodges, die hierzu Forschungsarbeiten an der *State University* von Iowa anstellen, schätzen, daß wir im Jahr pro Person 100 Pfund Zucker und Sirup konsumieren, und zwar in allem, was von Suppen und Salatsaucen über Limonaden und Süßspeisen bis zu Süßigkeiten reicht. Wir nehmen weitere 55 Pfund einfacher Kohlehydrate in Form von Honig, Obst und Milch zu uns und bringen unseren Konsum von verschiedenen Zuckerarten auf eine grandiose Gesamtsumme von 155 Pfund im Jahr!

Und als in den USA jener unglückselige und meiner Überzeugung nach ungerechtfertigte Bannstrahl die Cyclamate* traf, nahm der durchschnittliche Zuckerkonsum im folgenden Jahr um weitere 5 Pfund zu.

Die tiefgreifendste Veränderung der menschlichen Ernährung in 50 Millionen Jahren. *Von knapp 4 Pfund Zucker – der konzentriertesten Form von Kohlehydraten – zu 160 Pfund pro Person und Jahr, und das in nur 11 Generationen! Dies wird wahrscheinlich die unwälzendste ernährungsmäßige Verände-*

* Cyclamate sind in der BRD zugelassen für die Hersteller von Diät- und Säuglingsnahrungsmitteln sowie frei im Handel erhältlich.

rung überhaupt während der gesamten 50 Millionen Jahre langen Entwicklungsgeschichte des Menschen sein!

Was nun? Zucker macht uns dick – und *krank!* Zahnärzte macht er allerdings reich. Ein Arzt fragte einmal: »Wenn ganz gewöhnlicher Zucker die harte Zahnsubstanz verfaulen und zerbröckeln läßt, was für Schäden richtet er dann im gesamten Organismus an?«

Was sind nun die Anzeichen für diese anderen durch Zucker verursachten Schäden?

Zucker verursacht einen Vitamin-B-Mangel. Der Körper benötigt für die Verarbeitung von Kohlehydraten große Mengen von Vitamin B. Zucker enthält natürlich keine Vitamine noch irgendwelche anderen Nährstoffe außer Rohrzucker. Der Körper wird dadurch gezwungen, auf seine eigenen Vitamin-B-Reserven zurückzugreifen. Je mehr Zucker Sie also essen, um so größer wird der Vitamin-B-Mangel in Ihrem Körper. Hieraus ergibt sich, und es ist wichtig, das ganz klar zu verstehen, *daß Zucker ernährungsfeindliche Eigenschaften hat.*

Dies gilt für sämtliche Kohlehydrate, allerdings in weniger krassem Ausmaß. Stärke ist die Hauptquelle von verborgenem Zucker, denn die Stärke wird im Magen zu Zucker gespalten. Um daher die tatsächliche Menge Ihrer Zuckerzufuhr zu erkennen, müssen Sie den Stärkegehalt aller Nahrungsmittel, die Sie essen, ebenfalls als Zucker betrachten.

Zucker verursacht grundlegende Stoffwechselstörungen. Da unsere Nahrung erst vor 4 oder 5 Generationen begann, einen mäßig hohen Prozentsatz von Zucker zu enthalten, hat die natürliche Evolution noch nicht genügend Zeit gehabt, die genetische Struktur des Menschen dahingehend zu verändern, daß sein Körper mit der heutigen Flut von Zucker und denaturierter Stärke fertig wird.

Diese Sintflut von Zucker und denaturierten, isolierten Kohlehydraten zwingt die Bauchspeicheldrüse zu hektischer Tätigkeit. Sie beginnt hysterisch auf das ständige Signal für eine Insulinausschüttung zu reagieren, das ihr durch die Aufnahme von Kohlehydraten gegeben wird, und überflutet den Blutkreislauf mit ihrem Hormon, das den Blutzuckergehalt senkt, bis der Blutzuckerspiegel niedriger ist als in dem Moment, in dem die Bauchspeicheldrüse das Signal zur Ausschüttung von Insulin erhielt. (Und dies ist Hypoglykämie.) Wenn diese Belastung bei einem genetisch prädisponierten Menschen lange genug gedauert hat, verliert das Insulin in zunehmendem Maße seine Wirksamkeit, was schließlich zu Diabetes führt, wie wir bereits gesehen haben. Da jede Art von Lebewesen durch eine Vielfalt nicht identischer Vertreter auf dieser Erde vorhanden ist, kennt jeder von uns irgendwelche Glückspilze, die alles essen können, ohne dick zu werden. Sie haben nun einmal einen Organismus, der mit Kohlehydraten fertig wird, doch bilden diese Menschen eine relativ kleine Minderheit.

Schauen wir uns jetzt Ihren ganz persönlichen Fall an. Lassen Sie uns überlegen, was in der Geschichte Ihrer Familie und in Ihrer Lebensweise Grund oder begünstigender Faktor dafür sein könnte, daß Sie überempfindlich gegen Kohlehydrate sind.

Eine Kohlehydrat-Unverträglichkeit ist vorwiegend genetisch bedingt! Mark Twain schrieb: »Wenn Du geboren wirst, ist es schon aus mit Dir!« Soll das ein Witz sein? Meine Unterlagen zeigen, daß 48 von 50 Patienten, die wegen Übergewichts zu mir kamen, nahe Verwandte mit Diabetes oder Übergewicht haben – beides die sichersten Zeichen für einen gestörten Kohlehydrat-Stoffwechsel.

Die meisten dicken Babys haben dicke Eltern. Die Untersuchung von mehreren tausend zu dicken Kindern in und um Boston ergab, daß nur 10 Prozent von ihnen Eltern mit normalem Gewicht hatten. Ähnliche in Chicago, Philadelphia, Edinburgh und Wien durchgeführten Untersuchungen ergaben die gleichen Resultate.

Dies bedeutet nun nicht, daß es »aus« mit Ihnen ist, wenn es in Ihrer Familie Fälle von Diabetes oder Übergewicht gab oder gibt. Sie können etwas dagegen tun. Diese Diät hat beidem erfolgreich den Kampf angesagt.

Übertriebene Mutterliebe ist nicht der Sündenbock. Sie werden oft die Behauptung hören, daß die Mutter schuld daran sei, weil sie das Kind ständig zum Essen zwinge. Ich glaube nicht an diese Mär. Mütter – und ganz besonders solche, die selbst zu dick sind – haben sehr viel Verständnis für den Kummer und das Leid, die einem zu dicken Kind drohen. Ich bin fest überzeugt, daß sie im allgemeinen ihre Kinder daher nicht überfüttern. Ein ganz anderer Faktor kommt hier ins Spiel.

Diese Kinder werden hungriger geboren. Ihr Stoffwechselschaden äußert sich bereits in der Wiege in Form von Hunger. Solche Kinder geben unmißverständlich zu erkennen, daß sie mit den normalen Nahrungsmengen nicht zufrieden sind. Sie schreien oft sogar unmittelbar nach mehr, wenn sie gerade gefüttert worden sind. Da man den Müttern heutzutage eingebleut hat, derartige Forderungen auf jeden Fall zu befriedigen, geben sie nach, und das Kind bekommt mehr. Von einem Zwang kann da gar nicht die Rede sein. Die Mütter befriedigen lediglich den sehr realen Hunger ihres Kindes.

Wenn also eine Überfütterung in der Kindheit unwahrscheinlich ist, mag jedoch eine *falsche* Ernährung der Grund für bereits im kindlichen Alter auftretende Fettsucht sein. Was ist schließlich der erste zusätzliche Nährstoff, den das Kind in unseren westlichen Ländern erhält, wenn die anfängliche Milchkost erweitert wird? Sie haben es erraten: Zucker! Gesüßter Orangensaft, zerdrückte Bananen, Apfelmus und gesüßte Getreideprodukte werden der kindlichen Kost bereits im Säuglingsalter hinzugefügt, und bevor es noch sehr viel älter ist, werden Kekse und Süßigkeiten seine häufigsten Belohnungen. Wenn das Kind dann alt genug ist, um selbst zu denken, ist sein kohlehydratempfindlicher kleiner Körper bereits gründlich geschädigt von seinen es so gut meinenden Eltern, die dabei von den ernährungswissenschaftlichen wie medizinischen Kapazitäten aufs eifrigste unterstützt werden. Man sollte durch einen Versuch beweisen, wie die strikte Vermeidung von denaturierten Kohlehydraten vom Säuglingsalter an eine in der Kindheit auftretende Fettsucht verhindert und viele andere Erkrankungen! Ich zweifele nicht an dem vollen Erfolg eines derartigen Versuches.

Der Widerstand des Körpers, abzunehmen, kann auch angeboren sein. Unser 50 Millionen alter Körper enthält natürlich einige seltsame Raritäten, für die er keine Verwendung mehr hat. Diese Überbleibsel früherer menschlicher Lebensweisen in fernen Urzeiten können uns heute Ärger bereiten. Der Blinddarm ist ein Beispiel dafür. Ein anderes ist das Wuchern von Fettzellen, das kürzlich von Dr. Jerome Knittle und Dr. Jules Hirsch, beide vom Rockefeller Institut, entdeckt wurde. Dieses Wuchern von Fettzellen geschieht in dem zwischen Haut und Muskeln gelegenen Gewebe, hauptsächlich an der Bauchdecke.

In jenen Zeiten, als zwischen den Mahlzeiten oft recht lange Pausen eintraten, bildeten jene Fettzellen einen Überlebensmechanismus. Heute sind sie das genaue Gegenteil. Es ist von entscheidender Bedeutung, daß wir lernen, diese Klippe durch die Art unserer Ernährung erfolgreich zu umschiffen.

Ist solch ein Wuchern von Fettzellen erblich? Sogar dünne Menschen haben einige dieser Zellen – winzige Fett- und Energiespeicher. Dicke Menschen haben jedoch zu viele von ihnen, und das häufig schon von Kindheit an. Diese Zellen können sich in den ersten Lebensmonaten verdrei-, ja sogar vervierfachen, wie Knittle und Hirsch entdeckten. Und wenn diese Fettzellen einmal auftreten, bleiben sie das ganze Leben. Diese Fettzellen können in der Kindheit auftreten. Bei einem solchen Kind ist die Aussicht, sein Übergewicht auf lange Sicht, d. h. bis ins Erwachsenenalter zu kontrollieren, nur sehr gering. Dr. Knittle hält es für »beinahe hoffnungslos«. Ich habe jedoch in meiner Praxis Hunderte solcher Fälle behandelt, bei denen die Fettsucht bereits in der Kindheit aufgetreten war. Durch diese Diät gelang es meinen Patienten, ihr Gewicht unter Kontrolle zu halten. (Perry Zenlea ist so ein Fall.)

Der Grund für die schlechten Aussichten, die bei solchen Fällen frühkindlicher Fettsucht bestehen, liegt in der Wirkung, die jene Fettzellen auf den Stoffwechsel haben. Fettgewebe ist nicht die leblose Anhäufung von Wabbelspeck, als die es erscheint, sondern vielmehr ein aktives Stoffwechselorgan. Die Membranen der Fettzellen lösen u. a. durch den Widerstand, den sie der Wirkung des Insulins entgegensetzen, eine erhöhte Produktion dieses Hormons aus. Sogar wenn sich also der Zellumfang durch eine Hungerkur verringert haben sollte, so ändert das leider nichts an der Tatsache, daß je mehr Fettzellen bestehen, auch um so mehr Zellmembranen vorhanden sind und durch diese eine erhöhte Insulinproduktion.

Das Alter als solches kann eine Kohlehydrat-»Allergie« (und das bedeutet Übergewicht!) auslösen. Auch wenn Ihre Eltern nicht dick sind oder waren, und auch wenn Sie das Leben nicht als speckiges Baby, vollgestopft mit Fettzellen, begannen, gibt es keine Garantie dafür, daß Sie nicht dick oder überempfindlich gegen Zucker werden, wenn Sie 60 Jahre lang unsere denaturierte Kohlehydratekost überlebt haben.

Selbstverständlich gibt es wie immer Ausnahmen, doch im allgemeinen nimmt die Fähigkeit unseres Körpers, Kohlehydrate zu verarbeiten, mit zunehmendem Alter ab, wodurch wir dann dicker werden.

Streß und Sorgen können ebenfalls zu einer Kohlehydrat-»Allergie« (und das bedeutet Übergewicht!) führen. Streß, Sorgen und psychische Belastungen haben die Tendenz, kohlehydratempfindliche Menschen dick werden zu lassen. Und zwar aus folgendem Grund: Wenn wir unter einem Streß stehen, erfolgt eine Ausschüttung von dem im Nebennierenmark produzierten Hormon Adrenalin ins Blut. Adrenalin treibt den Blutzuckerspiegel in die Höhe, was wiederum eine Flut von Insulin bewirkt und als Folge davon einen schließlich niedrigeren Blutzuckerspiegel als vorher. (Sie sollten sich merken, daß die blutzuckersenkende Wirkung des Insulins stärker und von längerer Dauer ist als die gegenteilige Wirkung des Adrenalins.)

In einem solchen Moment essen oder trinken wir, um neue Energie und einen gewissen Trost zu erhalten, um uns zu entspannen oder um Ängste oder Sorgen zu vergessen und innere Spannungen zu überwinden. Und diese kohlehydratreichen »Seelentröster« hinterlassen schwere Pfunde.

Ängste und Sorgen bewirken einen niedrigen Blutzuckergehalt, und dieser löst nun seinerseits Angstgefühle aus, die viele von uns mit Süßigkeiten oder sonstiger kohlehydratreicher Nahrung oder mit Alkohol zu beschwichtigen versuchen. Glücklicherweise gibt es einen Weg, aus diesem Teufelskreis auszubrechen – die in diesem Buch beschriebene Diät! Sie erlaubt Ihnen *protein- und fetthaltige* »Seelentröster«, sooft es Sie danach verlangt!

Kombinationen aus Protein und Fett haben biologisch gesehen einen stabilisierenden Einfluß auf die Insulinproduktion, d. h. sie beeinflussen im Gegensatz zu den Kohlehydraten nicht den Blutzuckergehalt und lösen folglich keine Ausschüttung von Insulin aus.

Durch diese Diät wird Ihr Blutzuckerspiegel allmählich auf das normale Niveau gebracht, auf dem er dann bleibt, da Sie ja nichts essen, was eine Insulinflut bewirkt. Und in dieser von Ihrem normalisierten Stoffwechsel auf Sie ausstrahlenden wohltuenden Ruhe können dann auch Streß und Ängste von Ihnen abfallen.

Jenny O'Hara kam in einem für sie kritischen Augenblick zu mir. Jenny O'Hara begann gerade in ihrer Starrolle in dem Broadway-Erfolg *Promises, Promises* aufzutreten, als sie im August 1971 zu mir kam. Sie ist 1,68 m groß und wog 130 Pfund. »Das ist zuviel für einen Normalbürger und schon ganz bestimmt zuviel für eine Schauspielerin!« erklärte sie. »Aber der bloße Gedanke, mit einer Diät anzufangen, jagte mir Angst ein ... gerade jetzt in diesem hektischen Moment. Ich dachte mir ›Es wird mich nur nervös, gereizt, verkrampft, müde und elend machen, so wie alle Diätarten es tun. Wie soll ich das bloß aushalten?!‹ Doch dann war es überhaupt nicht so. Ich habe noch nie in meinem Leben mich so voller Energie gefühlt! Bevor ich mit dieser Diät begann, schlief ich immer tagsüber stundenlang, so müde war ich. Und dann geriet ich in jenen gräßlichen Teufelskreis mit den Süßigkeiten. Sie wissen schon – erst aß ich was, um mich aufzupeppen, nur um dann zu merken, daß ich müder und abgespannter war als vorher.«

Jennys Eltern sind beide sehr dick, und sie war ebenfalls ein dickes Kind und auch ein dicker Backfisch. Mit 17 erreichte sie ihr Höchstgewicht – 146 Pfund. Danach schwankte ihr Gewicht zwischen 132 und 136 Pfund.

»Ich war verrückt nach Süßigkeiten«, gesteht Jenny. Jetzt wiegt sie zwischen 109 und 114 Pfund, was sie als ihr Idealgewicht betrachtet. »Und die häßlichen Zentimeter sind nur so weggeschmolzen!« sagt sie.

Sie hatte es vorher mit vielen Diätarten versucht – ohne Erfolg. »Ich war ein schreckliches Schleckermaul«, erzählt sie. »Ich hatte eine wahre Sucht nach allem Süßen. Das war dann immer mein Verhängnis. Es ist so herrlich und mir ganz unerklärlich, daß ich bei dieser Diät gar keine Lust mehr auf all jene Dinge habe, die ich nicht essen soll. Ich glaube, es liegt daran, daß man Butter und saure Sahne und Mayonnaise essen darf. Ich liebe gegrilltes Hackfleisch mit etwas Knoblauch und Pfeffer und saurer Sahne. Mmmh! Und ein Steak mit einem dicken Stück Butter darauf. Und Quiche Lorraine, die durchaus erlaubt ist; man muß nur die Kruste übriglassen. Und den Käsekuchen mag ich zu gern! Ich habe auch selbst ein Kürbis-Soufflé erfunden mit Sahne und Süßstoff und verschiedenen Gewürzen, das einfach köstlich schmeckt.«

Zwischen den Mahlzeiten knabbert Jenny Macadamianüsse und Käse (Chester mag sie am liebsten). Mittags ißt sie gerne Würstchen und zum Frühstück Eier und Wurst.

Frauen sind besonders anfällig für eine Kohlehydrat-»Allergie«. Sogar Frauen, die normalerweise nicht hypoglykämisch sind, haben oft in der Woche vor ihrer Periode einen zu niedrigen Blutzuckerspiegel. Das mag der Grund für jene Niedergeschlagenheit, Gereiztheit und seelische Unausgeglichenheit sein, die so vielen Frauen dann zu schaffen macht. Jenes Gefühl ›Ist ja doch alles egal!‹ verführt ebenfalls zu »Seelentröstern« wie Keksen, Kuchen und Süßigkeiten. So ist das Gewicht, das Frauen vor ihrer Periode zunehmen, nicht immer nur Wasser. Bei vielen Frauen folgt auf die Periode eine Woche strengster Diät. Frauen sind gleichfalls eigenartig anfällig für eine sehr verbreitete Störung im Wasserhaushalt des Körpers, sogenannte idiopathische Ödeme. Dies ist ebenfalls eine Folge des gestörten Kohlehydrat-Stoffwechsels.

Hypoglykämie und Übergewicht beginnen oft bei einer Frau mit ihrer ersten Schwangerschaft und verschlimmmern sich dann mit jeder weiteren. Schwangerschaft und Geburt sind kolossale Angst- und Streß-Faktoren im Leben einer Frau und können eine chronische Stoffwechselstörung auslösen. Während der Schwangerschaft wird der Körper außerdem von weiblichen Hormonen überflutet, die eine übermäßige Insulinproduktion bewirken.

Moderne Gynäkologen wissen, daß eine nicht erfolgreich behandelte Hypoglykämie auch eine postpartale Depression auslösen kann.

Koffein verschlimmert die Kohlehydrat-Unverträglichkeit. Das Koffein in unserem Kaffee (und auch das Tein in unserem Tee) kann ebenfalls zu einer erhöhten Insulinproduktion führen. Unser Konsum an Erfrischungsgetränken (von denen viele beträchtliche Mengen von Koffein und Zucker enthalten!) hat wesentlich zu unserer Anfälligkeit für Übergewicht, Hypoglykämie, Herzkrankheiten und Diabetes beigetragen.

Wenn ich jedoch den einen Kausalfaktor herausgreifen sollte, der für die in allen westlichen Ländern grassierende Fettsucht-Epidemie verantwortlich ist, so würde ich den Überkonsum raffinierten Zuckers nennen. Und ich bin der Ansicht, es sollte *jetzt* etwas dagegen unternommen werden!

Süßigkeiten und Erfrischungsgetränke sollten eine warnende Aufschrift tragen, ähnlich wie Zigarettenpackungen (»Durch Rauchen gefährden Sie Ihre Gesundheit!«). Die Verpackungen von zuckerhaltigen Produkten sollten den Aufdruck tragen: »Warnung! Dieses Produkt enthält Zucker und kann für manche Personen schädlich sein. Konsultieren Sie vor Kauf und Gebrauch Ihren Arzt!«

Andere negative Faktoren: Die Pille und die Östrogen-Ersatz-Therapie. Die Pille für die Geburtenkontrolle und das in der Menopause bei der Hormon-Ersatz-Therapie benutzte Östrogen haben auf den weiblichen Körper die gleiche Wirkung wie eine Schwangerschaft. Sie erhöhen den Schweregrad von Hyperinsulinismus und verschlimmern dadurch Hypoglykämie, Diabetes und Übergewicht. (Falls Sie diese Medikamente einnehmen, können Sie nicht erwarten, mit dieser oder irgendeiner anderen Diät einen Erfolg zu erzielen. Sie werden sich mit anderen Worten für eines von beiden entscheiden müssen: entweder für das weibliche Hormon oder dafür, schlank und gesund zu bleiben – oder zu werden!)

Männer sind nicht besser dran. Männer bleiben keineswegs von den Schäden verschont, die raffinierter Zucker und Stärke anrichten. Eine schwedische Untersuchung zeigte, daß bei Männern ab einem Alter von 20 Jahren die Kohlehydrat-Unverträglichkeit ständig mit jedem Lebensjahrzehnt zunimmt.

Bei Frauen tritt diese erst bei Erreichen der Menopause auf. Diese Ergebnisse hängen mit der Tatsache zusammen, daß die Häufigkeit von Herzinfarkten bei Männern ab einem Alter von 20 Jahren sehr viel höher ist als bei Frauen (ausgenommen Diabetikerinnen), bei denen erst nach der Menopause die Anfälligkeit gegen Herzkrankheiten zunimmt.

Erscheint Ihnen das, was Sie gerade gelesen haben, als ein glatter Widerspruch? Wie kann ich Ihnen erzählen, daß die Pille und Östrogen-Ersatz-Therapie Hyperinsulinismus und alle dadurch ausgelösten Erkrankungen verschlimmert, wenn ich Ihnen im nächsten Atemzug sage, daß Frauen nach der Menopause, also wenn sie den Hauptteil ihres Östrogens verloren haben, ebenso anfällig wie Männer gegen diese Erkrankungen werden?!

Klingt wie ein glatter Widerspruch, nicht wahr? Ist es aber nicht. Es weist nur auf eines der vielen von der Medizin noch nicht erforschten Geheimnisse hin. Wir wissen jedoch bereits, daß diese scheinbar widersprüchlichen Phänomene dem wahren Sachverhalt entsprechen. Es ergibt sich daher nur die eine Schlußfolgerung: Östrogen allein ist nicht der Schutzfaktor!

Es sind noch andere Hormone, andere Faktoren in dem natürlichen hormonalen Gleichgewicht einer Frau vor Erreichen der Menopause am Werk. Wir wissen noch nicht, welche

Substanz hier die Schutzfunktion ausübt. Wir können nur auf Grund unserer Untersuchungen und Beobachtungen annehmen, daß eine solche Substanz existiert.

Die stärkeren Psychopharmaka verursachen Übergewicht. In unserer heutigen Zeit, wo den Menschen gepredigt wird, gegen alles und jedes eine Pille zu schlucken, ist es nicht erstaunlich, daß einige der Präparate, die Menschen »helfen« sollen, Nebenwirkungen haben, die genau das Gegenteil tun. Ein gutes Beispiel hierfür sind die starken Psychopharmaka. Die Phenothiazine und die Gruppe der psychischen Aufputschmittel (Energizer) bilden die beiden Hauptkategorien dieser sehr starken Medikamente. Meine eigenen klinischen Beobachtungen, bis jetzt allerdings noch nicht bewiesen, lassen vermuten, daß beide die Insulinausschüttung erhöhen und zu Übergewicht und Hypoglykämie führen. (Dies mag für die schwächeren Mittel wie Librium, Valium und die Meprobamate nicht zutreffen.)

Da aber Hypoglykämie so häufig der tiefere Grund für psychoneurotische Symptome wie Depressionen und Angstzustände ist, bekommen nun ausgerechnet Hypoglykämiker mit großer Wahrscheinlichkeit auch noch diese Mittel. Sie sehen, wie derartige Medikamente, so brauchbar sie auch bei sinnvoller Anwendung sein mögen, Ihnen mehr schaden als helfen können, wenn Hypoglykämie Ihr Problem ist.

Ich bin kein Psychiater, habe aber Hunderte von psychiatrischen Patienten gehabt und konnte immer wieder feststellen, daß diese Diät manchmal wirksamer ist als die Psychopharmaka. In vielen Fällen, wo ich mit dem Psychiater eines Patienten zusammenarbeitete, konnten wir die Dosierung dieser starken Mittel herabsetzen und in manchen Fällen die Patienten sogar ganz von ihnen absetzen, da manchmal eine fast ans Wunderbare grenzende Besserung eintrat.

7 Dies ist eine völlig neue Energie-Diät – seelisch wie körperlich!

Das Erstaunlichste und Beglückendste an dieser Diät ist für mich die Art, in der sie die ganze Persönlichkeit eines Menschen ändern kann. Ich sehe dauernd, wie sich eine solche Verwandlung vor meinen Augen vollzieht, und höre nie auf, voller Freude über dieses Wunder zu staunen.

Die meisten Patienten kommen bei dem ersten Besuch deprimiert, mutlos und lethargisch zu mir und sehen um Jahre älter aus, als sie es sind. Wie ist es nur möglich, daß eine so einfache Maßnahme, wie die Änderung ihrer Ernährung, sie innerhalb weniger Monate in energiegeladene, jugendliche und selbstbewußte Menschen verwandelt? Es ist einer der Gründe, weshalb ich ein solch überzeugter Missionar für diese Diät geworden bin. Warum können und sollen sich nicht *alle* auf diese wunderbare Art verwandeln?

Die meisten dicken Menschen, die durch eine vernünftige Methode abnehmen, fühlen sich selbstverständlich wesentlich besser und jünger – und man sieht es ihnen auch an! –, solange sie ihr neues Gewicht halten können. Das ist jedoch leider bei den meisten Diätformen nicht sehr lange der Fall.

Die körperlichen und geistig-seelischen Veränderungen, die diese Diät bewirkt, sind jedoch anderer Natur. Es wird viel mehr als nur ein Gewichtsverlust erreicht. *Die körperlichen, seelischen und geistigen Symptome eines niedrigen Blutzuckerspiegels verschwinden. Das Resultat davon besteht in einem kräftigen Aufschwung an geistiger, sexueller und körperlicher Energie – also ein äußerst beglückendes Erlebnis. Und dies alles nicht nur kurzfristig und vorübergehend!*

Nehmen wir den Fall von Hal Linden, dem Schauspieler und Star von *The Rothschilds* am Broadway, der 171½ Pfund wog, als er zu mir kam. Da er 1,85 m groß ist, hatte er nicht viel abzunehmen. »Aber«, sagte seine Frau Frances, »mein Mann ißt so schrecklich gerne. Er ißt am liebsten nicht nur seine Portion Fleisch, sondern meine noch dazu – und das jederzeit! Und er nimmt schnell zu.«

Für Hal Linden war es daher seit langem nicht nur ein Problem gewesen, sich diese paar Pfunde abzuhungern, sondern mehr noch, sie nicht wieder zuzunehmen. Mit dieser Diät, die ja für Menschen gedacht ist, die gerne essen (wie ich!), ist er seine Pfunde mühelos losgeworden und hat ihre Rückkehr auch nicht zu fürchten. Dies ist etwas völlig Neues für ihn und einmalig in seinem Leben. Er ist natürlich selig. »Und seine Energie hat sich verdreifacht! Es ist einfach phantastisch!« sagt seine Frau.

Es geht hierbei um Energie oder Müdigkeit, um Fröhlichkeit oder Deprimiertheit. All diese positiven, neuen Empfindungen von Jugendlichkeit, Zuversicht und Tatkraft unterstützen den Patienten in seinem Wunsch, diese Diät auch weiter einzuhalten. Es geht nicht nur darum »Wenn ich jetzt dieses Stück Geburtstagstorte esse, nehme ich zu«, sondern vielmehr um »Wenn ich dieses Stück Geburtstagstorte esse, nehme ich zu und gerate wieder auf diese vertrackte emotionale Rutsche – und auf ihr abwärts in das frühere ewig müde, deprimierte und gereizte Dilemma!« Dieser herrliche neue Schwung und diese Zufriedenheit, die Sie jetzt erfüllen, sind nicht nur die Freude an Ihrer neuen, guten Figur. Es ist die biochemische Reaktion Ihres Körpers auf die Tatsache, daß Ihr Blutzuckerspiegel (und er ist die Brennstoffquelle für Ihr Gehirn und Ihren Körper!) nicht mehr in dem wahrsten Sinne des Wortes unerträgliche Tiefen absinkt, sondern sich durch diese Diät auf einem so gut wie normalen Niveau stabilisiert hat.

Neben den Klagen über Übergewicht höre ich am häufigsten von neuen Patienten Klagen über ständige Müdigkeit.

Depressionen sind oft ein Symptom für einen niedrigen Blutzuckerspiegel. Da ich kein Psychiater bin, lassen sich wenige Patienten gleich zu Anfang über ihre Depressionen aus. Es wird jedoch sehr bald deutlich, daß sie nicht nur unter ständiger Müdigkeit, sondern auch unter Depressionen leiden – einem wohlbekannten Symptom eines zu niedrigen Blutzuckerspiegels.

Am Schluß fast eines jeden Gespräches mit einem Patienten bekomme ich Variationen zu dem Thema Depressionen zu hören. »Ich verabscheue mich selbst!« »Ich bin einfach verzweifelt!« »Ich weine mich in den Schlaf.« »Ich habe für nichts mehr Interesse.« »Ich bin ein Wrack, und ich weiß es.«

Die meisten zu dicken Menschen finden es fast selbstverständlich, daß sie deprimiert sind, denn Übergewicht ist in unserer modernen Gesellschaft aber auch in jeder Hinsicht ein Handikap und eine dauernde Bestrafung des Ego. Müdigkeit dagegen nehmen sie weniger bereitwillig hin.

»Ich weiß nicht, was mit mir los ist, aber sowie ich vom Abendessen aufstehe, bin ich so müde, daß mir die Augen zufallen.«

»Ich sterbe jeden Nachmittag vor Müdigkeit, und es ist eine Qual, wach zu bleiben. Woran liegt das bloß?«

»Ich liebe diese Vorlesung, aber ich schlafe regelmäßig in ihr ein, ohne etwas daran ändern zu können.«

»Ich stehe gar nicht so früh auf, doch um 11 Uhr abends schleiche ich herum, als ob ich ein uralter Tattergreis wäre.«

Ergeht es Ihnen ähnlich?

Wann sind Sie am müdesten? Wann haben Sie Ihre »toten Punkte«? Auf diese Frage bekomme ich am häufigsten folgende Antwort: »Also ich glaube, es ist am schlimmsten vormittags zwischen 11 und 12 und nachmittags zwischen 4 und 6 Uhr.«

Kennen Sie diese Müdigkeitskurve? Die meisten Menschen haben irgendwann im Verlauf des Tages einen »toten Punkt«. Sie halten das für normal. Sie haben schließlich so viel gearbeitet, sich so aufregen müssen oder andere Probleme lösen müssen – weshalb sollten sie also nicht müde sein?

Wir könnten uns jedoch fast alle viel besser fühlen, wenn wir den Zusammenhang erkennen würden, der zwischen unserem Befinden und dem, was wir essen, wie auch dem Augenblick, wann wir essen, besteht.

Warum also nicht Ihre Energiekurve herausfinden und Ihre Ernährung ihr anpassen! Sie werden den Zusammenhang merken, der zwischen beiden besteht! Der ausschlaggebende Faktor scheint die Höhe Ihres Blutzuckerspiegels zu den verschiedenen Tageszeiten zu sein.

Es mag Ihnen gelingen, Ihren Magen zwischen den Mahlzeiten mit Karotten, Selleriestangen oder sauren Gurken zu täuschen, doch Ihren Blutkreislauf können Sie nicht täuschen. Wenn Sie also einen niedrigen oder absinkenden Blutzuckerspiegel haben, werden Sie die Müdigkeitssymptome unverändert weiter haben, bis Sie Ihre Ernährung ändern.

Altern braucht nicht Müdigkeit zu bedeuten. »Ich fürchte, ich werde alt, denn ich bin die meiste Zeit jetzt immer so müde!« Diese völlig falsche Annahme höre ich unentwegt. Ich gebe zu, es ist unvermeidlich, alt zu werden, nicht dagegen jedoch, müde zu werden. In Tausenden von Fällen habe ich festgestellt, daß, wenn sich ein Patient einmal auf diese Diät umgestellt hat, er auch bei recht fortgeschrittenem Alter noch neue Energien entwickelt, die er selbst nie für möglich gehalten hätte. Ich weiß aus Erfahrung, daß Sie sich bei dieser Diät nicht nur besser fühlen werden als bei jeder anderen Diät, sondern sogar besser, *als Sie es bei sich für normal halten.*

Man braucht nicht immer müde zu sein. Es ist keine normale Erscheinung. Wie alt Sie auch sein mögen, Sie können ziemlich sichergehen, daß etwas bei Ihnen nicht stimmt, wenn Sie dauernd oder schnell müde sind und keine Energien haben. Und wenn Sie außerdem noch zu dick sind, handelt es sich bei Ihnen wahrscheinlich um einen gestörten Kohlehydrat-Stoffwechsel – und einen Fall von Hypoglykämie.

Die Definition und Gründe für Hypoglykämie. Hypoglykämie ist ein wörtlich aus dem Griechischen übersetzter Begriff, der einen abnorm niedrigen Blutzuckerspiegel, d. h. eine Unterzuckerung, bezeichnet: *hypo* bedeutet »unter«, *glykis* »süß« und *emia* »im Blut«.

Es gibt mehrere Arten von organischer Hypoglykämie, die eine Vielzahl von Ursachen haben können. Wir werden hier nicht näher auf sie eingehen, denn bei 90 Prozent aller Fälle von niedrigem Blutzuckerspiegel handelt es sich um eine sogenannte funktionelle Hypoglykämie. Und 90 Prozent von diesen werden wiederum durch eine Überempfindlichkeit gegen Kohlehydrate verursacht, über die wir bereits gesprochen haben. Diese Überempfindlichkeit löst die erhöhte Insulinausschüttung ins Blut aus, und die Hauptfunktion des Insulins besteht in der Senkung des Blutzuckerspiegels, wie wir bereits sahen. *Entgegen Ihrer anfänglichen Vermutung wird Hypoglykämie nicht durch einen Mangel an Zucker in Ihrer Ernährung verursacht, sondern durch eine zu hohe Insulinproduktion – Hyperinsulinismus. Vergessen Sie nie, daß Zucker diesen auf lange Sicht nur verschlimmert!*

Die Symptome von Hypoglykämie. Depressionen und Müdigkeit sind nicht die einzigen Symptome. Unter vielen anderen, die durch Hypoglykämie verursacht werden *können,* sind z. B. Gereiztheit, Nervosität, Schwindel, Kopfschmerzen, kalte Schweißausbrüche, kalte Hände und Füße, Schwächeanfälle, Schläfrigkeit, Vergeßlichkeit, Schlaflosigkeit, grundloses Sich-Sorgen, Verwirrtheit, Ängste, Herzklopfen, Muskelschmerzen, feindseliges, zänkisches und menschenscheues Verhalten, Unentschlossenheit, Tränenausbrüche, mangelnde Konzentration, Muskelzucken, Atemlosigkeit, Verdauungsbeschwerden, Magen- oder Darmgeschwüre, Phobien und Angstvorstellungen, Suizidabsichten, Zuckungen, Krämpfe, Allergien, gestörte Sehkraft, Alkohol- und Drogensüchtigkeit, mangelndes sexuelles Interesse bei Frauen, Impotenz bei Männern, Versagen in der Schule, abnorme Schreckhaftigkeit und Alpträume – ja sogar Ohnmachten.

Nicht alle Hypoglykämiker sind zu dick (zwei der hübschesten Schwestern in meiner Praxis haben Hypoglykämie und sind dabei gertenschlank!), doch fast 70 Prozent meiner Patienten mit Übergewicht haben einen niedrigen Blutzuckergehalt, wenn sie zu mir kommen. Meiner Schätzung nach haben von 4 Personen mit niedrigem Blutzuckerspiegel 3 Übergewicht.

Eine bekannte Schauspielerin gehört zu diesen. Nach auch nur der kleinsten Kohlehydrat-Eskapade sackt ihr Energieniveau ab und schießt ihr Gewicht in die Höhe. »Wenn ich auch nur einen Apfel esse, hat das die Wirkung von drei Bonbons bei mir«, berichtet sie. »Bevor ich zu Ihnen kam, nahm ich einfach nicht ab. Ich konnte nicht verstehen, warum.« Mit dieser Diät nahm sie in einem Monat 9 Pfund ab.

Dies ist eine Krankheit, die einfach übersehen wird. Einer meiner Kollegen sagte mir einmal: »Hypoglykämie ist ein Symptom für ein Fehlfunktionieren des Organismus, das in unserer modernen Gesellschaft so verbreitet ist, daß der *gesunde* Mensch bereits die Ausnahme darstellt!« Ich halte es für *die* Krankheit des 20. Jahrhunderts, weil es sozusagen die Antwort unseres Körpers auf die historisch einmalige Zumutung ist, die wir mit unserer hauptsächlich aus denaturierten Kohlehydraten bestehenden Ernährung an ihn stellen.

Die Symptome sind so vielfältig und verschieden, daß viele Ärzte ihnen mißtrauen und das Vorkommen dieser Krankheit als solche leugnen.

Hypoglykämie bleibt dadurch in einem Ausmaße als Krankheit unerkannt und unbehandelt, wie es in der ganzen Medizin keinen Parallelfall gibt. Vielleicht liegt das daran, daß Hypoglykämie während eines vierjährigen Medizinstudiums in den USA nur vielleicht eine Stunde lang am Rande erwähnt wird, oder auch an den medizinischen Lehrbüchern, in denen sie als ein relativ seltener Zustand bezeichnet wird.

Rückschauend erkenne ich, daß ich während meines Praktikums Hunderte von Hypoglykämie-Fällen nicht richtig diagnostizierte, weil ich nicht auf niedrigen Blutzucker tippte. Aber auch keiner meiner Lehrer tat es. Geben Sie deshalb bitte nicht dem Arzt die Schuld, der niedrigen Blutzucker nicht zu diagnostizieren oder zu verstehen vermag; man kann nicht mehr von ihm erwarten als das, was er gelernt hat.

Ich weiß jedenfalls soviel: Wer immer die Hypoglykämie als erster als einen Zustand definierte, der dann eintritt, wenn der Blutzucker unter 45 Milligramm Prozent (Blutzucker wird in dieser Einheit gemessen) oder auch die Hälfte der Menge absinkt, die im Blut kreisen sollte, hat den medizinischen Fortschritt auf diesem Gebiet um eine ganze Generation zurückgeschraubt. Aus diesem Grunde hat der Durchschnittsarzt nämlich Angst, bei einem Patienten diese Diagnose zu stellen, es sei denn, er sieht diese magische Zahl.

Wenngleich dieser niedrige Wert nützlich für die Auswahl von Fällen für medizinische Studien ist, sinkt der Blutzucker bei den meisten Hypoglykämikern nicht so tief, auch dann nicht, wenn Patienten durch ihren Zustand arbeitsunfähig und bettlägerig werden.

Wie viele Fälle von »Geisteskranken« sind Fehldiagnosen? Jedes zweite Krankenhausbett in den USA ist mit einem »Geisteskranken« belegt. Ich bin – wie viele Ärzte – davon überzeugt, daß ein großer Prozentsatz dieser gar nicht geisteskranken Patienten an einer physischen Krankheit leidet – und zwar an funktioneller Hypoglykämie, die durch eine kohlehydratfreie Diät leicht unter Kontrolle gebracht und gehalten werden könnte. Hypoglykämie kann fast jede neuropsychiatrische Störung vortäuschen, und die Diagnosen von Patienten mit Hypoglykämie haben häufig fälschlicherweise auf Schizophrenie, manisch-depressive Psychosen oder ähnliches gelautet.

Die richtige Diät könnte viele »Geisteskranke« retten. Wenn Patienten wegen geistiger Erkrankung in eine Anstalt eingeliefert werden, bekommen sie unglückseligerweise eine billige Anstaltskost, die einen hohen Gehalt an Kohlehydraten aufweist. Das ist nun genau das Gegenteil der Behandlung, die ihnen helfen könnte. Ich bin überzeugt, daß eine beträchtliche Anzahl von Betten frei würde, wenn wir diese Patienten auf eine kohlehydratfreie Diät umstellen würden.

Ein Beweis dafür sind die positiven Resultate, die viele junge Psychiater, die nach den modernsten ernährungsmedizinischen Kenntnissen ausgebildet sind, durch eine Megavitamin-Therapie und eine kohlehydratarme Diät bei ihren Patienten erreichen.

Ein niedriger Blutzuckergehalt kann gelegentlich oder regelmäßig auftreten. Gelegentlich auftretender niedriger Blutzuckerspiegel kann durch einen seelischen Schock oder Schreck oder eine übergroße Anstrengung verursacht werden. Angst stimuliert die Ausschüttung von Insulin, was dann sämtliche Tendenzen zu niedrigem Blutzucker aktivieren kann. Viele von uns können gelegentlich niedrigen Blutzucker bekommen als Folge eines zu hohen Kohlehydrat- oder Alkoholkonsums, so wie es z. B. bei einem besonderen Fest oder in den Ferien geschehen mag.

Regelmäßig auftretender niedriger Blutzuckergehalt ist jedoch die von mir am häufigsten beobachtete Form. Wenn man die Eßgewohnheiten, die Hypoglykämie verursachen, verdoppelt, verdoppelt man auch die Symptome. Jemand, der jeden Nachmittag gegen 4 Uhr müde ist, weil er immer ein kohlehydratreiches Mittagessen verspeist, ist ein typisches Beispiel hierfür. Wenn Ihr Arzt sich ein Bild über Ihre medizinische Vorgeschichte zu machen versucht, kann dieser Umstand einer der wichtigsten Hinweise für die richtige Diagnose sein.

Und so kann jeder seine Hypoglykämie unter Kontrolle halten. Wodurch sie auch verursacht worden sein mag, der Normalisierungsprozeß ist immer der gleiche. Es gibt nur *einen* Weg aus diesem Teufelskreis heraus. Die Überproduktion von Insulin (das den Blutzuckerspiegel senkt) muß unterbunden werden. Und das können Sie erreichen, indem Sie alles aus Ihrer Ernährung weglassen, was diese Überproduktion anregt – Alkohol, Koffein und selbstverständlich *alle* Kohlehydrate!

Lassen Sie mich wiederholen, daß am Anfang körperliche Bewegung eine große Hilfe für Sie sein kann. Ich empfehle jede Art von Sport wie auch Spiele, da beides die seelische und körperliche Entspannung fördert. Und indem Sie durch die körperliche Bewegung den Bedarf Ihres Körpers an Glukose steigern, wird er gezwungen, mehr Fett in Zucker umzuwandeln, wodurch die Niveauunterschiede Ihres Blutzuckerspiegels stabilisiert werden. Körperliche Bewegung als solche bewirkt außerdem eine ganz spezifische Euphorie.

Der wahre Schlüssel für die Behandlung heißt jedoch: Diät!

Diese Diät schenkt Ihnen große Energien – doch wenn Sie mogeln, kehrt die alte Müdigkeit wieder. Das Müdigkeitssymptom ist sozusagen die Strafe oder Belohnung bei dieser Diät. Es hilft einem, sie einzuhalten, denn es ist so wunderbar, voller Energien zu stecken und gleichzeitig abzunehmen.

Wenn Sie abtrünnig werden, lernen Sie durch traurige Erfahrung, daß Sie sich bis zu 72 Stunden lang wieder so herumschleppen müssen wie vor Beginn der Diät.

Warum bis zu 72 Stunden? Nehmen wir einmal an, Sie unterbrechen die Diät an einem Sonnabend und halten Sie ab Sonntag wieder ein. Weshalb sind Sie dann am Montag und Dienstag so erschöpft? Sie befolgen doch schließlich wieder die Diät.

Nun, die sich hier abspielenden Vorgänge haben mit der zeitlichen Verzögerung zu tun, die bei einer Unterbrechung der Diät eintritt, bis das FMH wieder ausgeschüttet wird. Wenn das FMH in Ihrem Blutkreislauf zirkuliert, versorgen Ihre Fettreserven Ihren Körper mit Brennstoff, doch durch das Unterbrechen der Diät am Sonnabend erreichten Sie, daß das FMH nicht mehr zirkulierte. Sie bekamen einen kurzfristigen Auftrieb durch Ihre Kohlehydrat-Eskapade, doch darauf folgte das »Down«. Ohne Ihr FMH fühlten Sie sich vorübergehend müde und niedergeschlagen. Doch nach 2 bis 3 Tagen zirkuliert genügend FMH in Ihrem Blutkreislauf, und Ihr Körper kann wieder seinen Brennstoff aus den Fettspeichern beziehen – und Sie werden auf diese Weise sowohl Ihren Speck wie Ihre Müdigkeit los.

Kapiert? Es ist wichtig, daß Sie es verstehen, denn sonst schieben Sie die Schuld an Ihrer Müdigkeit von Montag und Dienstag Ihrer Diät am Sonntag und Montag zu und nicht Ihrer Kohlehydrat-Eskapade am Sonnabend.

Manche Patienten sind müder als andere. Nicht allen Patienten mit niedrigem Blutzuckerspiegel macht dieses Müdigkeitssymptom gleichermaßen zu schaffen. Keineswegs. Doch für manche Menschen ist es fast wichtiger, ihre Energie zurückzugewinnen als ihre gute Figur. Natalie Todd gehört z. B. zu diesen. Eine meiner Assistentinnen stellte ihr hierzu Fragen und benutzte dabei mein Bandgerät. »Es ist gar nicht so sehr der Gewichtsverlust«, sagt sie, »sondern der gewaltige Unterschied, wie ich mich fühle, seit ich mit dieser Diät anfing. Vorher war ich immer erschöpft. Besonders meine Beine waren immer so schwer wie Blei. Ich mußte jede Woche einen Tag im Bett bleiben, und wenn ich mich nicht um mein Geschäft hätte kümmern müssen, hätte ich sehr viel mehr Zeit im Bett verbracht. Die durch die Diät bewirkte Veränderung war unglaublich! Schon nach einer Woche fühlte ich mich viel besser.«

Ein neuer Mensch durch diese Diät. »Und noch etwas«, fährt Natalie fort, »ich war verrückt nach Süßigkeiten und aß pausenlos irgend so ein Zeug. Und ich war immer hungrig. Ich stand vom Essen auf und hatte das Gefühl zu verhungern. Ich konnte einfach nicht genug essen, und dadurch nahm ich natürlich zu. Und von dem vielen Essen wurde ich nur immer hungriger. Ich war aber nicht nur müde und hungrig, sondern auch biestig und gereizt. Meine Familie hält diese Diät für ein Wunder, weil ich mich so verändert habe.«

Natalie hatte einen niedrigen Blutzuckerspiegel und war als Kind dick gewesen, doch eine dünne Braut. Bei ihrer ersten Schwangerschaft begann sie zuzunehmen, doch als sie zu mir kam, wog sie nur 18 Pfund mehr als bei ihrer Heirat.

»Ich pflegte mich hübsch zu machen, um auszugehen, und dann loszuheulen«, erinnert sie sich. »Mein Anblick im Spiegel deprimierte mich, aber ich war auch so hungrig und erschöpft. Als ich zu Ihnen kam, war ich einfach verzweifelt.«

Eine langsame Gewichtsabnahme änderte ihren Geschmack. Sie nahm die 18 Pfund langsam ab. Das hat seine Vorteile, denn in den dabei verstreichenden Monaten hat sich ihr Geschmack geändert. Jetzt sind ihr Süßigkeiten direkt zuwider. »Ich bin ein großer Käsefreund«, sagte sie, »Brie, Chester . . . jeder gute Käse. Mit Käse als Nachspeise bin ich vollkommen glücklich.« Ihre Familie ißt Kartoffeln und Brötchen, doch das bedeutet für sie keine Versuchung mehr. »Die Vorstellung, daß mich dadurch wieder die frühere Müdigkeit überkommen könnte, läßt mir das alles wie Gift erscheinen«, sagte sie.

Bei einer Patientin lautete die Diagnose auf Psychose. Unsere Unterlagen sind voller Krankengeschichten von Patienten, die körperlich arbeitsunfähig waren oder als hochgradige Neurotiker abgestempelt wurden, in Wirklichkeit jedoch nur eine schwere Hypoglykämie hatten – und das alles, weil ihr Blutzuckerspiegel nicht tief genug fiel, um die von ihnen konsultierten Ärzte zu überzeugen, daß er die Wurzel des Übels und ihres ganzen Leidens war. Als sie auf diese Diät umgestellt wurden, verschwanden die jahrzehntealten Symptome wie durch Zauberei.

Ich erinnere mich besonders gut an einen solchen Fall, da die Patientin eine so unglaubliche Überempfindlichkeit gegen die kleinsten Kohlehydratmengen hatte. Grace R. kam ursprünglich zu mir, um abzunehmen, doch ihre wahren Probleme waren anderer körperlicher und seelischer Art – sie war vor Erschöpfung bettlägerig, und die Diagnose eines Psychiaters, der, wie ich weiß, durchaus etwas von Hypoglykämie versteht, hatte auf »psychotisch« gelautet.

Grace R. wog 120 Pfund, als sie zu mir kam. Ihr Glukose-Belastungstest ließ auf Hypoglykämie schließen, obwohl der niedrigste Wert nicht tiefer als 68 Milligramm Prozent lag. Sie erzählte mir: »Ich habe seit Jahren gehungert . . . und trotzdem immer Kummer mit meinem Gewicht gehabt. Ich wog einmal sogar 141 Pfund. Immer stellte ich mir vor, wie herrlich es sein müßte, nur 111 Pfund zu wiegen.«

Tranquilizer werden überflüssig. 5 Jahre später wiegt sie 98 Pfund. »Aber die wirklich große Veränderung ist in meinem *Wesen* vor sich gegangen. Meine ganze Einstellung hat sich geändert«, sagt sie. »Ich verbrachte einen Großteil meines Lebens auf der Couch von Psychiatern und mit Kinder- und Eheberatern. Ich mußte ständig jede Menge Tranquilizer einnehmen. Nachdem ich 3 Wochen diese Diät befolgte, brauchte ich sie nicht mehr! Brauchte sie einfach nicht! Vorher war ich immer *so* deprimiert, hatte immer vor irgend etwas Angst, fühlte mich elend und den Tränen nahe oder entsetzlich müde. Auch konnte ich mich überhaupt nicht konzentrieren oder mich zu irgendwelchen Entscheidungen aufraffen. Kaum gelang es mir, einen Satz zu beenden. Jeder, ich mit einbegriffen, hielt mich für einen Hypochonder und die schlimmste Neurotikerin. Und dann begann ich mit dieser Diät, und alles Elend hörte auf. Phantastisch! Ich gehöre zu jenen Menschen, deren Körper einfach nicht mit Nahrungsmitteln fertig wird, die sich in Zucker umwandeln. Wenn ich acht Kamm-Muscheln esse, liege ich hinterher einen ganzen Tag hundeelend im Bett!« (Kamm-Muscheln sind einige der wenigen Meerestiere, die eine nennenswerte Kohlehydratmenge enthalten – etwa 1 Gramm KH pro 28 Gramm Muschelfleisch.)

Was Sie bei Hypoglykämie tun können – und sollten! Da Ihr Arzt es vorziehen mag, diese Krankheit zu ignorieren, ist es gut, wenn Sie den Beweis haben, daß Hypoglykämie nach unwiderlegbaren medizinischen Gesichtspunkten eine Erkrankung ist. 1924 wurde sie zum ersten Mal von Dr. Seale Harris als eine Krankheit beschrieben, und er erhielt 1949 von der *American Medical Association* einen Anerkennungspreis für diese Entdeckung. Sogar eine Münze wurde zu seinen Ehren geprägt. Diese Ehrung ist insgesamt nur zwölfmal in der hundertjährigen Geschichte dieser Vereinigung verliehen worden.

Inzwischen haben wir eine Menge über Hypoglykämie gelernt (und entwickelten auch wirkungsvollere Behandlungsmethoden als die Seale-Harris-Diät). Seit 1924 glaubte man z. B. eine ganze Generation lang, daß die meisten Hypoglykämiker Untergewicht hätten. Seit einigen Jahren ist nun das genaue Gegenteil beobachtet worden, nämlich daß die Mehrzahl aller Hypoglykämiker Übergewicht haben. Wir wissen auf jeden Fall durch unsere eigene Arbeit wie auch durch eine am *Hahnemann Medical College* in Philadelphia durchgeführte Untersuchung, daß die meisten Menschen mit Übergewicht Hypoglykämiker sind.

Dies wird Stoffwechsel-Spezialisten nicht überraschen, denn jede auf diesem Gebiet angestellte Untersuchung zeigt, daß jeder Mensch mit Übergewicht eine anormal hohe Insulinbildung aufweist, und, wie Sie sich erinnern werden, gehen ein niedriger Blutzuckerspiegel und Hyperinsulinismus fast unweigerlich Hand in Hand. Insulin wandelt den Zucker nicht nur entweder in Energie und Fett um, sondern hindert die Leber und andere Gewebe daran, den Blutzuckergehalt aufzufüllen, wenn er zu tief sinkt.

Beim Lesen dieses letzten Kapitels sind Ihnen vielleicht Gedanken zu Ihrer eigenen Müdigkeit, Gereiztheit oder Niedergeschlagenheit gekommen. Ist es möglich, daß diese nur durch einen zu niedrigen Blutzuckerspiegel verursacht werden? Falls Sie sich entschließen, dem auf den Grund zu gehen, sind Sie im Begriff, sich auf eines der schwierigsten Hindernisrennen mit der Medizin einzulassen.

Die meisten fragen als erstes ihren Arzt. Was machen Sie also? Nun, Sie können Ihren Arzt fragen. Aber wenn er nun einer jener Ärzte ist, die Hypoglykämie für einen nur selten und vorübergehend auftretenden Zustand halten?

Eine andere Möglichkeit: Ein vier- bis sechsstündiger Glukose-Belastungstest. Ich bin längst der Ansicht, daß dieser Test routinemäßig bei allen Personen gemacht werden sollte, die einen Arzt auch nur für eine allgemeine Routineuntersuchung aufsuchen, denn niedriger Blutzucker ist derartig verbreitet, und bei so vielen gesundheitlichen Problemen stellt sich heraus, daß sie auf einem gestörten Kohlehydrat-Stoffwechsel beruhen. Ich hege die Zuversicht, daß mehr Ärzte sich dazu entschließen werden, diesen einfachen, wenn auch zeitraubenden Test häufiger durchzuführen. Doch der Vorschlag, einen solchen Test zu machen, wird in der Regel von *Ihnen* kommen müssen!

Ich habe 8000 Glukose-Belastungstests an Patienten mit Übergewicht durchgeführt. Nur 25 Prozent zeigten die typisch normale Kurve, und von den 75 Prozent, bei denen der Befund auf eine Störung hinwies, wurde bei 25 Prozent Diabetes in verschiedenen Schweregraden festgestellt, während 75 Prozent unterschiedliche Symptome eines niedrigen Blutzuckerspiegels aufwiesen. Und die nun folgende Tatsache ist es wert, behalten zu werden: 80 Prozent der auf diese Weise als Diabetiker diagnostizierten Patienten wiesen *sowohl* Diabetes *wie* einen niedrigen Blutzuckerspiegel auf. Jawohl, diese beiden scheinbar so gegensätzlichen Krankheitsbilder können gekoppelt auftreten – und tun das sogar recht häufig. (Glücklicherweise ist die Behandlung – diese Anti-Kohlehydrat-Diät – für beide die gleiche.)

Die Wahl des Arztes. Sie tun gut daran, für die Durchführung dieses Tests einen Arzt zu wählen, der im Rufe steht, etwas vom Kohlehydrat-Stoffwechsel zu verstehen, denn es handelt sich hierbei um ein medizinisches Spezialgebiet, auf dem noch große Unklarheiten bestehen.

Wenn Ihnen Ihr Gewicht oder einige der hier beschriebenen Symptome Sorgen machen, fragen Sie Ihren Arzt, ob er einen sechsstündigen Glukose-Belastungstest für angebracht hält. Wenn er dies für eine gute Idee hält, besteht Hoffnung. Wenn er dagegen nicht auf Ihren Vorschlag eingeht, sollten Sie sich fragen, warum er gegen einen so einfachen Test ist. Ein Glukose-Belastungstest mag etwas unangenehm – für Sie – sein, da ein halbes Dutzend Nadeleinstiche dafür notwendig sind, doch ist er, was die Laboratoriums-Untersuchungen betrifft, verhältnismäßig billig. Sie brauchen lediglich in einem Getränk eine Standardmenge von Traubenzucker (Glukose) zu trinken, und danach werden dann stündlich Blutproben entnommen und im Laboratorium auf ihren Blutzuckergehalt untersucht.

Ich empfehle neben diesem Test eine gründliche allgemeine Untersuchung, z. B. der Funktion der Schilddrüse, des Herzens, der Leber und der Nieren wie auch ein EKG usw. Sie müssen ein genaues Bild darüber haben, in was für einem Zustand Ihr Körper ist, denn Sie wissen ja: *Übergewicht ist eine Krankheit!* Es ist am besten, wenn Sie all diese Tests machen lassen, bevor Sie mit dieser Diät beginnen. Nach 2 Monaten lassen Sie dann zum Vergleich einige der Laboratoriums-Tests wiederholen (Messung des Triglyzerid- und Cholesterinspiegels, des Harnsäuregehalts und all dessen, was irgendwie verdächtig war), und können anhand der Ergebnisse die Verbesserung sehen. Ihr Arzt sollte Sie zumindest zu Beginn dieser Diät wie auch während der ersten Monate in regelmäßigen Abständen untersuchen.

Wie Sie sonst zu einem Glukose-Belastungstest kommen. Wenn Sie bei Ihrem Arzt kein Glück mit Ihrem Vorschlag haben, einen vier- bis sechsstündigen Glukose-Belastungstest durchführen zu lassen (geben Sie sich nie mit einem zwei- bis dreistündigen Test zufrieden!), wird er Ihnen vielleicht erlauben, sich an ein medizinisches Laboratorium zu wenden und den Test dort machen zu lassen. Die Anzahl von Patienten, die sich in den vergangenen Jahren für diese Alternative entscheiden mußte, ist einfach erstaunlich.

Sie haben die erste Hürde überwunden – der Test ist gemacht worden. Das zweite Hindernis taucht nun mit der Frage auf: Wer wird die Ergebnisse richtig deuten? Es gibt nicht wie bei Diabetes eine allgemein anerkannte Reihe von Standardwerten, um die Ergebnisse eines Glukose-Belastungstests im Hinblick auf einen niedrigen Blutzuckergehalt zu deuten.

Die zweite Möglichkeit: Probieren Sie, was Sie mit dieser Diät erreichen. Wollen Sie mir nun erlauben, Sie von den Erfahrungen profitieren zu lassen, die ich mit meinen Patienten gesammelt habe? Ich habe lange über meinen Befunden von

8000 Glukose-Belastungstests gebrütet und versucht, die Ergebnisse mit den Symptomen, die durch diese radikal anti-hypoglykämische Diät zum Verschwinden gebracht werden konnten, in Zusammenhang zu bringen.

Indem ich diese Tests an Tausenden von Patienten durchführte und diese dann über Jahre hinweg beobachtete, stellte ich folgendes fest: Ein Patient kann durchaus an einem niedrigen Blutzuckerspiegel leiden, ohne daß der Glukose-Belastungstest sehr alarmierende Werte zeigt. (Die Patienten wiesen die typischen, bereits erwähnten Symptome auf wie Müdigkeit, seelische Unausgeglichenheit, Gereiztheit, Konzentrationsschwäche und Neigung zu Depressionen.) Als ich sie auf praktisch kohlehydratfreie Diät umstellte, nahmen sie ab, und die Symptome verschwanden in den meisten Fällen. In meiner eigenen Praxis habe ich mindestens 1000 solcher Fälle gehabt.

Ich habe versucht, allgemein gültige Kriterien für die Auswertung eines Glukose-Belastungstests aufzustellen, damit er hundertprozentig sämtliche auftretenden Symptome erfaßt, doch gibt es gegenwärtig noch keinen allgemein gültigen Ansatzpunkt und noch keine Grenzlinie. In Kapitel 5 habe ich einige der wesentlichsten Kriterien erwähnt. Letzten Endes ist jedoch der klinische Versuch der beste.

Es ist ein praktischer Test, bei dem Sie 5 bis 10 Pfund abnehmen. Dies ist eine einfache Möglichkeit herauszufinden, ob Sie hypoglykämisch sind: Beginnen Sie mit der Diät, wie sie für die erste Woche in Kapitel 12 beschrieben ist. Sie werden selbstverständlich abnehmen. Falls Sie aber außerdem feststellen, daß Sie über mehr Energie verfügen und sich bedeutend wohler fühlen, sind Sie wahrscheinlich auf dem besten Wege, Ihren gestörten Kohlehydrat-Stoffwechsel in Ordnung zu bringen.

Sie können buchstäblich ein neuer Mensch werden! Ihre gesamte Persönlichkeit kann sich innerhalb von 4 Tagen ändern, wenn eine Störung des Blutzuckergehalts durch diese Diät behoben wird. Doch lassen Sie sich warnen! Wie ich schon sagte, ist bei manchen Menschen mit niedrigem Blutzuckerspiegel dieser so überempfindlich, daß schon zwei Weintrauben mit ihrem Gehalt an 3 Gramm Kohlehydraten eine durchschlagende Wirkung haben können.

Sie erhalten daher *nur* die richtige Antwort, wenn Sie die für die erste Woche vorgeschriebene Diät *ganz genau* einhalten. Die Ergebnisse werden Ihnen nichts verraten, wenn Sie auf Ihren Obstsaft zum Frühstück oder ein bißchen Tomaten-Catchup zum Fleisch nicht verzichten wollen.

Probieren Sie eine Woche lang diese Diät! Essen Sie 6 bis 7 kleine Mahlzeiten anstatt 3 umfangreiche! Nehmen Sie die empfohlenen Megadosen des Vitamin-B-Komplexes sowie von Vitamin C und E, wie in Kapitel 14 beschrieben. Und das *müssen* Sie nun allerdings tun! Diese Vitamine tragen dazu bei, Ihren Blutzuckerspiegel auf einem normalen Niveau zu halten. Wenn Sie dann sowohl Ihre lästigen Pfunde wie unangenehmen Symptome loswerden, wissen Sie, daß Sie auf dem richtigen Wegsind. Durch diese Erfolge ermutigt, habe ich mich versucht gefühlt, ein neues Axiom aufzustellen: *Das Ausmaß, in dem Sie sich besser fühlen, entspricht direkt proportional dem Schweregrad der Hypoglykämie, an der Sie leiden.*

Fallgruben auf der Suche nach einer wirksamen Behandlung Ihrer Hypoglykämie. Nachdem Sie die ersten Hindernisse überwunden haben, müssen Sie nun versuchen, die richtige Behandlung zu bekommen, und das ist noch ein vor Ihnen liegendes Hindernis. Sie wissen ja, manche Ärzte halten Zucker immer noch für eine wirksame Therapie. Wenngleich Zucker eindeutig falsch im Sinne einer Behandlung auf lange Sicht ist, so gibt es doch zwei durchaus nützliche Anwendungsmöglichkeiten für Zucker bei Hypoglykämie. Erstens: Bei der Diagnose. Wenn ein Symptom, wenn auch nur vorübergehend, durch Zuckerzufuhr schlagartig verschwindet, beweist das mit fast 100prozentiger Sicherheit, daß das Symptom auf einem niedrigen Blutzukkergehalt beruht. Und zweitens: Bei einer Krise. Wenn ein Symptom mit bedrohlicher Heftigkeit auftritt, kann durch eine schnelle Zuckerzufuhr eine sofortige Erleichterung bewirkt werden (z. B. wenn sich jemand einer Ohnmacht nahe fühlt). Es ist jedoch keineswegs ratsam, diese Behandlungsmethode sehr oft zu wiederholen, da Zucker den Krankheitszustand auf lange Sicht nur verschlimmert.

Manchmal ist es sogar für verhältnismäßig kundige Leute nicht leicht, die ideale Diät für einen Hypoglykämiker zu finden. Die Seale-Harris-Diät, die fast seit einem halben Jahrhundert die Standard-Diät-Behandlung war, ist für die Mehrzahl der Patienten nicht arm genug an Kohlehydraten. Und die Diät in diesem Buch ist nicht richtig für Hypoglykämiker mit Untergewicht (für diese ist sie zu streng). Einige Fälle von hartnäckiger Hypoglykämie erfordern einen erfahrenen Arzt. Hüten Sie sich jedoch vor der Gruppe von »Spezialisten«, die Hypoglykämie mit Injektionen behandelt!

Vorsicht! Injektionen mit Nebennierenrinden-Extrakten (Adrenalin-Präparaten) sind keine Lösung! Während viele Ärzte Hypoglykämie nicht ernst nehmen, hat eine kleine Gruppe beinahe einen Kult daraus gemacht. Falls Sie an einen solchen Arzt geraten, wird er Ihnen sehr verständnisvoll zuhören und Ihnen nicht nur eine kohlehydratarme Diät verschreiben, sondern auch eine teure Serie von Injektionen mit Adrenalin-Präparaten. Die pharmazeutischen Werke, die Adrenalin-Präparate herstellen, empfehlen sie jedoch *nicht* für die Behandlung von Hypoglykämie. Sie wurden vor 30 Jahren als Mittel gegen die Addisonsche Krankheit entwickelt, für die inzwischen billigere und bessere Behandlungsmittel gefunden wurden. Die *American Medical Association's 1971 Drug Evaluations* bezeichneten Adrenalin-Präparate als »veraltete Präparate«.

Sie fördern die Entwicklung eines Frühstadiums von Diabetes. Man sagt Ihnen vielleicht, Sie brauchten Injektionen mit einem Adrenalin-Präparat, weil Ihr niedriger Blutzucker durch ungenügende Sekretion Ihrer Nebennierenrinde verursacht würde. Ich kann hierzu nur sagen, daß die Entwicklung von Diabetes sehr wohl durch Injektionen von Nebennierenrinden-Extrakten beschleunigt werden kann, da die meisten Hypoglykämiker latente Diabetiker sind und jede Adrenalin-Therapie Diabetes verschlimmert. Ich habe viele solcher Fälle gehabt, wo neue Patienten mit Diabetes zu mir kamen. Die Ergebnisse des Glukose-Belastungstests, der vor Beginn der Adrenalin-Therapie gemacht worden war, ließen erkennen, daß diese Patienten bereits damals latente Diabetiker waren.

Wenn ein Adrenalin-Präparat für die Behandlung von Hypoglykämie benutzt wird, ist es meiner Ansicht nach sehr viel mehr als nur »ein veraltetes Präparat«. Es ist ein unnötiges und potentiell schädigendes Mittel. Ich glaube, die über den Behandlungsmethoden der sogenannten »Hypoglykämie-Spezialisten« hängende Wolke hat viel beigetragen zu der manchmal ungerechtfertigt heftigen Reaktion der seriösen medizinischen Fachwelt und ihrer Abneigung, das Vorkommen dieser Krankheit anzuerkennen und sie richtig zu diagnostizieren und zu behandeln. Ich hoffe, daß die hier dargelegten Ideen einen glücklichen Mittelweg zwischen diesen beiden extremen Haltungen aufzeigen.

Sie riskieren nichts bei dieser Diät – ob Sie nun einen niedrigen Blutzuckerspiegel haben oder nicht. Bedauerlicherweise haben wir alle, ob wir nun dick oder dünn oder »gerade richtig« sind und niedrigen Blutzucker haben oder nicht, Perioden, in denen wir müde, deprimiert und gereizt sind. Hieran kann weder diese noch irgendeine andere Diät verständlicherweise etwas ändern. Diese Tiefs sind nun einmal das menschliche Schicksal. Permanente Müdigkeit, Deprimiertheit, Gereiztheit und all jene anderen Symptome können dagegen einen rein körperlichen Grund in einer Zellunterernährung durch einen zu niedrigen Blutzuckergehalt haben. Diese Diät reduziert also Ihr Gewicht und senkt Ihren Cholesterin- und Triglyzeridspiegel, ohne daß Sie zu hungern brauchen, und bringt ebenfalls diese Symptome zum Verschwinden, wenn es sich bei Ihnen um einen Fall von niedrigem Blutzucker oder ein Frühstadium von Diabetes oder um beides zugleich handelt.

8 Wollen Sie dick bleiben? Dann zählen Sie nur weiter die Kalorien!

Ich habe bereits darüber gesprochen, daß eine Verringerung der Nahrungsmenge – »FDH« – und die Kalorien-Zählerei eine Falle sind. Sie bleiben dadurch dick. (Sehen Sie sich um: Die Welt ist voll dicker Kalorien-Zähler!) Wir sind in erschreckender Weise von der fixen Vorstellung besessen, daß es beim Abnehmen auf die Kalorien und nur auf sie ankomme. Hierüber müssen wir uns ausführlicher unterhalten. Ich bin keineswegs der erste Arzt, der die Kalorien-Theorie angreift. Um uns jedoch von dieser überholten und verhängnisvollen, viel zu simplen Vorstellung zu befreien, müssen wir uns gründlich die Beweise dafür anschauen, daß der Kalorien-Kult ein Schwindel ist. Es ist heutzutage fast ein Reflexgedanke, sich zu sagen: »Ich zähle meine Kalorien und halte also meine Diät ein. Nun *werde* ich abnehmen!« Dieses Buch hat es sich zur Aufgabe gemacht, diese Überlegung dahingehend zu ändern: »Ich zähle meine Kohlehydrate – denn es kommt ja viel mehr auf die Kohlehydrate als auf die Kalorien an!«

Bis dieser neue Reflexgedanke sich in Ihrem Unbewußten festgesetzt hat, sind Sie bereits viele Pfunde und mit ihnen Müdigkeit und die anderen, Sie altmachenden Symptome losgeworden. Wie alt Sie auch sind, Sie werden sich wie neugeboren fühlen. Um Reflexe zu ändern, braucht es jedoch Zeit sowie neue Erkenntnisse und eine innere Aufgeschlossenheit. Haben Sie sie? Lassen Sie uns als erstes kurz das zusammenfassen, was wir bereits wissen, und uns dann einiges von dem neuen Beweismaterial anschauen.

Sogar die medizinische Fachwelt gibt zu, daß kalorienarme Diätarten nichts nützen. Wir sind alle mit einer Vielzahl von Abmagerungskuren konfrontiert worden, doch handelt es sich bei ihnen allen in Wirklichkeit nur um zwei grundsätzliche Gruppen: um die Diätarten, die sich auf eine verminderte Kalorienzufuhr stützen, und um jene, die mit einer verminderten Kohlehydratzufuhr ohne Rücksicht auf Kalorien arbeiten. Die »ausgeglichene« kalorienarme Diät ist seit so langer Zeit die große medizinische Mode, daß man die Exkommunizierung riskiert, wenn man es wagt, eine andere Alternative vorzuschlagen. Und doch geben die meisten Ärzte (zumindest in privatem Kreis!) zu, daß die kalorienarmen Diätarten – »ausgeglichen« oder nicht – unwirksam sind.

Die kalorienarme »ausgeglichene« Diät ist theoretisch eine lebenslängliche Diät. Aber nur theoretisch! Die Bevölkerung ist seit 60 Jahren einem Sperrfeuer von medizinischer und populärwissenschaftlicher Propaganda über ihre Vorzüge ausgesetzt gewesen. Und die Bevölkerung probierte hoffnungsvoll diese Diätarten aus. Wieder und wieder. Mit und ohne ärztliche Aufsicht.

Nach 60 Jahre langer Kalorien-Zählerei leiden 60 Prozent immer noch unter Übergewicht. Wie zahlreiche Untersuchungen und Umfragen gezeigt haben, leiden trotzdem immer noch 60 Prozent unserer erwachsenen Bevölkerung in den USA an Übergewicht. *Und keine Untersuchung, die sich auf eine kalorienarme Diät bezog, hat jemals eine langfristige Erfolgsquote von mehr als 2 Prozent aufweisen können!* Das ist der sachliche Beweis dafür, daß »ausgeglichene« (oder unausgeglichene) kalorienarme Diätarten nicht wirksam sind. Bei eingesperrten Ratten im Laboratorium, ja. Nicht dagegen bei hungrigen, frei lebenden Menschen.

Können Sie die Gründe zählen, aus denen kalorienarme Diätarten nicht wirken? Wir wissen, daß kalorienarme Diätarten nicht an die häufigste Hauptursache von Übergewicht herankommen – an den gestörten Kohlehydrat-Stoffwechsel.

Niedriger Energieverbrauch. Ein weiterer Grund dafür, daß eine kalorienarme Diät nicht wirkt, ist die Tatsache, daß der betreffende Patient sich der niedrigen Kalorienzufuhr mit einem entsprechend niedrigen Energieverbrauch anpaßt. Dr. George Bray von der *Tufts University School of Medicine* hat anhand von Untersuchungen nachgewiesen, daß Menschen bei einer kalorienarmen Diät tatsächlich einen insgesamt niedrigeren Bedarf an körpereigenen Energien entwickeln und dadurch weniger Kalorien verbrennen. Je länger sie eine kalorienarme Diät einhalten, um so niedriger wird ihr Grundumsatz und um so weniger nehmen sie ab, bis schließlich die kalorienarme Diät nicht mehr haltbar erscheinen mag.

Der dritte Grund: Ohne Pillen sind Sie immer hungrig. Der Hauptgrund, aus dem kalorienarme Diätarten auf lange Dauer nie wirksam sind, ist jedoch der permanente Hunger, dem man bei ihnen ausgesetzt ist. Um abzunehmen, müssen Sie Ihre Kalorienzufuhr derartig einschränken, daß Sie sich nicht mehr wohl fühlen. Und wenn Sie es vielleicht auch schaffen, den ständigen Hunger eine Zeitlang zu ertragen – *Sie können es nicht Ihr ganzes Leben lang!* Wenn Ihre Willenskraft einmal geschwächt ist – vielleicht regen Sie sich über etwas auf oder sind niedergeschlagen –, werden Sie den ältesten, einfachsten und bewährtesten Trost suchen: Nahrung! Und so nehmen Sie dann wieder zu. Und wenn Sie wegen Ihres Übergewichts einen Arzt aufsuchen, was verordnet er Ihnen? Eine kalorienarme Diät! Die gleiche alte Schleuder! Eventuell erhalten Sie auch noch eine Schachtel mit konfettibunten Pillen – Appetitzügler, hauptsächlich Amphetamine, doch manchmal auch noch mit anderen Zusätzen versehen.

Kein Arzt kann Hungern erträglich machen. Weil kein Arzt Hungern erträglich machen kann, sind die appetittötenden Amphetamine mit so verschwenderischer Hand verteilt worden. Pillen sollen also die Kluft überbrücken, die sich zwischen dem natürlichen Appetit des Patienten und der vom Arzt verordneten ungenügenden Ernährung auftut. Die Hungerdiät ist jedoch das einzige Rezept, das die Kalorien-Ärzte zu vergeben haben. Sie erhalten den Diät-Plan, eine Kalorien-Liste, einige Menü-Vorschläge und einen aufmunternden Zuspruch. Ganz gleich, wie optimistisch dieser auch klingt, die Botschaft bleibt die gleiche: Essen Sie weniger, als Sie es in all diesen Jahren natürlich und angenehm fanden!

So ein Ratschlag gibt sich sehr leicht! Es ist jedoch genau so, als rieten Sie Ihrer jüngsten Schwester, den Ärmelkanal zu durchschwimmen. Dieser Ratschlag ist nämlich gar nicht so leicht zu befolgen! Und ich finde, die Schuld liegt hier bei dem Arzt, der von seinem Patienten etwas verlangt, was er wahrscheinlich selbst nicht fertigbrächte. Wenn jemand von mir verlangen würde, die 1200-Kalorien-Diät einzuhalten zu versuchen, würde ich schlicht losheulen.

Von null auf 8 Billionen jährlich in 45 Jahren. Das Jahr 1930 verzeichnete zwei bedeutsame Ereignisse. Dr. Newburgh und Dr. Johnston von der Universität von Michigan veröffentlichten ihre inzwischen klassischen Studien über den menschlichen Energiehaushalt, in denen sie zeigten, daß bei ihren Versuchsbedingungen ein Gewichtsverlust durch den Kalorienmangel einer Diät vorhersehbar ist. Ihre Schlußfolgerung lautete: »Wir stellen hiermit die Behauptung auf, daß Übergewicht niemals die direkte Folge eines abnormen Stoffwechsels ist, sondern stets durch die den Stoffwechsel-Erfordernissen nicht angepaßten Eßgewohnheiten verursacht wird.« Ungeachtet der Tatsache, daß nur einige wenige Patienten als Grundlage für diese Untersuchung dienten und das durch sie erhaltene Material in keiner Weise diese Schlußfolgerung zuließ, wurde diese Behauptung zum Credo erhoben und wird auch heute noch von konservativen Kreisen der medizinischen Fachwelt zitiert.

Das zweite Ereignis war die Entdeckung, daß Amphetamine, deren synthetische Herstellung erstmalig 1927 gelang, die bemerkenswerte Eigenschaft hatten, den Appetit zu vermindern. »Was für eine glückliche Kombination!« frohlockten die Ärzte. »Übermäßiges Essen ist der Grund für Übergewicht, doch die pharmazeutische Industrie liefert uns hiermit ein Medikament, durch das wir nun alle weniger essen werden.«

Und so schwoll der Verbrauch von Amphetaminen in einem derartigen Ausmaß an, daß schließlich eine gesetzliche Verordnung seine Herstellung einschränkte; man schätzte, daß jährlich 8 Billionen therapeutische Dosen in den USA hergestellt wurden – genug, um jeden Mann, jede Frau und jedes Kind sechs Wochen lang in einem Jahr damit zu »versorgen«.

Als Mittel für die Gewichtskontrolle haben sie versagt. Sogar heute noch kommt die überwiegende Mehrzahl der Patienten, die wegen beträchtlichem Übergewicht einen Arzt aufsucht, mit einem Rezept aus seiner Sprechstunde oder mit einem Vorrat an Amphetaminen oder einem ähnlichen Präparat. Und dabei wirken sie nicht einmal! Es ist niemals eine langfristige Untersuchung über Amphetamine durchgeführt worden, die ihre Wirksamkeit bei der Gewichtsabnahme in irgendeiner Weise bewiesen hätte. Dr. Margaret Albrink sagt hierzu: »Appetitzügelnde Arzneimittel der Amphetamin-Gruppe sind nur einige Wochen lang wirksam. Eine sich entwickelnde Suchtabhängigkeit von ihrem stimulierenden Effekt macht die Entziehung oft zu einem Problem.«

Warum Amphetamine Ihnen nicht helfen können abzunehmen. Warum wirken sie nicht? Hauptsächlich deshalb, weil sich nach einigen Wochen eine Verträglichkeit im Körper bildet. Dies mag darauf beruhen, daß Amphetamine einen Reservevorrat von Adrenalin im Körper benötigen, um wirksam zu sein, doch dieser Vorrat ist nach kurzer Zeit abgebaut.

Es ist vor kurzem ebenfalls bewiesen worden, daß Amphetamine ein allmähliches mit jeder Woche zunehmendes Ansteigen der im Blut zirkulierenden Insulinmenge bewirken. Wie können sie Ihnen also helfen, wo Insulin doch die Verbrennung Ihrer Fettreserven verhindert!

Alle an Menschen sowie Tieren durchgeführten Untersuchungen zeigen auf jeden Fall, daß bei Entzug von Amphetaminen das Körpergewicht über das anfängliche Gewicht bei Versuchsbeginn steigt. Patienten erklären gern ihre erneute Gewichtszunahme mit psychologischen Gründen. (»Ich war niedergeschlagen und fing deshalb wieder an, pausenlos zu essen.«) Wie aber erklären Sie sich die Gewichtszunahme bei Versuchstieren, die unter genau kontrollierten Bedingungen gehalten wurden und unweigerlich wieder zunahmen, wenn ihnen die Amphetamine entzogen wurden? Erneute Gewichtszunahme nach Entzug ist das *zu erwartende* Ergebnis nach einer Einnahme von Diät-Tabletten. Es tritt bei allen Säugetieren auf. Diät-Tabletten sind nichts anderes als *Appetit-Verzögerer. Die Befreiung von Hunger, die man sich mit ihnen erkauft, muß später bezahlt werden. Und je länger man sich diese Befreiung auf Kredit verschafft, um so höher die Rückzahlung und Zinsen!*

Und doch kommen immer wieder Patienten zu mir und bitten um »was gegen meinen Appetit«. (Und Tausende von ihnen kommen nicht zu *mir*, weil sie wissen, daß ich keine Diät-Tabletten verschreibe!) Meine Antwort lautet stereotyp: »Weshalb sollten wir etwas gegen Ihren Appetit tun? Sie haben ein lebenslängliches Gewichtsproblem und müssen irgendwann in Ihrem Leben lernen, mit Ihren eigenen natürlichen, biologischen Trieben umzugehen, so auch mit Ihrem Appetit. Wie können Sie das lernen, wenn Ihr Appetit künstlich durch eine Droge unterdrückt wird?« Dies klingt ganz anders als die Geschichte von dem natürlichen Abnehmen jedes Hungergefühls, das die für das ganze Leben bestimmte Diät in diesem Buch beschreibt, nicht wahr?! Die Behauptung, daß Amphetamine nützlich sind zur »Änderung von Eßgewohnheiten«, wird als das entlarvt, was sie ist: Eine Täuschung, die dazu geführt hat, daß Amphetamine, um mit den Worten von Dr. George R. Edison in seinem Artikel *Annals of Internal Medicine 1971* zu sprechen, »vielleicht das gefährlichste Beispiel von Drogenmißbrauch in den Vereinigten Staaten« und »nicht weniger eine Bedrohung sind als Heroin«.

Amphetaminsucht: Der Preis des Kalorien-Dogmas. Wie Sie schon vermutet haben, glaube ich nicht, daß Amphetamine irgend etwas in der Behandlung von Übergewicht zu suchen haben. Durch ihre Nebenwirkungen schlägt Ihr Herz schneller und steigt Ihr Blutdruck; man hat sie ebenfalls beschuldigt, den Alterungsprozeß zu beschleunigen. Wie ich persönlich feststellen konnte, hinterlassen sie hochgradige Hypoglykämie in ihrem Kielwasser. Sie sind verantwortlich für viele Fälle ernster geistiger Erkrankung, ja sogar für Todesfälle. Sie sind kürzlich von der Jugend in den Katalog der »Stoffe« aufgenommen worden. Die Depression, die nach ihrem Gebrauch eintritt, ist einer der Hauptgründe für die hohen Selbstmordziffern in unserer westlichen Zivilisation. Die *Food and Drug Administration (FDA)* hätte sie schon vor langer Zeit aus dem Markt ziehen sollen. Niemals ist eine Droge mit einer im Verhältnis zu ihrem Nutzen so hohen Mißbrauchsquote zugelassen worden.

Als die *International Narcotic Inforcement Officers Association* mich aufforderte, einen Vortrag auf ihrem Kongreß in Albany im Jahre 1971 zu halten, empfahl ich ihnen, ein generelles Verbot für die Herstellung von Amphetaminen durchzusetzen. Das Kalorien-Dogma begründete ihren Ruhm – und erhält ihn. Die meisten Amphetamine gelangen in die Hände der Bevölkerung, wo sie mißbraucht werden, denn irgendwo hat immer ein Arzt sie gegen den Hunger verschrieben, der mit der kalorienarmen Diät einhergeht, die er dem Patienten verordnet.

Weshalb werden sie immer noch verschrieben? Dr. Edison sieht dafür viele Gründe. Einer ist der kommerzielle Erfolg, der durch ihren Verkauf erzielt wird. Ein anderer mag darin zu finden sein, daß die Ärzte selbst diese Tabletten häufiger schlukken als die Bevölkerung. Außerdem meint er: »Weil sowohl der Arzt wie der Patient, ohne es auszusprechen, spüren, daß sie es bei chronischem Übergewicht mit einem Problem zu tun haben, das nach traditionellem Standpunkt fast nicht behandelbar ist.«

Mit »traditionellem Standpunkt« meint er natürlich die Behandlung mit einer kalorienarmen Diät. Doch sogar mit den Pillen bescheren kalorienarme Diätarten, wie ich schon sagte, keine bleibende Gewichtsabnahme. Beatrice Goodman ist ein typisches Beispiel für Hunderte solcher Fälle unter meinen Patienten.

Sie nahm Pillen, seit sie 9 Jahre alt war! Beatrice Goodman ist eine hübsche, blonde Frau, die jetzt gute 10 Jahre jünger aussieht, als sie in Wirklichkeit ist. Sie hat seit dem Alter von 9 Jahren – schon damals war sie dick – Diät-Tabletten genommen, also während 80 Prozent ihres Lebens. Mit 14 Jahren wog sie bei ihrer jetzigen Größe – 1,55 m – 132 Pfund. Und trotz der Pillen hat sie seitdem die meiste Zeit ihres Lebens mit Abweichungen von 18 Pfund (nach oben wie nach unten) so viel gewogen.

Es war ihr nie gelungen, so viel abzunehmen, wie sie wollte. Sie erzählte mir einmal: »Als ich das erste Mal zu Ihnen kam, Dr. Atkins, hörte ich, wie die Schwester zu Ihnen sagte ›Die wird nicht wiederkommen!‹ Sie dachte, ich würde nicht bei einem Arzt bleiben, der mir keine Pillen gab, nachdem ich sie so viele Jahre lang genommen hatte. Aber ich fand die Diät von Anfang an wirklich ganz leicht und mühelos.«

Ein typischer Fall von Auf und Nieder. Beatrices Gewicht hat immer sehr variiert. »Ich nahm manchmal mit den Pillen in einigen Monaten 27 Pfund ab«, erzählte sie, »doch wenn ich dann nur etwas mehr aß, war es gleich wieder aus. Ich nahm dann 10 bis 15 Pfund in *einer Woche* zu! Dabei trinke ich nicht. Brot war meine größte Versuchung. Und ich futterte zwischen den Mahlzeiten. Wenn mich etwas bedrückte, aß ich alles, was gerade greifbar war. Und wenn ich dünne Frauen mit guter Figur sah, war ich ganz unglücklich. Jetzt passiert mir das nicht mehr, denn ich bin mit mir und meiner Figur zufrieden.«

Sie kam im Oktober 1969 zu mir und wog damals 151 Pfund. Ihre Mutter hatte Diabetes, und ihr Glukose-Belastungstest zeigte, daß sie Hypoglykämie hatte. Mit dieser Stoffwechsel-Diät hat sie dann stetig abgenommen – ohne Unterbrechung. Beatrice nahm anfangs etwa 1 Pfund pro Woche ab, später dann circa 1 Pfund pro Monat.

»Ich hatte ein richtiges Vollmondgesicht«, erinnerte sie sich, »und ein Doppelkinn. Und meine Haut war immer schrecklich trocken, besonders im Winter. Die Haut an meinen Händen wurde so rissig, daß es weh tat. Jetzt ist meine Haut gar nicht mehr trocken; ich glaube, es kommt daher, daß ich viel Fett esse, was ich vorher ja nicht konnte. Wenn ich früher Hummer aß, durfte ich die zerlassene Butter nicht anrühren.«

Keine Minute war ich hungrig. »Bei dieser Diät kann man ja so viel essen«, fährt Beatrice fort. »In der ersten Woche nahm ich 4 Pfund ab – mehr als jemals im gleichen Zeitraum durch die Pillen. Und dabei aß ich so viel, daß ich keine Minute lang hungrig war. Inzwischen haben sich meine gesamten Eßgewohnheiten geändert. Ich kann mir tatsächlich gar nicht mehr vorstellen, anders zu essen. Ich finde, daß sogar mein Hals länger geworden ist! Vermutlich kommt das daher, daß ich so viel dünner geworden bin. Aber das Allerschönste für mich ist zu wissen, daß ich nie mehr hungern muß!«

Einige von Ihnen werden diesen Bericht lesen und ihn glauben . . . Und doch, da das Kalorien-Denken Ihnen seit so langer Zeit zur Gewohnheit geworden ist, mögen Sie sich fragen: »Ich weiß, daß Pillen nicht gut sind, aber es ist doch schließlich bewiesen, daß man nur abnehmen kann, wenn man weniger Kalorien ißt als man verbrennt!«

Da kann ich Ihnen nur antworten: »Das ist ganz und gar nicht bewiesen! Die Kalorien-Theorie ist in einen einzigen gigantischen Schwindel ausgeartet, mit dem kommerzielle Interessengruppen und die Lebensmittel-Industrie bereits viel zu lange die sich mit Diätarten herumplagende, permanent hungrige Bevölkerung ausgenutzt und gequält haben!«

Weshalb ist die Kalorien-Theorie so sehr Teil unseres Denkens im Zusammenhang mit jeder Diät? Und wie kann sie so falsch sein? Jeder von uns kennt jemanden, der dünn wie eine Bohnenstange ist und wie ein Scheunendrescher . . . frißt; und wer kennt nicht einen entsetzlich dicken Menschen, der nur wie ein Vögelchen ißt? Entgegen der landläufigen Meinung essen dicke Menschen tatsächlich weniger als Menschen, die keine Gewichtsprobleme kennen. Alle Untersuchungen über die Nahrungsmengen zu dicker Menschen im Vergleich zu Menschen mit Normalgewicht haben dies bestätigt. Dr. M. L. Johnson, Dr. B. S. Burke und Dr. Jean Mayer zeigten dies am Beispiel junger Mädchen in Bosten.

Dicke Mädchen essen 25 Prozent weniger – und nehmen trotzdem zu! Ruth L. Hueneman verfolgte am *Berkeley California School System* die tägliche Kalorienaufnahme von 950 Teenagern von der neunten bis zwölften Klasse. Sie notierte die genauen Körpermaße jedes Schülers und die Vorgeschichte.

Und so lautete ihr Bericht im Frühjahr 1968: Die durchschnittliche Kalorien-Aufnahme aller Knaben der neunten

Klasse, die kein Übergewicht aufwiesen, betrug pro Tag mehr als 3000 Kalorien, während er für die Mädchen der gleichen Altersstufe 2060 Kalorien pro Tag betrug. Die durchschnittliche Kalorienaufnahme der Knaben mit Übergewicht jedoch betrug nur 2360 pro Tag. Und die dicken Mädchen nahmen pro Tag nur durchschnittlich 1530 Kalorien auf.

Während der drei Jahre, die diese Untersuchung umfaßte, ergaben sich keine nennenswerten Veränderungen im Verhältnis der Teenager mit und ohne Übergewicht. Aber eine sehr traurige und wichtige Veränderung trat doch ein: Die dicken Knaben und dicken Mädchen wurden noch dicker, obwohl sie in diesen drei Jahren immer weniger aßen als ihre dünnen Kameraden.

Meine eigene Erfahrung bestätigt diese Untersuchung. Ich habe Tausende von Patienten mit Übergewicht gehabt, die gewohnheitsmäßig so wenig oder weniger als ihre Freunde mit normalem Gewicht aßen. Nach meiner Erfahrung übersteigt die Zahl dieser Patienten bei weitem jene Gruppe übergewichtiger Patienten, die zu viel essen. Hören Sie also auf, an dieses Kalorien-Märchen zu glauben! Fangen Sie an, Fragen über diese heilige Kuh zu stellen – über die Kalorie!

Was ist eine Kalorie? Die Kalorie ist eine Wärmeeinheit (oder eine Energieeinheit). Genau wie Zentimeter eine Längeneinheit darstellen, sind Kalorien die Maßeinheit, mit der man die Wärme (und damit Energie) mißt, die ein bestimmtes Nahrungsmittel oder ein Getränk liefert. Ganz spezifisch ist eine Kalorie die Energiemenge, die nötig ist, um die Temperatur von einem Gramm Wasser von null Grad Celsius auf 1 Grad Celsius zu erhöhen. Multipliziert man diese Energiemenge mit tausend, so erhält man die Kilokalorie – oder die Kalorie, wie wir sie heute kennen.

Kalorien können außerhalb des menschlichen Körpers präzise gemessen werden. Die Kalorien-Theorie hat fast zwei Jahrhunderte lang geherrscht, und zwar seit der berühmte französische Physiker Antoine Lavoisier seine thermodynamischen Gesetze aufstellte. Hitzeenergie kann nicht aus nichts entstehen, behauptete er. Die Mediziner änderten diesen Satz seitdem dahingehend um: Aufgenommene Kalorien gleich verbrauchte Kalorien. Ansonsten muß eine Gewichtszunahme oder -abnahme erfolgen.

Bereits 1760 konstruierte Joseph Black einen Kalorimeter, einen Apparat, um diese Energieeinheiten zu messen. Wenn Sie also auf dem Etikett einer Flasche Diät-Limonade lesen, daß diese Limonade 1 Kalorie enthält, so können Sie das glauben. Doch wie steht es mit der anderen Seite der Kalorien-Bilanz? Was ist mit den Kalorien, die Ihr Körper verbrennt? Wie werden denn die gemessen?

Sie werden nicht direkt gemessen. Sie werden durch indirekte Schlußfolgerung geschätzt. Die einzigen meßbaren Werte sind der vom Körper verbrauchte Sauerstoff, das ausgeschiedene Kohlendioxyd, Schwankungen in der Körpertemperatur usw. Unter völlig gleichen Bedingungen kann man Ihren Kalorienverbrauch – den Betrag von Wärmeenergie, den Sie gewöhnlich verbrauchen – kalkulieren, vorausgesetzt, *alle anderen Faktoren bleiben konstant.* Einer der Faktoren, die bei einer solchen Kalkulation konstant bleiben müssen, ist die Zusammensetzung der Diät. *Mit anderen Worten, Diätarten verschiedener Zusammensetzung wurden niemals getestet!* Und doch bildet dies die Grundlage der Kalorien-Theorie.

Nun, sie mag ein Dogma sein, aber sehr präzise ist sie nicht. Sie haben gerade über einige wenige der Untersuchungen gelesen, die diese Folgerung nahelegen . . . Untersuchungen, die gezeigt haben, daß es entgegen der allgemeinen medizinischen Ansicht viel häufiger vorkommt, daß dicke Menschen bedeutend weniger Kalorien aufnehmen als Menschen mit Normalgewicht – und trotzdem nicht abnehmen, sondern manchmal sogar noch zunehmen!

Nicht auf die Menge der Kalorien, sondern auf die Art der Kalorien kommt es an! Erst 30 Jahre nach Newburghs und Johnsons Untersuchungen bewiesen zwei englische Forscher, Kekwick und Pawan, daß Menschen bei einer Protein- und Fett-Diät von 1000 Kalorien pro Tag abnahmen, *jedoch nicht abnahmen,* wenn diese 1000 Kalorien pro Tag aus Kohlehydraten bestanden. Meine eigenen Beobachtungen waren noch viel eindrucksvoller. Es ist meine an einer nicht abreißenden Kette von Patienten in vielen Jahren gewonnene Erkenntnis aus Erfahrung, *daß man sogar abnimmt, wenn die Kalorienzufuhr größer ist als der Kalorienverbrauch, vorausgesetzt, man bleibt unterhalb der kritischen Kohlehydrat-Schwelle.*

Ja, Sie können abnehmen, viel sogar, während Sie zu viel essen. Lassen Sie uns einen Blick auf die Zahlen von Herb Walckers werfen. (Seine Geschichte finden Sie in Kapitel 9). Herb nahm in 17 Wochen 77 Pfund ab – und die ganze Zeit aß er 3000 Kalorien pro Tag. Und es war keine nur vorübergehende Gewichtsabnahme. Und nun zu den Zahlen: Wenn Herb 5 Pfund in einer Woche abnahm, und wenn 1 Pfund Fett 3855 Kalorien entspricht, dann sind 5 × 3855 = 19 275 Kalorien in der Woche und 2754 Kalorien pro Tag. Wollte man dieses Phänomen mit der Kalorien-Theorie erklären, so hätte Herb pro Tag 3000 + 2754 Kalorien oder 5754 Kalorien verbrennen müssen! Herb hat jedoch einen normalen Grundstoffwechsel und eine sitzende Lebensweise durch seinen Beruf als Grundstücksmakler. Auch mit der großzügigsten Schätzung seines Kalorienverbrauchs könnte man nicht über 3000 Kalorien hinausgelangen.

Wo bleiben nun die 2754 Kalorien pro Tag? Vergessen Sie nicht, daß Herb mit dem gleichen Stoffwechsel zugenommen hatte – er wog 333 Pfund – und dabei nicht mehr als 3000 Kalorien pro Tag aufgenommen hatte. Und er erhielt keine Medikamente, während er jene 77 Pfund abnahm, und hatte auch nicht mehr körperliche Bewegung als vorher.

Der Schlüssel zu dem Kalorien-Irrtum. Ähnliche Widersprüche zwischen der Kalorienzufuhr und dem Kalorienverbrauch habe ich bei mindestens 1000 Patienten beobachten können. Ich *weiß* daher, daß die Kalorien-Theorie falsch ist. Jahrelang habe ich mich bemüht, den Grund dafür herauszufinden. Ich habe die Voraussetzungen genau geprüft, auf denen der falsche Lehrsatz »aufgenommene Kalorien gleich vom Körper zu verbrauchende Kalorien« beruht. Dies nun sind die Schlußfolgerungen, zu denen ich gekommen bin: Bei der Kalkulation des Kalorienverbrauchs geht man von der Annahme aus, daß das Fett bei der Verbrennung im Körper vollständig verbrannt (biochemisch gespalten) wird und dadurch seine gesamte potentielle Wärme (Energie) frei wird. (Die Endprodukte hiervon sind Kohlendioxyd und Wasser.) Falls irgendwelche Fettmoleküle in einer anderen Form potentieller Energie den Körper verlassen, wäre damit die Kalorien-Theorie widerlegt.

Wir kennen bereits jene Ketonkörper, unsere wunderbaren Verbündeten, und wissen, wann und warum sie im Urin auftreten. Wir messen den Gehalt an Ketonkörpern mit unseren sich lila färbenden Teststäbchen. Dr. Kekwick und Dr. Pawan wiesen mit ihren bahnbrechenden Forschungsarbeiten als erste nach, daß tatsächlich ein beachtlicher Betrag an latenter Energie in dieser Form vom Körper ausgeschieden *wird.* Bei einer streng kohlehydratarmen Diät wird fast dreimal soviel latente Energie mit dem Urin und Stuhl ausgeschieden wie bei einer kohlehydratreichen Ernährung. Und die mit dem Urin ausgeschiedenen Ketonkörper sind, wie Sie bereits wissen, nur ein Teil der auf diese Weise losgewordenen Kalorien. Ein nicht unbedeutender weiterer Teil wird mit dem Atem ausgeschieden. Die von Kekwick und Pawan festgestellte Energiemenge, die in Form von Ketonkörpern ungenutzt den Körper verläßt, erhöht sich also noch einmal um diesen Betrag.

Die Kalorien-Theorie der Diät-Revolution. Die gesamten Ursachen, warum man so viel essen kann, wie man will, und trotzdem abnimmt, sind noch nicht an Hand von Untersuchungen ergründet und nachgewiesen worden. Diese Untersuchungen sollten jedoch durchgeführt werden, denn sie würden zweifellos die alte Kalorien-Theorie widerlegen und eine neue aufstellen, die folgendermaßen lauten würde:
Der Betrag der aufgenommenen Kalorien ist gleich dem Betrag der verbrauchten Kalorien plus dem Betrag der ungenutzt ausgeschiedenen Kalorien.

Wenn dieser Nachweis erbracht ist, werden die Proteste seitens der Verteidiger der alten, überholten Ernährungsweise unsere Diät-Revolution nicht mehr aufhalten; mir scheint übrigens, diese Proteste werden bereits schwächer. Die Zeitschrift *Nutrition Reviews,* die zu einem großen Teil von Herstellern denaturierter Kohlehydratprodukte finanziert wird, bat Professor D. A. T. Southgate von der Universität Cambridge, England, einen der führenden Spezialisten der Welt auf dem Gebiet der Kalorien-Frage, um einen Originalbeitrag für eine ihrer Ausgaben. Seine Schlußfolgerung in diesem Artikel lautet: »Während der letzten Jahre haben sich von verschiedenen Seiten die Beweise dafür gehäuft, daß die einfache Kalkulation des Energiegehalts einer Diät, der vom Stoffwechsel umgesetzt werden kann, unzureichend ist und den zwischen dem Energiehaushalt und Veränderungen des Körpergewichts bestehenden Zusammenhängen nicht Rechnung trägt.« Er behauptet, es lägen eindeutige Beweise dafür vor, daß der Kalorienverbrauch durch das Verhältnis bestimmt wird, in dem Proteine, Fette und Kohlehydrate in der Nahrung enthalten sind.

Die meisten Ärzte – und der größte Teil der Bevölkerung – sind jedoch immer noch Opfer des alten Kalorien-Wahns.

Der Kalorien-Wahn. Ich finde, es wird ein grausamer Betrug an der Bevölkerung begangen mit der hartnäckigen Parole, nach der wir keine andere Wahl haben sollen als die alte Kalorien-Theorie.

Hierdurch werden Menschen zur Annahme gezwungen, daß die falsche Ernährung (die »ausgeglichene« kalorienarme) tatsächlich die beste sei.

Durch ausreichende Motivation und eiserne Entschlossenheit können sie dadurch vorübergehend abnehmen. Biologisch gesehen ist jedoch die Methode, die Kalorienzufuhr drastisch zu drosseln, immer ein grausam wirkungsloser Versuch, abzunehmen, sogar wenn sie nur kurzfristig angewandt wird, da die in einer »ausgeglichenen« Diät enthaltenen Kohlehydrate nicht nur den Körper daran hindern, sein eigenes Fett zu verbrennen, sondern darüber hinaus ständigen Hunger verursachen.

Jede Woche erzählen mir 5 bis 6 Patienten, daß sie es nie schafften, eine »ausgeglichene« kalorienarme Diät länger als einige Tage durchzuhalten. Das ist nur allzu verständlich. Jedes der folgenden Beispiele ist typisch für Hunderte derartiger Fälle.

Opfer des Kalorien-Wahns. Suzy hat ein hübsches Gesicht, ist aber leider viel zu dick. Sie ist Mitglied in einem Schlankheits-Club, in dem die Mitglieder sich gegenseitig in ihren Bemühungen, abzunehmen, unterstützen; wer zunimmt, wird ausgepfiffen. Suzy hält die von diesem Club vorgeschriebene Diät gewissenhaft ein – natürlich eine »ausgeglichene« kalorienarme Diät. Obgleich sie keine Magermilch mag, trinkt sie sie gehorsam und ißt auch mehr Obst, als sie es gewohnt war. Da die Diät außerdem aus einer höheren Nahrungszufuhr und mehr Kohlehydraten besteht, als sich Suzy aus Selbstdisziplin vorher erlaubte, nimmt sie zu. Als sie dies im Club »beichtet«, wird sie ausgepfiffen. Suzy weint nicht, aber ihr ist das Herz schwer vor Entmutigung. Sie ist ein Opfer des Kalorien-Wahns.

Er ist ein Opfer des dauernden Auf und Nieders. Henry war ein dickes Kind und ist jetzt ein dicker Mann. Sein Selbstbewußtsein ist vernichtet. Er weiß, es kann so nicht weitergehen und entschließt sich zu einer Diät, bei der er die gewohnten Portionen drastisch verkleinert. Er ist permanent hungrig, erträgt es jedoch stoisch. Er *muß* diesen Speck loswerden! Schließlich, nachdem er den dauernden Hunger mehrere Wochen lang ausgehalten hat, kann er es nicht mehr ertragen und fängt wie ein Wilder an zu essen. Jedes Jahr macht er diese nervenzermürbende und beschämende Prozedur durch. Und jedes Jahr nimmt er nach solchen Hungerwochen mehr zu. Auch Henry ist ein Opfer des Kalorien-Wahns.

Gladys – das leuchtende Vorbild. Gladys macht alles richtig. Sie ißt Diät-Brot, Diät-Süßspeisen, Diät-Quark, Diät-Obst, Diät-Süßigkeiten und trinkt nur Diät-Milch. Sie widersteht jeder Versuchung und macht kaum jemals einen Fehler. Doch Gladys ist immer noch schrecklich dick. Auch sie ist ein Opfer des Kalorien-Wahns.

Das klassische Opfer. Marty fragt seinen Arzt: »Weshalb bin ich so dick? Ich esse wirklich gar nicht so viel.« Der Arzt erklärt ihm sehr geduldig: »Wenn Sie weniger essen würden, als Ihr Körper verbrennt, wären Sie nicht so dick. Die Tatsache, daß Sie es sind, beweist, daß Sie nicht ganz die Wahrheit sagen, denn es ist ganz unmöglich, daß Sie tatsächlich so wenig essen und trotzdem so viel Übergewicht haben.« Marty ist ein klassisches Opfer des Kalorien-Wahns.

Worauf beruht dieser Wahn? Auf der völlig falschen Annahme, daß man lediglich *weniger* zu essen bräuchte, um abzunehmen, anstatt *anders*! Also auf dem Irrglauben, nach dem die aufgenommene Kalorienmenge die Schwankungen des Körpergewichts erklärt.

Wenn die Kalorien-Zählerei die Lösung des Übergewichtsproblems wäre, hätten wir dieses Problem nicht mehr in einem derartigen Ausmaß, denn wir sind mittlerweile zu sehr kalorienbewußten Menschen erzogen worden. Wir wissen, wie man Kalorien zählt, und wissen ebenfalls, wie man sie vermeidet. Jeder versucht uns einzureden, wie beglückend es ist, hungrig zu sein. Aber wir wollen ganz einfach nicht immer hungrig sein!

Sie können ohne Pillen und ohne hungrig zu sein abnehmen! Es gibt viele Möglichkeiten bei einer kalorienarmen Diät, das Essen ansprechend zu servieren, doch die Nahrung, die Sie in Ihrem Magen fühlen, ist etwas anderes, denn niemand kann etwas an der biologischen Tatsache ändern, daß die Nahrungsmittel, die ein Gefühl der Sättigung hervorrufen, weder in jene Diät noch in Ihren Blutkreislauf gelangen.

Es ist gar nicht notwendig zu hungern, wenn man dünner werden will. Nehmen wir z.B. den Fall eines bekannten New Yorker Wirtschaftsexperten. Er ist 1,80 m groß und wog 246 Pfund, als er zu mir kam. Er hatte einen zu hohen Blutdruck sowie Hypoglykämie; in seiner Familie gab es Fälle von Diabetes und Übergewicht. Innerhalb eines Jahres ging sein Gewicht auf 176 Pfund herunter. So wenig hatte er seit dem Studium nie mehr gewogen. Er nimmt auch noch weiter ab.

Er stellte fest, daß die Kalorien-Theorie falsch ist! »Meine eigenen Erfahrungen haben mir bewiesen, daß die Kalorien-Theorie falsch ist«, sagt er. »Ich nehme jetzt schneller bei 1800 Kalorien pro Tag ab als vorher bei einer ›ausgeglichenen‹ Diät von nur 1000 Kalorien. Ich weiß es genau, weil ich seit 20 Jahren meine Kalorien zähle.

Es ist, weiß der Himmel, keine Kleinigkeit, auf 1000 Kalorien pro Tag zu kommen, aber ich mußte es. Manche Leute nehmen ja bei 1500 Kalorien pro Tag ab, aber nicht ich. Das Trinken hatte ich schon lange aufgegeben. Es kostete mich qualvolle Monate, 20 Pfund abzunehmen. Ich hatte das Gefühl, vollkommen verhungert zu sein. Ich ging in meinen Sport-Club und hob Gewichte, und das einzige, woran ich dachte, war: Essen! Irgendwelche Mode-Diäten habe ich nie mitgemacht. Ich hielt nichts von ihnen. Ich glaubte an die Kalorien-Theorie . . . daran, daß der Vorgang des Abnehmens darin bestünde, daß die verbrauchte Energiemenge größer ist als die zugeführte. Wenn das jedoch stimmen würde, hätte ich 4 Pfund pro Woche abnehmen müssen anstatt der lumpigen zwei. Und wie lausig ich mich dabei fühlte!

Als ich zum erstenmal von Ihrer Diät hörte, dachte ich, das wäre auch nur so eine neue Mode-Diät. Es dauerte ein Jahr, bis ich hierherkam – getrieben von Verzweiflung und einem Funken Hoffnung. In den ersten beiden Wochen nahm ich 15 Pfund ab, obwohl ich in jener Anfangszeit ein ganzes Pfund Fleisch auf einen Rutsch aß. In den folgenden Wochen ging mein Gewicht dann jeweils um 2½ Pfund pro Woche herunter – und so wurde ich dann von Monat zu Monat dünner.«

Er ißt jetzt mehr als früher und nimmt trotzdem mehr ab. »Am erstaunlichsten ist jedoch, daß diese Diät ein beschwingter Walzer ist, verglichen mit den anderen Diäten, mit denen ich mich früher herumquälte. Es steht außer jedem Zweifel, daß ich jetzt *mehr* esse und dabei *mehr* abnehme. Es ist die am leichtesten zu befolgende Diät, die ich kenne. Fett z. B. ist doch das allerletzte, was einem bei jeder sonstigen Diät erlaubt wird. Nicht bei dieser! Ich fühle mich besser als seit wer weiß wie vielen Jahren! Vorige Woche habe ich sogar eine ganze Nacht lang Poker gespielt.«

Ein typischer Tag sieht bei ihm so aus:

Frühstück: 1 Ei, 4 Scheiben gebratenen Frühstücksspeck, Kaffee.

Mittagessen: Gebackene Austern, Kalbsmedaillon Piccata, Gemüse, Salat.

Abendessen: Seezungenfilets (mit zerlassener Butter, aber unpaniert), Spargel mit holländischer Sauce, Salat; als Nachspeise Zabaglione (mit Süßstoff anstatt Zucker).

Vor dem Zubettgehen: Ein Stück Brie (manchmal trinkt er dazu etwas von dem ½ l Wein, der ihm pro Woche gestattet ist).

Die angstvolle Grundsatzfrage wird nie gestellt. Nur sehr wenige Patienten bringen es über sich, den Arzt mit der angstvollen Grundsatzfrage in Verlegenheit zu bringen: »*Warum* werde ich dick, wenn meine Kollegen, mit denen ich mittags esse, es nicht werden? Wir haben in etwa gleich viel körperliche Bewegung, sind im gleichen Alter und essen und trinken so ziemlich das gleiche.«

Ein von der Kalorien-Theorie überzeugter Arzt hat keine Erklärung für dieses hartnäckige Rätsel und kann diese Frage folglich nicht beantworten. Er weiß aus seiner Praxis, daß all die Patienten, die mit dieser Frage zu ihm kommen, nicht lügen oder sich nur selbst etwas vormachen. Er weiß wahrscheinlich ebenfalls, daß bei einem Kind, dessen Vater oder Mutter zu dick ist, eine 40prozentige Chance für Übergewicht besteht. Haben beide Eltern Übergewicht, so beträgt diese Chance für das Kind 80 bis 90 Prozent.

Er sieht also, daß die Kalorien-Theorie den wirklichen Tatsachen nicht entspricht, aber er hält trotzdem an ihr fest. Er bräuchte es nicht.

Es ist sogar leichter, die Gramme zu zählen, nur anders. Da wir alle so lange einer Gehirnwäsche ausgesetzt waren, müssen Sie ständig auf der Hut sein. Ich weiß jedoch, Sie werden es schaffen! Anfangs, wenn Sie von der Kalorien-Zählerei dazu übergehen, die Gramme zu zählen, werden Sie manches kleine Stellungsgefecht austragen müssen. Sie erzählen Ihren Freunden, daß Sie jetzt die *Kohlehydrate* und nicht mehr die *Kalorien* zählen und erklären ihnen ein wenig die neue Diät. Aber die Gastgeberin, Ihre Freundin, wird trotzdem sagen: »Nun ja, aber du kannst doch bestimmt Karotten essen? *Die* enthalten nun wirklich keine Kalorien!« Oder: »Was?! Du kannst nicht mal eine Grapefruit essen? (Oder Catchup? Oder Magermilch trinken?)«

Sie erklären geduldig (oder auch nicht!), daß es bei dieser neuen Ernährungsweise nicht darauf ankäme, die Kalorien, sondern die Kohlehydrate zu vermeiden, und daß einige kalorienarme Nahrungsmittel voller Kohlehydrate seien, während einige kalorienreiche gar keine enthielten, wie z.B. Butter und Mayonnaise oder Rauchfleisch, Rippenspeer und Entenbraten. Aber auch nachdem Sie ihr das erklärt haben, wird sie sagen: »Hier ist eine extra Zitrone für deinen Hummer. Ich weiß ja, du nimmst keine zerlassene Butter.«

Nun ja, sie versucht nur, Ihnen zu helfen. Aber es gelingt ihr nicht, da sie seit zu langer Zeit der Gehirnwäsche ausgesetzt ist wie wir alle. Das Wort »Diät« löst bei ihr automatisch den Reflexgedanken »Kalorien zählen!« aus. Ich schreibe dieses Buch, um Ihnen zu helfen, sich von den Folgen dieser Gehirnwäsche zu befreien. Ich möchte Ihre gedanklichen und rein gefühlsmäßigen Reflexe bezüglich Kalorien – und Kohlehydraten! – ändern. Wenn mir das gelingt, sind Ihre Sorgen und Nöte mit Ihrem Gewicht und Ihrer Ernährung endgültig vorbei.

9 Werden Sie schlank, und zählen Sie die Kohlehydrate!

Die meisten Patienten, die regelmäßig einmal in der Woche oder einmal im Monat zu mir kommen, brauchen dieses einfache Rechenkunststück nicht zu lernen, da ich die Rechnerei für sie erledige. Ich frage jeden Patienten nur, was ihm am meisten gefehlt hat. Vielleicht Obst? Gemüse? Oder Wein? Jede Woche füge ich dann dem Diätplan, solange die Diät wunschgemäß wirkt, die etwa 5–8 Gramm Kohlehydraten entsprechende Menge des betreffenden Nahrungsmittels hinzu. Manchmal sind es 4 Gläser Wein in der Woche, manchmal mehr Gemüse oder auch eine viertel Melone viermal pro Woche. Dies wird so lange fortgesetzt, bis wir die kritische Kohlehydrat-Schwelle des betreffenden Patienten genau kennen – meist liegt sie bei 20–40 Gramm Kohlehydraten pro Tag. Da Sie jedoch nicht zu mir in die Sprechstunde kommen können, müssen Sie Ihren Diätplan selbst aufstellen. Es ist daher von entscheidender Wichtigkeit, daß Sie lernen, wo jene für Sie so schädlichen Kohlehydrate auf der Lauer liegen und wie Sie über Ihre Mahlzeiten Buch führen. Wir wollen Ihnen ja im Bereich des Möglichen das erlauben, was Sie am meisten entbehren, ohne jedoch den Normalisierungsprozeß zu stören, durch den Sie auch das letzte unerwünschte Pfund loswerden. Unser Ziel ist es, Ihnen wieder zu Ihrer jugendlichen Energie und Gesundheit und damit zu Ihrem guten Aussehen zu verhelfen.

Tragen Sie von jetzt an eine Kohlehydratbrille! Wenn Sie abnehmen wollen, ohne sich dafür quälen zu müssen, sollten Sie sich eine Kohlehydratbrille auf die Nase setzen und von jetzt an die Welt kulinarischer Genüsse nur noch durch sie betrachten. Vergessen Sie, daß es Kalorien gibt! Vergessen Sie alles, was Sie über einen hohen oder niedrigen Fettgehalt, einen hohen oder niedrigen Proteingehalt und eine »ausgeglichene« oder unausgeglichene Diät wissen! Vergessen Sie das alles, bloß *eines* nicht!

Denn nur noch auf dieses Eine kommt es von jetzt an bei Ihrer Ernährung Ihr Leben lang an: Enthält das, was Sie gerade in den Mund stecken wollen, etwa Kohlehydrate? Wenn nicht, guten Appetit! Und langen Sie nur tüchtig zu!

Enthält es jedoch Kohlehydrate, muß sofort die Frage folgen: Wieviel? 2 Gramm, wie in 3 Weintrauben? Das ist eine ganze Menge! Wäre es nicht besser, sie wegzulassen? (Was sind außerdem schon 3 mickrige Weintrauben!) Oder 10 Gramm, wie in einem Stück Geburtstagskuchen? Das ist nun wirklich zu viel für einen Bissen, wenn Sie ohne zu hungern abnehmen wollen.

Eine etwas kohlehydratärmere Diät (eine der üblichen Sorte). Eine gewisse Einschränkung der Kohlehydratzufuhr ist, wie ich festgestellt habe, ziemlich sinnlos. Da unser Kohlehydratkonsum viel zu hoch ist, bleibt er das auch bei einer gewissen Einschränkung immer noch. (Wenn Sie erst einmal anfangen, die Gramme zu zählen, werden Sie dies selbst feststellen!)

Und das Ergebnis einer solchen Einschränkung? Sie werden weder Ihren permanenten Hunger los noch Ihre Pfunde noch die ständige Müdigkeit, Deprimiertheit und Gereiztheit – also all jene Begleiterscheinungen einer hohen Insulinproduktion und eines niedrigen Blutzuckerspiegels. Eine etwas kohlehydratärmere Diät vermag nicht die chemische Umstellung in Ihrem Körper zu bewirken.

Einen Punkt möchte ich ganz klar herausstellen, und zwar folgenden: *Nur wenn Sie Ihren Kohlehydratkonsum auf drastische Weise einschränken, kann diese Diät voll wirksam werden. Nur dann merken Sie an sich selbst die große Veränderung: Sie fühlen sich wohl und haben keinen dauernden Hunger mehr, und die Pfunde und Zentimeter schwinden nur so dahin.*

Was verstehe ich nun unter »auf drastische Weise«? Ich meine damit eine tägliche Kohlehydratzufuhr von weit unter 40 Gramm – und 40 Gramm ist wirklich die oberste Grenze! Bei dieser Grenze werden die meisten von Ihnen mit der Diät aufhören und zu ihrer Dauerernährung übergehen, durch die sie ihr Idealgewicht halten. Sie beginnen die Diät natürlich mit einer täglichen Kohlehydratzufuhr von . . . *null* Gramm!

Obgleich wir von Anfang an Salat erlauben – und Kopfsalat enthält Kohlehydrate –, handelt es sich um einen so geringfügigen Betrag, daß er biologisch gesehen gleich Null ist.

Es ist faszinierend herauszufinden, wo der Kohlehydrat-Mörder überall versteckt auf der Lauer liegt.

Jeder Tag wird voller Überraschungen für Sie sein. Mit Ihrer Kohlehydratbrille wissen Sie jetzt, daß eine Zitrone (6 Gramm KH) beinahe einer halben Orange (7,5 Gramm KH) hinsichtlich des Kohlehydratgehalts entspricht. Andererseits ist eine halbe Avocado (nur 5,4 Gramm KH) ein guter Kauf für einen gemischten Salat, auch wenn Sie noch Krebsfleisch (105 Gramm enthalten 1,3 Gramm KH) und Mayonnaise (1 Eßlöffel enthält nur 0,2 Gramm KH) hinzufügen. Sie lernen auch, sich vor allen käuflichen Tomatenprodukten zu hüten. 1 Eßlöffel Catchup enthält 4,9 Gramm Kohlehydrate – und wer begnügt sich schon mit einem Eßlöffel!

Einige von Ihnen sind gewiß schon erfahrene alte Hasen im Zählen der Kohlehydrat-Gramme, doch lassen Sie uns für die anderen ganz von vorne beginnen.

Wenn wir z. B. davon sprechen, wieviel Gramm Kohlehydrate in einer halben Tasse gekochter Erbsen sind, so meinen wir damit den *gewichtsmäßigen* Gehalt an Kohlehydraten, der in einem Laboratorium in einer halben Tasse gekochter Erbsen nachgewiesen wurde.

Sie können den Kohlehydratgehalt aller Lebensmittel in einer Tabelle nachsehen. Genauso, wie Sie es gewohnt waren, den Kalorienwert nachzusehen, können Sie den Kohlehydratgehalt aller Grundnahrungsmittel und Getränke in einer Tabelle nachsehen.* Nichts könnte daher einfacher sein, als den Kohlehydratgehalt Ihrer täglichen Nahrung auszurechnen . . . nachdem Sie es einmal gemacht haben.

Märchen, die Sie vergessen müssen. Um schlank und gesund zu werden und all jene anderen Vorboten frühen Alterns wieder zu verscheuchen, müssen Sie mit manchen liebgewordenen Vorstellungen endgültig brechen, denn diese Vorstellungen sind reine Märchen und entsprechen nicht den Tatsachen. Lassen Sie mich Ihnen einige Beispiele nennen:

Das Märchen: Ein Mensch braucht Obst und Gemüse, um seinen Bedarf an Vitaminen, Mineralstoffen und Nahrungsvolumen zu decken. Wie steht es nun mit Orangen und Grapefruitsaft?

Die Tatsache: Sie brauchen aus den Zitrusfrüchten lediglich das Vitamin C und ansonsten die in Obst enthaltenen Vitamine und Mineralstoffe. Sie bekommen diese jedoch alle durch andere Nahrungsmittel bei dieser Diät und außerdem in Form von Vitamin- und Mineral-Tabletten. Sie vermeiden auf diese Weise die Aufnahme von Fruchtzucker, der Ihren Hyperinsu-

* Wir empfehlen Ihnen die von der Deutschen Gesellschaft für Ernährung e. V. herausgegebene *Kleine Nährwerttabelle,* Umschau-Verlag, Frankfurt am Main

linismus verschlimmert. Durch den grünen Salat und die anderen Gemüse erhalten Sie außerdem genügend Nahrungsvolumen und Faserstoffe.

Das Märchen: Jeder Mensch braucht Milch, mindestens 1 oder 2 Glas pro Tag. Wenn Sie abnehmen wollen, sollten Sie Magermilch trinken.

Die Tatsache: Jeder Mensch braucht die in der Milch enthaltenen Nährstoffe, die Sie auch bei dieser Diät erhalten – in Käse und Quark. Für Menschen mit einem gestörten Kohlehydrat-Stoffwechsel ist der in der Milch enthaltene Milchzucker (Laktose) keineswegs ratsam.

Das Märchen: Der Mensch braucht Zucker zur Deckung seines Energieverbrauchs und zur Ernährung der Gehirnzellen.

Die Tatsache: Sie brauchen lediglich etwas Zucker in Ihrem *Blutkreislauf,* nicht in Ihrer *Nahrung!* Das in Ihrem Körper gespeicherte überschüssige Fett kann ohne weiteres in Glykogen, ein Kohlehydrat, umgewandelt werden und als Brennstoff für den Energiebedarf verbraucht werden, anstatt Ihren Körper zu verunstalten und Ihr Leben in Form von Fettablagerungen zu verkürzen.

Ihre nächsten und liebsten Menschen werden (natürlich unbewußt) alles tun, um Sie abtrünnig werden zu lassen. Es braucht ein wenig Übung und Zeit, bis sich die in Ihrem Kopf herrschende Verwirrung zwischen niedrigem Kaloriengehalt und niedrigem Kohlehydratgehalt klärt. Ihre Familie wie auch Ihre Freunde, und die allerbesten sogar, und Ihre Gastgeberinnen werden oft dabei nicht gerade eine Hilfe sein. Jeder hat seit frühester Kindheit feste Ansichten über bestimmte Nahrungsmittel, die demnach einfach gut sind und auch gut für *Sie* sein *müssen* . . . z. B. die *naturbelassenen* Nahrungsmittel.

Gibt es »gute« Kohlehydrate und »schlechte« Kohlehydrate? »Oh, aber das ist dieser wunderbare Rohzucker!« gurrt Ihre Gastgeberin. »Naturbelassener Zucker! Voll von allen möglichen Vitaminen und anderen Dingen!«

Nun, er enthält einige wenige Eisenmoleküle und eine Spur anderer Mineralien, hat aber auch all die Nachteile von raffiniertem Zucker und bewirkt die gleiche Insulinausschüttung. Sein Hauptvorteil soll laut einem erstaunlich hymnischen Ernährungsapostel darin bestehen, daß er »vielleicht die geistige Gesundheit aufbaut, indem er einen Sinn von Tugend vermittelt!« Kein Kommentar hierzu!

Ist Honig ein »gutes« Kohlehydrat? Wie oft haben Sie von den geheimnisvollen Kräften und Eigenschaften des Honigs gehört! Ihre Freunde blicken Sie ungläubig an und sagen: »Überhaupt keinen Zucker?! Nun, dann kannst du wenigstens etwas von diesem Honig essen. Der ist ein ganz *naturbelassenes* Nahrungsmittel und *sehr gut* für dich!«

Keineswegs, wenn Sie allergisch gegen Kohlehydrate sind! Sie erklären nun (oder auch nicht!), daß ein Eßlöffel Honig 17,3 Gramm Kohlehydrate enthält, also sogar noch mehr als Zucker! (1 Eßlöffel Zucker enthält nur 12,1 Gramm.) Wenn Ihre KKS bei 24 Gramm Kohlehydraten pro Tag liegt, genügt ein einziger Klecks Honig, und Sie haben für den Rest des Tages das Nachsehen. Vergessen Sie nicht, daß die Biene der erste Zuckerfabrikant der Welt war!

Viele Leute halten es geradezu für ein Sakrileg, keinen Orangensaft zu trinken. »Du meine Güte! Du darfst nicht mal Orangensaft trinken?!« werden Sie mehr als ein Mal zu hören bekommen.

Nicht bei über 3 Gramm Kohlehydraten bei der winzigen Menge von 30 Gramm Saft. Nicht, wenn Sie mit wenigen Schlukken 18 Gramm Ihrer Tagesration an Kohlehydraten hinunterkippen. Wer braucht denn Orangensaft, wenn eine Vitamin-C-Tablette so praktisch ist?!

Wenn man gegen Milch ist, wird man fast als Feind der Mutterschaft betrachtet. Durch Ihre Kohlehydratbrille sieht Magermilch plötzlich ganz anders aus. Ihre Freunde sagen: »Aber es ist keine Vollmilch! Ich weiß, die macht *furchtbar* dick! Dies ist nur Milch, Magermilch. Voll von Kalzium, weißt du. *Milch* kann dir nun wirklich nicht schaden! Wo kämen wir denn da hin!«

Oh, das kann sie durchaus – mit 12 Gramm Kohlehydraten in jeder Tasse! Vergessen Sie jene alte Mär, nach der jeder Mensch täglich einen Liter Milch brauchen soll. (Und was könnte gesünder sein als ein schönes Stück selbstgebackenen Kuchen dazu?!) Nehmen Sie statt Milch die dickste Sahne für Ihren Kaffee, die Sie bekommen können, denn in einem Eßlöffel Sahne ist nur eine Spur Kohlehydrate enthalten. Oder trinken Sie Ihren Kaffee mit Schlagobers. Schön süß und mit einem Berg von Schlagsahne wird er Sie ebenso befriedigen wie eine mörderische Süßspeise – nur werden Sie mit Ihrem Kaffee abnehmen und nicht zunehmen!

Wie können »naturbelassene« Nahrungsmittel schlecht für Sie sein? Ihre Gastgeberin erklärt z. B. sehr tugendhaft: »Ich esse auch *nie* dickmachende Süßspeisen, aber du kannst doch gewiß einige dieser köstlichen, naturbelassenen Rosinen und Datteln essen! An denen ist aber nicht ein Gramm Zucker!« Stimmt leider ganz und gar nicht! Datteln sind zu 78 Prozent Rohrzucker, Rosinen zu 64 Prozent. Eine halbe Tasse Rosinen enthält also 55,7 Gramm Kohlehydrate und eine Dattel 5,8 Gramm.

Gibt es eine Obsttorte zum Nachtisch, werden Sie folgendes zu hören bekommen: »Nun, wenn du keinen Kuchen essen darfst, iß wenigstens etwas frisches Obst. Also hör mal, frisches Obst kann man nun bei *jeder* Diät essen!«

Das war gestern. Heute zählen Sie Ihre Kohlehydrate zusammen: in einem Apfel 20 Gramm, in einer Banane 26 bis 30 Gramm, in einer Birne etwa 25 Gramm, in einer halben Tasse Fruchtsalat über 36 Gramm. Möchte jetzt noch jemand etwas Obst?

Kekse, Kuchen und Torten sind voll »leerer« Kalorien, d. h. Kalorien, die wenig oder keinen Nährwert besitzen. Die in diesem Buch enthaltenen Rezepte und Menü-Vorschläge sind alle auf Protein aufgebaut und mit Nährstoffen randvoll gepackt.

Der konservative *Food and Nutrition Council* (die offizielle amerikanische Ernährungsbehörde) fordert, daß *jeder Erwachsene 60 Gramm Protein pro Tag essen sollte,* um ausreichend ernährt zu sein. Bei einer *kalorienarmen* Diät ist es nun gar nicht so leicht, zu diesen 60 Gramm Protein pro Tag zu kommen. Es gibt in unserer westlichen Zivilisation jedoch viele Menschen, die diese tägliche Proteinmindestmenge auch bei einer kalorienreichen Ernährung nicht ihrem Körper zuführen, da unsere Nahrung zu einem überwiegenden Teil aus Kohlenhydraten besteht.

Bei dieser Diät gibt es keine »leeren« Kalorien. Bei einer streng kohlehydratarmen Diät ist es dagegen ein Kinderspiel, *mehr* als nur die tägliche Mindestmenge an Protein zu essen. Sie führen Ihrem Körper ungefähr 164 Gramm Protein zu, wenn Sie den Tag mit 2 Scheiben Frühstücksspeck und 2 Eiern zum Frühstück beginnen, mittags eine mit Käse überbackene Frikadelle (140 Gramm Fleisch) und einen grünen Salat essen und das Abendessen aus 6 großen Scampi, 2 dicken Lammkoteletts, einem grünen Salat und einem Stück Käsekuchen (circa 100

Gramm) besteht. Dies ist ein ziemlich typisches Beispiel dafür, wie ein Tag bei unserer Diät-Revolution für einen großen Esser aussieht – zwar ist das mehr, als die meisten Menschen bei dieser Diät essen, da sie gar nicht genügend Appetit für derartige Mengen haben. Doch wie dem auch sei, nehmen wir einmal an, Sie könnten so viel essen. Sie würden damit 2000 Kalorien aufnehmen. Da Sie jedoch Ihrem Körper *weniger als 10 Gramm Kohlehydrate* zugemutet haben, nehmen Sie dabei ab und fühlen sich großartig – und das nicht zuletzt durch die 164 Gramm Protein, die Sie so spielend weggeputzt haben. Und das alles, weil Sie sich von einem hungrigen Kalorien-Zähler in *einen satten Kohlehydrat-Zähler verwandelt haben.*

Sie brauchen als Kohlehydrat-Zähler nicht auf Süßspeisen zu verzichten. Schauen Sie sich die Rezepte für Süßspeisen im hinteren Teil dieses Buches an! Sie sehen, was für köstliche Nachspeisen Sie bei dieser Diät essen können: einen süßen, sahnig-saftigen Käsekuchen, Schokoladencreme, Schlagsahne, Kuchen, ja sogar Süßigkeiten! Und noch Dutzende anderer Schlemmereien, die alle äußerst hohlehydratarm sind. Und ich verspreche Ihnen, wenn Sie erst einmal anfangen, über Süßspeisen mit Ihrer Kohlehydratbrille auf der Nase nachzudenken, werden Ihnen neue Rezepte und Zusammenstellungen einfallen – und die sind dann genauso herrlich süß und genauso kohlehydratarm wie die Nachspeisen in diesem Buch. Ich weiß genau, daß es so kommen wird. Ich erlebe es ja bei den meisten meiner Patientinnen. Sie sitzen im Wartezimmer und tauschen stundenlang begeistert Rezepte für Süßspeisen und andere Gerichte aus. Die in diesem Buch enthaltenen Rezepte sind größtenteils der Beitrag von zwei meiner Patientinnen, die noch Hunderte weiterer Rezepte entwickelt haben. Wenn Sie sich einmal auf die Forderung eingestellt haben, streng kohlehydratarme Süßspeisen zu erfinden, und Kochen Ihnen Spaß macht, werden Sie dies als ein neues amüsantes Betätigungsfeld für Ihre schöpferische Phantasie entdecken. Sollten Sie keine Lust dazu haben, dann halten Sie sich einfach an die Rezepte in diesem Buch und variieren nur nach Herzenslust das Aroma.

Jeder kann bei einer kalorienreichen Diät abnehmen, wenn er die Kohlehydratgramme zählt. Nehmen wir den Fall von Martin G. Er wurde hungrig geboren und war ein dickes Baby und blieb auch dick und hungrig, bis er zu mir kam. Als er mit meiner Diät begann, forderte ich ihn auf, jeden Tag alles zu notieren, was er aß und trank – mit genauen Mengenangaben, was er auch gewissenhaft tat.

Normalerweise liebt Martin Ballspiele, aber da er sich am Knöchel verletzte, hatte er 6 Wochen lang überhaupt keine körperliche Bewegung. Trotzdem nahm er in 4 Monaten bei dieser Diät 40 Pfund ab; und sein Gewicht ging allmählich weiter herunter.

Er hat den Geschmack eines Teenagers und ißt nur selten Salat oder Gemüse. Aber es ist interessant, sich die Mengen anzusehen, die er täglich verkonsumiert, während er abnimmt.

Sein Frühstück besteht immer aus 100 Gramm einer kohlehydratarmen Fruchtlimonade, aus 2 Eiern – meist Rührei mit Butter – und 3 dicken Scheiben gebratenem Frühstücksspeck. Seinen Kaffee trinkt er natürlich mit dicker Sahne.

Martin ißt für zwei – aber nicht Kohlehydrate! Und so sieht ein recht typisches Mittagessen bei ihm aus: 2 Schweizer Käse-»Sandwiches« – er nimmt 2 Scheiben Schweizer Käse anstatt Brot und packt 4 Scheiben Bologna-Wurst hinein; das macht also insgesamt 4 Scheiben Schweizer Käse und 8 Scheiben Bologna-Wurst. Dazu ißt er oft 2 Scheiben Roastbeef oder zwei Spiegeleier und ¼ oder ½ Glas Nüsse und trinkt viel Diät-Limonade.

Und das Abendessen: 2 Eier, 4 Scheiben Frühstücksspeck, 4 Scheiben Bologna, 2 Scheiben Roastbeef, eine halbe Grapefruit und Kaffee. Oder: 2 Frankfurter Würstchen, 3 Fleischfrikadellen, Diät-Limonade und 3 Tassen nicht sehr starken Kaffee. Oder: Krabben-Cocktail, ½ Pfund geschnetzelte Leber mit Zwiebeln, Eiskaffee, ¼ Glas Macadamianüsse. Oder: Gulasch (1 Pfund Fleisch) mit Zwiebeln und 2 Tassen Kaffee.

Bevor er zu Bett geht, knabbert er manchmal noch ½ Glas Macadamianüsse oder einige Scheiben Käse und trinkt dazu Diät-Limonade.

»Früher aß ich den ganzen Tag und auch die ganze Nacht«, sagte er. »Pizzas waren mein Verhängnis. Ich konnte da einfach nicht aufhören. Genauso war es mit Eiscreme. Jetzt gehe ich ungerührt an einer Pizzeria vorbei, schnuppere einmal und bin schon weiter. Es ist so fabelhaft, wieder in gut sitzende Anzüge hineinzupassen! Und ich fühle mich einfach großartig! Aber ich schaffe es nur, diese Diät einzuhalten – was mir bei keiner anderen gelungen ist –, weil ich so viel essen kann, wie ich will.

Solange ich kaum Kohlehydrate esse, schmelzen die Pfunde nur so weg. Ich habe nicht mehr diese dauernden Schuldgefühle, bin nie mehr hungrig und nehme immer weiter ab.«

Ein Börsenmakler mit einem enormen Appetit nahm in den ersten 12 Wochen jeden Tag 1 Pfund ab! Herb Walkkers kam an einem Junitag zu mir. Er wog 334 Pfund. Er war 32 Jahre, Börsenmakler und hatte bereits mit 16 Jahren 200 Pfund gewogen. Er hatte es mit Diät-Pillen und mit Fastenkuren versucht, und das nicht nur einmal. Die letzten 100 Pfund waren jüngeren Datums. Der Glukose-Belastungstest ergab den bei einem mit Hypoglykämie gekoppelten Diabetes typischen Befund. (Sein Blutzuckerwert stieg auf 292 und war nach 3 Stunden auf 67 abgesunken!) Er hatte ebenfalls einen hohen Blutdruck und hohen Triglyzeridspiegel.

Herb erzählte mir, daß er bei den Mahlzeiten nicht viel äße, aber nach dem Abendessen viel Süßigkeiten »schleckere«. Ich stellte ihn auf meine Diät um, die er korrekt einhielt, wenn er auch riesige Mengen vertilgte. Zum Frühstück aß er meistens ein Käseomelette und mittags und abends selten weniger als 2½ Pfund (!) Fleisch. Bei auch der vorsichtigsten Schätzung betrug seine tägliche Kalorienzufuhr im Minimum 3000 Kalorien.

Er mied Kohlehydrate, aber nicht Kalorien. Nach vier Monaten wog er 256 Pfund. Er hatte in 17 Wochen 78 Pfund abgenommen! Sein Blutzucker und Blutdruck waren ebenfalls normal, und ein Triglyzeridspiegel war um 75 Punkte und sein Cholesteringehalt um 30 Punkte niedriger. Er fühlte sich prächtig und ganz so, als wäre ihm das Leben neu geschenkt (was ja auch wirklich stimmte!). Selbstverständlich war er nie mehr hungrig. Wie sollte er auch bei den Riesenmengen!

Wir fügten dann seiner Diät als erstes etwas Gemüse hinzu, dann etwas Alkohol, ein wenig später etwas Obst und noch später Nüsse. Seine Gewichtsabnahme verlangsamte sich auf 2 Pfund pro Woche, aber Herb war jetzt noch glücklicher, da ihm diese Art der Ernährung nicht wie eine Diät erschien. »Ich nehme ab, ohne diät zu leben!« frohlockte er. »Ich fresse wie ein Scheunendrescher. Es ist einfach phantastisch!«

10 Stellen Sie Ihre eigene Diagnose!

Tun wir so, als ob Sie zum ersten Mal zu mir in die Praxis kämen. Ich würde eine gründliche Untersuchung einschließlich eines Glukose-Belastungstests vornehmen. Vorher jedoch würde ich Ihnen bestimmte Fragen stellen. Die folgenden Fragen sind nicht alle, doch beziehen sie sich auf drei Hauptgebiete, die sehr wichtig sind. Als erstes würde ich Sie über die in Ihrer Familie aufgetretenen Krankheiten befragen, denn diese zeigen, ob Ihr Übergewicht eventuell biologisch bedingt ist. Als zweites kämen Ihre bisherigen Erfahrungen mit früheren Diätversuchen an die Reihe. Und als drittes würden wir Ihre augenblickliche Ernährung und Ihre Eßgewohnheiten genau unter die Lupe nehmen. Warum nehmen Sie nicht Bleistift und Papier und beantworten die Fragen schriftlich, die ich Ihnen in diesem Kapitel stellen werde? Tun Sie es bitte!

Auch die Gesundheit Ihrer Kinder kann davon profitieren. Durch unser kleines Frage-und-Antwort-Spiel werden Sie Ihre früheren, jetzigen und zukünftigen Gewichtsprobleme besser verstehen lernen und möglicherweise einige große Überraschungen erleben. Diese neuen Erkenntnisse können Ihr Leben um viele gesunde Jahre verlängern und Ihnen neue Lebenskraft und Vitalität schenken, wie Sie es nie für möglich gehalten hätten. Und auch die Gesundheit Ihrer Kinder kann von dem profitieren, was Sie in diesem Kapitel lernen.

Genauso, wie ein Astrologe nicht Ihr Horoskop stellen kann, ohne Ihre genauen Geburtsdaten zu wissen, ist es auch schwierig, Ihr Übergewicht mit Erfolg zu behandeln, wenn man seine Vorgeschichte nicht kennt. (Sie werden die Gründe hierfür besser verstehen, wenn Sie weitergelesen haben.) Ist Ihr Übergewicht erblich bedingt? Zu welchem Zeitpunkt begann es? In der frühen Kindheit? In der Jugend? Nach Ihren Schwangerschaften? Oder erst kürzlich? Oder stellte es sich ganz heimlich, still und leise im Laufe der Jahre ein?

Betrachten Sie sich selbst mit den Augen eines Arztes! Wenn Sie dieses Buch zu Ende gelesen haben, werden wir wissen, in welchem Ausmaß Ihr Übergewicht durch eine Kohlehydrat-Vergiftung verursacht wurde; ebenfalls, wie und in welchem Ausmaß Ihre Erbfaktoren, Ihre allgemeine Konstitution und Ihre bisherige Ernährung und Ihre Eßgewohnheiten mit an dieser Stoffwechselstörung schuld sind. Und wir werden auch erkennen, was dieser gestörte Kohlehydrat-Stoffwechsel für Sie für Folgen haben würde, falls Sie ihn ignorieren.

Wenn Sie die folgenden Fragen beantwortet haben, sehen Sie Ihre Situation aus einer neuen, objektiveren Sicht.

Ihre Familie. Bitte notieren Sie Ihre Antworten auf dem Block, den ich Sie bat, zur Hand zu nehmen.

Wie groß ist ungefähr Ihre Mutter? Was war ihr Höchstgewicht? Wie groß ist ungefähr Ihr Vater? Was war sein Höchstgewicht?

Errechnen Sie mit Hilfe der Tabelle auf dem Lesezeichen das eventuelle Übergewicht Ihrer Eltern.

Haben Sie Geschwister mit Übergewicht? Wenn ja, wie viele? (Wenn Ihre Eltern und Geschwister zu dick sind, haben Sie höchstwahrscheinlich ebenfalls Gewichtsprobleme.)

Ist Ihnen ein Fall von Diabetes in Ihrer Familie bekannt? Oder Hypertonie? Oder Herzkrankheit? (Bei Ihren Eltern, Großeltern, Geschwistern, Onkeln und Tanten.)

Leben Ihre Eltern noch? Falls nein, in welchem Alter starben sie? (Wenn sie eines natürlichen Todes starben, also nicht an den Folgen eines Unfalles, gibt diese Antwort Auskunft darüber, wie langlebig die Mitglieder Ihrer Familie im allgemeinen sind.) Wie lange erfreuten sie sich guter Gesundheit? Was war die Todesursache?

Die Antworten auf diese Fragen geben uns einen Hinweis auf die wunden oder schwachen Punkte Ihrer Konstitution und Gesundheit.

Der Apfel fällt nicht weit vom Stamm. Wenn jemand den gleichen Körperbau und die gleiche Größe wie sein Vater oder seine Mutter hat, sollte er sich genau anschauen, an was für einer Krankheit dieser Elternteil litt; war es ein Herzleiden, so sollte er lieber rechtzeitig aufpassen. Wenn Sie nicht so früh wie nur irgend möglich, spätestens jetzt, auf diese Dinge achten, kann es zu spät sein. Warten Sie nicht so lange, bis die Symptome von Diabetes oder einem Herzinfarkt auftreten, denn dann haben Sie bereits *zu lange* gewartet!

Ein hoher Triglyzeridspiegel ist ebenso wie ein hoher Cholesterin-, Insulin- und Blutzuckerspiegel in einer Familie erblich. Diese vier Risikofaktoren hängen alle untereinander zusammen und treten alle besonders da auf, wo die Familiengeschichte Fälle von Übergewicht aufweist. Sollte das bei Ihnen zutreffen, so ist das sehr wichtig für Sie zu wissen, denn es bedeutet, *daß Ihre Lebenserwartung zu 80 Prozent davon abhängt, was Sie essen* (wodurch diese Risikofaktoren unter Kontrolle gehalten werden können) *und wie gut und vernünftig Sie mit Ihrem Körper umgehen!*

Und jetzt wollen wir über Sie sprechen. Notieren Sie bitte auch die Antworten auf die folgenden Fragen. Es wird Ihnen helfen, Ihre Situation objektiver zu sehen und zu erkennen, wo Sie im Leben stehen.

Ihr Alter? Ihre Größe? (Viele Menschen übertreiben seltsamerweise gern ihre Größe. Seien Sie also ehrlich, und machen Sie sich auf eine Überraschung gefaßt. Messen Sie sich mit einem Zollstock an einem Türpfosten.)

Was ist Ihr Idealgewicht? Wenn Sie es einmal gewogen haben, werden Sie sich daran erinnern. Andernfalls sehen Sie es in der Gewichtstabelle am Schluß des Buches nach.

Waren Sie ein dickes Baby? Kramen Sie Ihre Babybilder hervor, oder fragen Sie Ihre älteren Verwandten. Falls Sie schon als Baby dick waren, brauchen Sie diese Diät nötiger als die meisten anderen Menschen. (Je eher das Übergewicht auftritt, um so schwerer ist es wieder loszuwerden und um so kränker ist in der Regel Ihr Stoffwechsel. Ganz besonders unangenehm ist das Übergewicht, das bereits vor Erreichen des zehnten Lebensjahres auftritt.)

Wodurch haben Sie Ihrer Meinung nach zuerst zugenommen?

Was ist Ihr niedrigstes Gewicht jemals als Erwachsener oder auch älterer Teenager gewesen? (Falls Sie damals gut aussahen, mag dieses Gewicht auch heute noch Ihr Idealgewicht sein.) Was ist Ihr Höchstgewicht jemals gewesen? (Falls Sie jetzt nicht Ihr sonstiges Höchstgewicht wiegen, vergessen Sie trotzdem nicht, daß Sie es ohne Diät wahrscheinlich schnell wieder erreichen würden!) Wann war das?

Jetzt ist es Zeit, über Ihre bisherigen Erfahrungen mit früheren Diätversuchen zu sprechen. Was für Diätarten haben Sie ausprobiert? Schreiben Sie sie auf, und notieren Sie bei jeder die Antworten auf folgende Fragen:

1. Wie alt waren Sie damals?
2. Wieviel nahmen Sie ab?
3. Wie fühlten Sie sich? Waren Sie z. B. immer hungrig? Wie war es um Ihr Energieniveau bestellt? Langweilte Sie das, was Sie aßen?
4. Wie lange hielten Sie die Diät durch?
5. *Warum* hörten Sie mit ihr auf?
6. Wieviel nahmen Sie hinterher zu?
7. In welcher Zeit nahmen Sie dieses Gewicht zu?

Was müßten Ihrer Ansicht nach die Vorzüge einer für Sie idealen Diät sein? Müßte Sie ein Hungerproblem lösen? Oder ein in Langeweile bestehendes Problem? Wenn es bei Ihnen um eines dieser beiden Probleme geht, haben Sie Glück, denn diese Diät ist die Lösung für beide. Der ständige Hunger verschwindet durch die Art dieser Ernährung und die Langeweile durch all die köstlichen Rezepte und den Abwechslungsreichtum, den Sie sich bei dieser Diät leisten können.

Kehren wir jedoch zur Frage Nummer 5 zurück. Nichts ist so wichtig für den Erfolg dieser Diät wie die richtige und ehrliche Antwort auf diese Frage! Denken Sie lange und gründlich darüber nach: *Warum* haben Sie bisher mit jeder Diät wieder aufgehört? Nehmen Sie sich ruhig Zeit für diese Antwort.

Hörten Sie auf, weil etwas mit der Diät nicht stimmte, weil sie nicht wirkte oder weil Sie immer hungrig waren oder weil die Diät Sie anödete? Oder weil Essen Ihnen einfach wichtiger war als schlank zu sein? (Mit anderen Worten, weil Ihre Erscheinung und Gesundheit Ihnen letztlich doch nicht wichtig genug waren, um durchzuhalten?)

Oder hörten Sie auf, weil in Ihrem Leben etwas schiefging und Sie dadurch unter einem ungewöhnlichen Streß standen und die zusätzliche Belastung, immer hungrig sein zu müssen, ganz einfach Ihre Kraft überstieg?

Halten Sie einen Augenblick inne, und zählen Sie genau zusammen, wie viele Male Sie mit einer Diät begannen und dann wieder aufhörten. Glauben Sie, daß Sie verschiedene Diätarten aus den mehr oder weniger gleichen Gründen abbrachen? Lassen Sie sich von dem Ergebnis dieser Bestandsaufnahme nicht entmutigen! Seien Sie ganz objektiv! Versuchen Sie sich und Ihr früheres Verhalten so zu sehen, wie ein Arzt es tun würde. Es wird von großem Nutzen für Sie sein! Sie bekommen zwar jetzt eine viel leichter zu befolgende, angenehmere und wirksamere

Diät, doch um Ihre Eßgewohnheiten ändern zu können, müssen Sie mit kristallklarer Objektivität die Rolle erkennen, die diese durch Ihre Einstellung zum Essen in bezug auf Ihre gesamte Persönlichkeit und alles, was dazugehört, spielen. Auch die beste Diät der Welt ist nur dann wirksam, *wenn Sie es wollen!* Keine Diät, auch nicht die ideale, genau für Sie erarbeitete Diät ist jemals mehr als ein Werkzeug – ein Instrument, das Sie benutzen können, um das *von Ihnen angestrebte Ziel zu erreichen!* Keine Diät kann ohne Ihr Zutun erreichen, daß Sie abnehmen!

Wie sind nun Ihre Eßgewohnheiten? Und wie ernähren Sie sich? Lassen Sie uns jetzt versuchen, uns ein Bild von Ihren Eßgewohnheiten und von Ihrer Ernährung zu machen.

Wie hoch ist Ihre tägliche Kohlehydratzufuhr?

Ich höre, wie viele Leute sagen: »Nun, ich esse eigentlich gar nicht sehr viel Kohlehydrate. Ich trinke meinen Kaffee ohne Zucker und esse nur selten Süßspeisen. Ich werde einfach abends statt Brot etwas anderes essen!«

Das ist alles gut und schön, aber es genügt nicht, so erfreulich es auch ist, wenn Sie a) Übergewicht haben und b) Ihr Stoffwechsel Kohlehydrate nicht richtig umsetzt. Beides sind Anzeichen dafür, daß Sie Ihrem Körper immer noch zu viele Kohlehydrate zumuten.

Bei unseren allgemein üblichen heutigen Eßgewohnheiten ist es ganz leicht, 50 Prozent der täglichen Kalorienmenge in Form von Kohlehydraten aufzunehmen, auch wenn Sie sich nichts aus Süßigkeiten machen.

Wieviel Kohlehydrate essen Sie pro Tag? Ich möchte, daß Sie selbst herausfinden, wie hoch Ihr täglicher Kohlehydratverzehr ist, und zwar folgendermaßen:

1. Essen Sie mindestens 3 Tage lang (eine Woche lang wäre noch besser) genau wie immer. Lassen Sie nichts weg! Essen und trinken Sie einfach das, was Sie gewohnt sind.

2. Notieren Sie alles, was Sie in den Mund stecken – ob nun flüssig oder fest! Und auch die Menge, so genau, wie Sie es abschätzen können. Tragen Sie ein Notizbuch bei sich, und sowie Sie etwas gegessen oder getrunken haben, schreiben Sie es sofort auf. Wenn Sie es nicht gleich tun, vergessen Sie leicht etwas.

3. Kümmern Sie sich nicht um die Kalorien! Notieren Sie nur, was Sie essen oder trinken und wieviel. Schauen Sie dann später

den jeweiligen Kohlehydratgehalt in Ihrer Tabelle nach, und fügen Sie ihn Ihrer Aufstellung hinzu.

Dies ist eine wichtige Übung für Sie. Weshalb? Nun, weil Sie plötzlich Ihre Eßgewohnheiten und Ihre Ernährung mit ganz anderen Augen sehen. Es macht Sie wie nichts anderes kohlehydratbewußt und kohlehydraterfahren.

Könnte ein Tag etwa wie dieser aussehen? Nehmen wir einmal als Beispiel einen Tag, wie er bei den meisten Menschen aussieht, die glauben, durchaus vernünftig zu essen, um ihr Gewicht unter Kontrolle zu halten. Es ist kein Diät-Tag, nur ein ganz gewöhnlicher Tag eines vorsichtigen Essers.

		Kohlehydratgehalt in Gramm
Frühstück:	168 g Orangensaft	19,0
	1 Tasse Corn-flakes	24,7
	1 Tasse Magermilch	13,4
	1 Eßlöffel Zucker	12,1
	Kaffee ohne Zucker	Spuren
2. Frühstück:	1 Fruchtjoghurt	26,0
Mittagessen:	110 g gebr. Hackfleisch	0,0
	mit einem Brötchen	20,7
	3 Eßlöffel Catchup	13,5
	½ Tasse Krautsalat	8,1
	1 Diät-Limonade (⅓ l)	18,0
Vor dem Abendessen:	0,056 l Gin	17,0
	¼ l Tonic Water	18,4
	10 Kartoffelchips	10,0
Abendessen:	1 Tasse Tomatensuppe	15,7
	170 g Steak	0,0
	1 Pellkartoffel	20,8
	¾ Tasse Erbsen	17,1
	½ Honigmelone	11,0
	Kaffee ohne Zucker	Spuren
Vor dem Zubettgehen:	1 Glas Magermilch	13,4
	1 kleine Banane	21,1
	Insgesamt	300,0

Das ist die sechs- bis siebenfache Kohlehydratmenge, wie Sie sie essen dürfen, wenn Sie Ihr Gewicht auch nur *halten* wollen! Die Hoffnung, abzunehmen, können Sie bei diesem hohen Kohlehydratverzehr sowieso gleich begraben.

Obgleich es einige kohlehydratempfindliche Menschen gibt, denen es bei 60 Gramm Kohlehydraten pro Tag gelingt, ein vertretbares Gewicht zu halten, liegt die kritische Kohlehydrat-Schwelle jedoch bei den meisten (wie ich aus Erfahrung mit Tausenden solcher Patienten weiß, worüber ich Ihnen bereits erzählte) bei 40 Gramm Kohlehydraten pro Tag und sogar noch niedriger. Überschreiten Sie diese kritische Schwelle, so sind Sie wieder ständig hungrig und ... nehmen zu!

Sie sehen an dem obigen Beispiel, wie leicht es in unserer heutigen Zivilisation ist, zu viel Kohlehydrate zu essen – und das gilt auch für Menschen, die glauben, eine Diät einzuhalten und die immer hungrig sind. (Und die es deshalb an manchen Tagen einfach nicht mehr aushalten und hemmungslos in sich hineinstopfen!)

Betrachten wir z. B. Mary Lous Eßgewohnheiten. Mary Lou ist die Sekretärin eines Freundes. Sie frühstückt überhaupt nicht. Mittags ißt sie gewöhnlich eine Suppe und ein Sandwich (die Suppe enthält circa 10–12 Gramm Kohlehydrate, das Sandwich 25 Gramm und der Belag einige weitere). Nachmittags zwischen 4 und 5 Uhr ißt sie einen mittelgroßen Apfel (etwa 20,5 Gramm KH). Wenn sie abends nicht zum Essen ausgeht, ißt sie am liebsten ein Fertiggericht aus der Tiefkühltruhe (z. B. ein chinesisches). Es enthält 40,5 Gramm Kohlehydrate und ist ziemlich typisch für die »leichteren« tiefgefrorenen Fertiggerichte.

Während es im Ofen steckt, knabbert sie einige Karotten (5,6 Gramm KH pro halbe Tasse). Die Nachspeise läßt sie weg, doch bevor sie zu Bett geht, trinkt sie noch ein Glas Magermilch (13,4 Gramm KH). Und weil sie den ganzen Tag so standhaft geblieben ist (kein Stück Kuchen zur Frühstückspause, keinen Nachtisch mittags und abends auch keinen Drink vor dem Abendessen!), findet sie, daß sie eine kleine Belohnung verdient hat und ißt zu ihrer Milch 3 Feigenkekse (30,3 Gramm KH). Das macht für Marys Diät-Tag, an dem sie die ganze Zeit hungrig war, ungefähr 160 Gramm Kohlehydrate! Und wenn sie wie sonst noch Diät-Limonaden getrunken hätte, wären mit jedem Glas ($^1/_6$ Liter etwa) weitere 9 Gramm Kohlehydrate ihre arglose Kehle hinuntergeflossen.

Lesen Sie nun Ihre eigenen Aufzeichnungen! Schauen Sie sich jetzt Ihre eigenen Aufzeichnungen an. Machen Sie sich ein klares Bild darüber, was für ein Mensch Sie sind, denn Sie wollen ja die Eßgewohnheiten dieses Menschen ändern. Das erscheint Ihnen unmöglich? Aber Tausende meiner Patienten sind der Beweis dafür, daß es durchaus möglich ist. Und nicht nur möglich, sondern auch ganz einfach!

Sie müssen jedoch zuerst das Ausmaß und den Schweregrad Ihres Gewichtsproblems erkennen, genau so, wie ich nach einem solchen ersten Gespräch mit meinem Patienten es zu tun mich bemühe. Und dabei werden Ihnen Ihre Antworten auf meine Fragen helfen, die Sie sich notiert haben.

Nehmen wir z. B. an, Sie sind Frau A. Ihre Eltern waren schlank und gesund und wurden recht alt. Sie befolgen zum ersten Mal eine Diät. Sie sind in mittlerem Alter, haben aber niemals Süßspeisen gegessen, immer Tennis gespielt und eine gute Figur behalten. Erst seit einiger Zeit, seit dem Tode Ihres Mannes, zeigt Ihre Waage Ihnen, daß Sie zwischen 10 und 15 Pfund mehr wiegen als früher. Wenn Ihr Fall auch nur annähernd dem von Frau A. gleicht, handelt es sich bei Ihnen um ein verhältnismäßig harmloses Problem. Mit dieser Diät werden Sie Ihr Übergewicht ohne die geringsten Anstrengungen bald wieder los sein. Und es kommt auch nicht wieder, wenn Sie unter einer durchaus angenehmen KKS von wahrscheinlich 60 Gramm Kohlehydraten pro Tag bleiben. Sie werden neue Lebensfreude entwickeln und neues Interesse an allem, was um Sie herum vorgeht.

Oder liest sich Ihr Fall mehr wie dieser? Vielleicht gleicht Ihr Fall aber auch mehr dem von Frau C. – Ihre Eltern hatten beide Übergewicht und beide (oder einer von ihnen) Diabetes. Sie waren von Geburt an pummelig und haben es schon mit vielen Diätarten versucht. Sie nehmen zwar ab, doch auch jedes Mal hinterher wieder mehr zu. Jetzt schwankt Ihr Gewicht zwischen 45 und 75 Pfund *über* Ihrem Idealgewicht. Sie lieben Süßigkeiten und essen nachts.

Nun, Frau C., bei Ihnen verhält es sich nicht anders als bei den meisten meiner Patienten. Auch Sie können eine Mannequin-Figur bekommen und behalten. Und Sie werden sich prachtvoll fühlen, während Sie sich sowohl des überschüssigen Gewichts wie der häßlichen Zentimeter entledigen. Bei Ihnen steht jedoch sehr viel mehr auf dem Spiel als bei Frau A. Bei Ihnen geht es um

Ihr *Leben!* Und das verlangt Ihren *ganzen* Einsatz! Es bedeutet nun nicht, daß Sie unter Entbehrungen oder Hunger oder sonstigem Ungemach leiden müßten. Aber es bedeutet, daß Sie ein für allemal Schluß mit der Vorstellung machen müssen, Sie könnten eine Zeitlang eine Diät einhalten, bis die schlimmsten Pfunde »runter« sind, und dann wieder energisch darangehen, Ihr Grab mit Ihren Zähnen zu graben. Sie sind nämlich gar kein willensschwacher Mensch! Sind gar kein Vielfraß! Sie sind vielmehr *krank!* Sehr krank sogar! Ab jetzt muß Ihr oberstes Ziel sein, gesund zu werden! Und freuen Sie sich nicht auf den Tag, an dem Sie nicht mehr eine Diät einzuhalten brauchen, denn *den gibt es für Sie nicht und wird es nie geben!*

Oder sind Sie Herr oder Frau B.? Sie sind nicht Frau A. und auch nicht Frau C.? Vielleicht gleicht Ihr Fall dann mehr dem von Herrn oder Frau B. – Ihre Eltern (oder einer von ihnen) hatten Übergewicht. Sie selbst waren immer schlank bis zu Ihrer Schwangerschaft (oder Sie, Herr B., bis vor einigen Jahren, als Sie pensioniert wurden). Sie haben diverse Diätarten ausprobiert. Sie nehmen ab – aber früher oder später wiegen Sie dann wieder genausoviel wie vorher. Sie wären völlig glückliche und zufriedene Menschen, wenn Sie diese 20 bis 30 Pfund nicht mit sich herumschleppen müßten. Andererseits kennen Sie viele Leute, denen es ebenso ergeht. Und es ist doch so langweilig, eine Diät zu befolgen! Und Sie essen ja nicht wahllos drauflos (außer in Ferien und an Feiertagen, natürlich). Viel Obst. Wenig Fett. Kein Brot. Und Sie spielen Golf. Sie schwimmen auch, ja machen sogar meistens morgens Ihre Gymnastik.

Sie haben mein volles Mitgefühl! Sie verdienen es nicht, mit diesen unangenehmen Extrapfunden beladen zu sein. Da wir jedoch nicht auf der Hut vor den Kohlehydraten sind, der Hauptursache für jene tückischen Pfunde, sind wir unschuldige Opfer der »Kohlehydratitis«, der heimtückischen, unsichtbaren, überall hindringenden Seuche unseres Jahrhunderts. Aber wenn Sie, Herr und Frau B., wissen, wodurch diese Krankheit verursacht wird, können Sie sie besiegen.

Nehmen Sie mich zum Beispiel. Ich hatte weder einen Arzt, der mich beraten hätte, noch ein Buch, das mir half. Und bei meinem enormen Appetit gehören große Willenskräfte leider nicht zu meinen Vorzügen. Und doch ist es mir gelungen, mich dahin zu bringen, daß, wenn ich auf einer Party mit einem üppigen schwedischen Büfett bin, dieser Anblick nicht einmal zu meinem Gehirn vordringt; er geht von meinen Augen direkt zu meiner Hand. Und meine Augen sehen nur Protein (das ich »mein« Essen nenne). Sie sehen nicht einmal »deren« Essen (die Kohlehydrate). Ich suche mir automatisch die reinen Proteine aus. Ich brauche nicht einmal mehr darüber nachzudenken, denn es ist mir längst zur Gewohnheit geworden, zu einer Gewohnheit, die schon ein Reflex ist. Anfangs mußte ich nachdenken, jetzt brauche ich es überhaupt nicht mehr.

Diese neue Art zu essen kann ein Reflex werden. Und ich bin bereit, dies für Sie zu tun. Ich biete Ihnen an, Sie an eine neue Art des Essens zu gewöhnen, die Sie sogar in einer schweren seelischen Krise nicht im Stich läßt. Geschäftsleute sagen häufig zu mir bei ihrem ersten Besuch: »Aber ich lebe unter einem derartigen Streß, Doktor!« Worauf ich sage: »Sie vergessen aber doch trotzdem nicht, Ihre Zähne zu putzen. Daran werden Sie auch in der schlimmsten Krise Ihrer Firma denken. Und warum? Etwa weil es so wichtig ist? Oder weil es einfach eine Gewohnheit ist?« Es ist meine Hoffnung, daß dieses Buch Ihnen zu neuen Eßgewohnheiten (und damit zu einer *gesunden* Ernährung!) verhilft, die Ihnen genauso selbstverständlich werden wie das tägliche Zähneputzen.

11 Die Vorbereitung und Umstellung auf diese Diät

Bevor Sie mit dieser Diät beginnen, müssen Sie vier verschiedene, einfache Dinge tun.

Als erstes müssen Sie aufhören, gewisse Medikamente zu nehmen, durch die die Wirksamkeit dieser Diät verhindert würde (welche, werde ich noch erklären). Als zweites sollten Sie nachsehen, ob die Vitamine, die ich Ihnen verordnen werde, zur Hand sind.

Kaufen Sie drittens eine Packung Ketostix, Keto-Merckognost oder Ketur-Test in Ihrer Apotheke. Sie kosten nicht viel und sind nicht rezeptpflichtig.

Melden Sie sich viertens zu einer Untersuchung bei Ihrem (oder einem guten) Arzt an, damit Sie sich im klaren über Ihren allgemeinen Gesundheitszustand sind.

Zu Punkt 1: Medikamente, die Sie nicht weiter nehmen dürfen. Wenn Sie in meiner Praxis anrufen würden, um einen Termin für eine erste Konsultation zu erhalten, würde die Sprechstundenhilfe Ihnen zusammen mit dem Termin diese Instruktionen geben, *die Sie aber bitte mit Ihrem Arzt besprechen:* »Bevor Sie mit der Diät beginnen, müssen Sie rechtzeitig aufhören, bestimmte Medikamente zu nehmen.

1. Amphetamine (Diät-Tabletten) dürfen mindestens zwei Wochen vor Beginn dieser Diät nicht mehr eingenommen werden.

2. Diuretika (harntreibende Tabletten oder Spritzen) müssen eine gute Woche vor Beginn dieser Diät abgesetzt werden. Das gilt auch für bestimmte Medikamente gegen hohen Blutdruck, die Diuretika enthalten.

Falls Sie durch Absetzen dieser Medikamente vor Beginn der Diät zunehmen sollten, machen Sie sich deshalb keine Gedanken. Sie nehmen schnell wieder ab, wenn Sie mit der Diät anfangen.«

Weshalb Amphetamine eine Gewichtsabnahme verhindern. Sie müssen aus vielerlei Gründen vor Beginn dieser Diät aufhören, Amphetamine zu schlucken. Wie ich bereits sagte, bin ich (wie jeder gewissenhafte Arzt) zutiefst davon überzeugt, daß ihr Gebrauch zur Sucht wird und sie eine ungeheuer zerstörerische Wirkung sowohl auf den Körper wie den Geist haben sowie den Alterungsprozeß beschleunigen. Doch nun ganz spezifisch zu Ihrem Fall: Amphetamine sind das Ende aller Ihrer Hoffnungen, für immer jenes Übergewicht loszuwerden. Sie haben nämlich einen Bumerang-Effekt. *Mit ganz wenigen Ausnahmen* nehmen Menschen, wenn sie aufhören, diese Tabletten zu schlucken, weitaus *mehr* an Gewicht zu, als sie vorher mit Hilfe der Tabletten abgenommen hatten. Und dies hat keinerlei psychologische oder irgendwie imaginäre Gründe. Der chemische Bumerang-Effekt ist hundertprozentig körperlich und durchaus realer und meßbarer Natur – und unweigerlich der gleiche.

Solange also noch der Bumerang-Effekt der Amphetamine, die Sie vielleicht eingenommen haben, in Ihrem Organismus nachwirkt, können Sie nicht erwarten, daß diese (oder irgendeine andere) Diät bei Ihnen wirkt. Es muß genügend Zeit verstreichen, bis dieser chemische Bumerang-Effekt abklingt.

Aber auch wenn Amphetamine für Sie gut gewesen wären, brauchten Sie sie jetzt nicht mehr, denn diese Diät hat selbst eine starke appetitzügelnde Wirkung.

Weshalb man bei dieser Diät keine Diuretika nehmen kann. Der Grund, aus dem man aufhören muß, Diuretika zu nehmen, sieht nun etwas anders aus: Die Diät hat als solche eine sehr starke harntreibende Wirkung. (Die Gewichtsverluste von 7 bis zu 10 Pfund, die wir oft in der ersten Woche erleben, werden zum Teil durch die natürliche diuretische Wirkung dieser Diät ausgelöst.)

Sie sehen also: Wenn man zusätzlich zu dieser Diät noch ein synthetisches Diuretikum einnimmt, führt das zu unangenehmen und sogar gefährlichen Symptomen von Salzmangel sowie Mangelerscheinungen von so wichtigen Mineralien wie Kalium und Kalzium (um nur zwei zu nennen).

Jetzt sollten Sie vielleicht mit Ihrem Arzt sprechen. Die Situation ist bei Ihnen insofern etwas anders, als ich Sie ja nicht zu Gesicht bekomme und mir Ihren Fall nicht gründlich anschauen kann.

Wenn Sie nun z. B. ein Herz- oder Blutdruckmittel einnehmen, das ein Diuretikum enthält, *will und kann dieses Buch Ihnen nicht raten, vor Beginn dieser Diät mit der Einnahme eines Medikamentes aufzuhören, das ein Arzt Ihnen verschrieben hat!* Falls Sie ein solches Medikament einnehmen, können Sie nur Ihren Arzt fragen, ob er es für gut hält, daß Sie mit dieser Diät beginnen und das Medikament absetzen, oder ob er mehr für eine weniger wirkungsvolle Diät bei Beibehaltung des Medikamentes ist. Dieses Problem taucht selbstverständlich für mich bei meinen Patienten nie auf, da ich jedes Medikament je nach Bedarf absetzen, durch ein anderes ersetzen oder wieder verschreiben kann.

Doch ich wiederhole ausdrücklich: Ich empfehle Ihnen nicht mit dieser Diät zu beginnen, wenn Sie Medikamente einnehmen, die Diuretika oder Amphetamine enthalten. In diesem Falle müssen Sie Ihren Arzt konsultieren, auf dessen Urteil Sie sich verlassen können.

Zu Punkt 2: Besorgen Sie sich die nötigen Vitamine. Und nun wollen wir über Vitamine im Zusammenhang mit dieser Diät sprechen. Zu Anfang lassen Sie mich Ihnen sagen, daß ungefähr 10 Prozent der Patienten sich bei Beginn dieser Diät nicht so wohl fühlen wie die restlichen 90 Prozent, doch gibt es immer einen Grund dafür.

Erstaunlich oft stelle ich als Grund eine Unterernährung fest. Die Vitamin- und Mineralstoffreserven sind bei manchen Menschen, die sich jahrelang im Kampf mit ihrem Übergewicht herumgeplagt haben, so erschöpft, daß es länger als eine Woche hoher Vitamin- und Mineralstoff-Dosen braucht, um jene Reserven im Körper wieder aufzubauen. Nach einigen Wochen – durch die Wirkung sowohl der Diät wie der Vitamine – macht sich dann ein wundervoller Aufschwung des Allgemeinbefindens bemerkbar.

Nehmen Sie Kalzium gegen Beinkrämpfe und Kalium gegen Müdigkeit! Wenn Sie zu Krämpfen in den Beinen neigen, braucht Ihr Körper mehr Kalzium; und es gibt eine Art von Müdigkeit, die durch Kalium verschwindet.

Was nun Vitamine ganz allgemein betrifft, so glaube ich nicht an eine tägliche Mindestdosis. Ich bin für eine maximale Dosierung. In meiner Praxis habe ich Megadosen (Überdosen) mit großem Erfolg angewandt. Alle großen pharmazeutischen Werke stellen ein Multivitamin-Präparat und Mineral-Tabletten oder Kapseln in therapeutischer Dosierung her. Erkundigen Sie sich danach bei Ihrem Apotheker, oder kaufen Sie sie in

Ihrem Reformhaus. (Dies ist nicht der Augenblick und Ort für eine Diskussion über das Für und Wider von »natürlichen« und »synthetischen« Vitaminen.)

Wenn der tägliche Mindestbedarf durch eine Kapsel oder Tablette gedeckt wird, sollten Sie lieber jeden Tag zwei nehmen und diese noch durch andere Vitaminzugaben ergänzen. Sie ersehen die notwendige Mengen aus dem auf dem Etikett angegebenen Vitamingehalt.

Ich habe es gern, wenn meine Patienten nicht weniger als 800 Einheiten Vitamin E und etwa 1000 Milligramm Vitamin C pro Tag nehmen; ebenso bin ich für eine mindestens verdoppelte tägliche therapeutische Dosis des gesamten Vitamin-B-Komplexes, und bei einem Fall von Hypoglykämie sogar für eine noch höhere Dosierung. Von Vitamin A (Standard Dosis 25 000 Int. Einheiten) und Vitamin D (400 Int. Einheiten) dürfen Sie *nicht* mehr als diese üblichen Dosierungen nehmen. Bei einer Überdosierung der anderen genannten Vitamine werden die vom Körper nicht benötigten Mengen einfach durch die Nieren mit dem Urin ausgeschieden. Der Bedarf an Vitaminen und Mineralstoffen ist bei Menschen ganz unterschiedlich, ob sie nun eine Diät einhalten oder nicht. Was für einen anderen vielleicht eine Überdosis ist, mag für den Bedarf Ihres Körpers kaum ausreichend sein, was wiederum von verschiedenen Faktoren abhängt – von Ihrem Alter, Ihrer allgemeinen Belastung, Ihrer bisherigen Ernährung und bisher eingenommenen Medikamenten. Warten Sie nicht erst auf die Symptome, die diese Mangelerscheinungen ankündigen! Sagen Sie nicht: »Aber ich fühle mich großartig! Ich brauche sie also nicht.« Jetzt und nicht später sollten Sie diese Vorsichtsmaßnahme ergreifen!

Zu Punkt 3: Wie Sie mit Hilfe der Teststäbchen* Ihre KKS herausfinden. Sie sollten ein Päckchen dieser Teststäbchen griffbereit in Ihrem Badezimmer bei Beginn der Diät haben. (Sollte Ihr Apotheker sie nicht vorrätig haben, wird er sie gern für Sie bestellen.)

Lassen Sie mich betonen, daß es zum Erfolg dieser Diät keineswegs unerläßlich ist, diese Urintests zu machen. Ich nutze diese Kontrollmöglichkeit bei Tausenden von Patienten, doch Tausende von Lesern von Artikeln über meine Diät haben so viel abgenommen, wie sie wollten, ohne überhaupt etwas von diesen Urin-Teststäbchen zu wissen.

* *Ketostix, Keto-Merckognost oder Ketur-Test*

David Brown, der Film-König, ist ein Beispiel dafür. Er nahm bei dieser Diät 37 Pfund ab, nachdem er lediglich in der Zeitschrift *Cosmopolitan* über sie gelesen hatte und sie ganz auf eigene Faust ausprobierte.

Ich finde jedoch, daß es viel interessanter ist, von Anfang an die Teststäbchen zu benutzen und zu verfolgen, wie sie sich lila verfärben. Dieser sichtbare und verblüffende Beweis dafür, daß Ihr Körper sein Fett verbrennt, gibt Ihnen irgendwie die gleiche Art psychologischer Unterstützung, wie ein tägliches Gespräch mit Ihrem Arzt es tun würde. Die Teststäbchen sind außerdem eine große Hilfe, wenn Sie (was fast jedem gelegentlich passiert) aus Ihnen unerklärlichen Gründen Ihre KKS überschritten zu haben scheinen und plötzlich nicht weiter abnehmen. Sie helfen Ihnen, wieder unter Ihre KKS zu gelangen, indem sie Ihnen die jeweils erzielten Fortschritte bei diesem Bemühen melden. Die Reaktion der Stäbchen zeigt Ihnen nämlich das an, was Sie bald darauf auf Ihrer Waage feststellen. Sie ermutigen Sie also, auch wenn die Waage einen Stillstand anzeigt, indem sie Ihnen signalisieren, daß Ihr Körper weiter sein Fett verbrennt.

Der so erfreuliche lila Test – Beweis für die Umstellung Ihres Stoffwechsels. *Bevor* Sie mit dieser Diät beginnen, wollen wir noch einmal genau wiederholen, wie Sie diese Stäbchen benutzen. Betrachten Sie das nun Folgende als eine Probe – eine Art Generalprobe.

Schritt Nr. 1: Führen Sie zwei Tage lang ein Diät-Tagebuch und machen Sie dann den Urintest. Ich könnte auch lediglich sagen: Testen Sie Ihren Urin nach den erste beiden Tagen der Diät. Der Erfolg der Diät ist jedoch doppelt sicher, wenn Sie genau aufschreiben, was Sie in den ersten beiden Tagen essen. Auf die Mengen kommt es nicht an. Wichtig ist nur, daß das, was Sie essen, überhaupt keine Kohlehydrate und auch keinen Alkohol enthält. Sie werden im nächsten Kapitel lesen, was diese Diät im Grunde ist, und dann auf die Rezepte und Menü-Vorschläge stoßen, die Ihnen bei der Befolgung dieser Diät helfen.

Jetzt kommt es mir jedoch auf folgendes an: Schreiben Sie alles, was Sie essen und trinken, genau auf! Ich halte es für eine gute Idee, wenn Sie dieses Diät-Tagebuch jemandem zeigen würden. Wer könnte aus Ihrer Umgebung die Rolle eines Arztes oder Überichs spielen? Sie brauchen jemanden, mit dem Sie prüfen können, ob Sie alles richtig gemacht haben, am besten jemanden, der diese Diät kennt und auch durch sie abgenommen hat.

Oder noch besser: Wie wäre es, wenn Sie mit jemandem eine Wette abschließen? Eine Wette, die zu verlieren Sie sich nicht leisten können. Wie ich festgestellt habe, kann dies einem die zwingende Motivation geben, die Diät einzuhalten. Aber schließen Sie nur eine langfristige Wette, denn Sie wollen doch schlank *bleiben!* »Jeder Idiot kann dünn *werden* – aber dünn *bleiben,* erst das ist die entscheidende Probe!« pflege ich zu meinen Patienten zu sagen. Wenn Sie zwei Tage lang alles notiert haben, was Sie gegessen und getrunken haben, beginnen Sie mit den Urintests. (Sie können das natürlich auch schon von Anfang an tun, doch sollte es Sie und mich wundern, wenn eine lila Verfärbung bereits vor Ablauf von zwei Tagen eintritt.) Halten Sie das Teststäbchen so, daß es vom Urin benäßt wird, oder nehmen Sie eine Urinprobe (mit einem Pappbecher) und tauchen Sie das Ende des Stäbchens hinein. Innerhalb einer Minute kann eine lila Verfärbung eintreten. Wenn das der Fall ist, haben Sie Glück. Ihr Körper beginnt, seine Fettreserven abzubauen und Azetonkörper – oder Ketonkörper – auszuscheiden. Im allgemeinen tritt dies am zweiten oder dritten Tag ein.

Was Sie machen, wenn das Teststäbchen sich nicht lila verfärbt. In diesem Fall kann es sich um zwei verschiedene Gründe handeln. Entweder haben Sie die Diät nicht richtig befolgt, oder der Widerstand Ihres Stoffwechsels ist besonders hartnäckig. Prüfen Sie als erstes, ob Sie etwas Falsches gegessen oder getrunken haben, und wenn ja, hören Sie damit auf. Befolgen Sie die Diät jetzt mindestens 5 Tage lang peinlich genau. Sollte dann noch immer keine lila Verfärbung eintreten, lassen Sie einige Tage den Salat weg, und sehen Sie, was passiert. Der Salat ist in diesem Stadium der Diät die einzige nennenswerte Kohlehydratquelle. Sowie ein Teststäbchen jedoch lila wird, essen Sie wieder Ihren Salat. Sie sind jetzt erneut in der ersten Woche der Diät, also auf Stufe 1.

Nachdem Sie einmal bewiesen haben, daß Ihr Körper Azetonkörper bilden kann, haben Sie das volle Recht anzunehmen, daß er es nun auch jeden Tag tun wird: Sie können jetzt jede Woche jeweils in Mengen von etwa 5 Gramm Kohlehydraten die kohlehydrathaltigen Dinge Ihrer Diät hinzufügen, die Ihnen am meisten fehlten.

Vorsicht! Die Tageszeit spielt eine Rolle bei dem Test. An einem Tag der Woche testen Sie Ihren Urin zu verschiedenen Tageszeiten – morgens, mittags, abends und nachts. Stellen Sie fest, zu welcher Stunde die Verfärbung am dunkelsten ist (meistens abends). Testen Sie von nun ab Ihren Urin immer um diese Zeit.

Solange das Teststäbchen eine lila oder lavendel Verfärbung aufweist, können Sie beruhigt sein – und beruhigt so weiter essen. Wenn Sie aber an einem Tag von einem dunklen Lila zu einem ganz hellen Lavendel oder gar keiner Verfärbung (also Beige) wechseln, bedeutet das, daß Sie an diesem Tag zu viel Kohlehydrate aufgenommen haben. Schauen Sie in Ihrem Diät-Tagebuch nach. Versuchen Sie festzustellen, was für Kohlehydrate Sie gegessen haben und wie viel Gramm. Waren es insgesamt 20, 35 oder 45 Gramm Kohlehydrate? Wie viele es auch gewesen sein mögen – es waren zu viele!

Wie Sie erkennen, daß Sie sich Ihrer KKS (kritischen Kohlehydrat-Schwelle) nähern. Wenn die Teststäbchen sich nicht verfärben, haben Sie wahrscheinlich Ihre KKS überschritten. Kehren Sie also zu der Anfangsdiät der ersten Woche zurück, bis wieder eine lila Verfärbung eintritt. Fügen Sie dann die kleinen Mengen an kohlehydrathaltigen Nahrungsmitteln langsam Ihrer Diät hinzu, bis die Verfärbung ein helles Lila zeigt und Ihnen damit verrät, daß Sie sich Ihrer KKS nähern.

Wenn Sie Ihre eigenen Reaktionen besser kennen, lernen Sie auch, was für Nahrungsmittel die Verfärbung beeinflussen. Sie werden ganz genau merken, wo die kritische Grenze für Sie liegt, Ihre KKS.

Ich muß hier erwähnen, daß ich viele Patienten hatte, deren Urin bei diesem Test plötzlich nicht mehr die lila Verfärbung auslöste, obgleich sie weiter abnahmen und sich völlig wohl fühlten. Dies tritt dann ein, wenn der Gehalt an Azetonkörpern im Blut nur geringfügig ansteigt und nicht hoch genug ist, um in den Urin überzutreten. Alles ist völlig in Ordnung, vorausgesetzt, daß sich kein andauerndes Hungergefühl einstellt oder Sie weniger Energie haben als in den vergangenen Wochen; vor allem jedoch können Sie beruhigt sein, wenn Sie weiter abnehmen.

Lila bedeutet, daß Sie abnehmen und nie hungrig sind. Es gibt noch eine andere Möglichkeit herauszufinden, ob Ihr Stoffwechsel sich normalisiert. Wie ich schon sagte, wirkt die Diät, wenn Sie merklich weniger hungrig sind. Sie wirkt dagegen nicht bei Ihnen, wenn Sie weiter dauernd hungrig sind. Dauernd hungrig zu sein, ist weder richtig noch wünschenswert noch notwendig.

Je dunkler das Lila, um so geringer gewöhnlich der Hunger; je heller, um so größer die Wahrscheinlichkeit, daß Sie wieder dauernd hungrig sind. Sie werden aber herausfinden, welche Lilaschattierung am besten mit Ihrem Wohlbefinden übereinstimmt, und das ist dann die richtige für Sie. Es ist so leicht, auf diese Weise Ihren Fortschritt zu verfolgen. Achten Sie nur darauf, ob Ihr ständiges Hungergefühl verschwindet und Sie weiter in einem für Sie angenehmen Tempo abnehmen.

Zu Punkt 4: Was Sie über sich selbst in medizinischer Hinsicht wissen sollten. Als ich die Verantwortung übernahm, dieses Buch zu schreiben, war mir völlig klar, daß durch dieses Buch die Kontrolle über diese Diät dem Leser selbst in die Hand gegeben würde, während ich persönlich davon überzeugt bin, daß sie in die Hand des Arztes gehört. Es ist eigentlich überflüssig, zu betonen, daß die praktische Durchführung einer Diät allerdings immer der Kontrolle des einzelnen Patienten überlassen bleibt. Da Sie, die Leser dieses Buches, jedoch diese Diät *brauchen*, habe ich mich damit einverstanden erklärt, mein medizinisches Management Ihnen zu übertragen.

Es gibt jedoch eine Reihe von Untersuchungen, die ich routinemäßig immer durchführe und denen auch Sie sich unterziehen sollten, um das reibungslose Funktionieren der Diät zu gewährleisten.

Bevor ich einen Patienten auf die Diät umstelle, mache ich eine umfassende Serie von Blutuntersuchungen, was ich auch Ihnen empfehle, besonders, wenn Sie mehr als 20 Pfund abzunehmen haben. Lassen Sie Ihren Arzt die übliche Serie von Blutuntersuchungen machen. Sie haben dadurch eine Vergleichsbasis, falls sich etwas an diesen Werten ändern sollte. Das Blutbild, der Blutzuckergehalt, der Cholesterin- wie Triglyzeridspiegel sollten sich im Verlauf dieser Diät verbessern, während der Harnsäuregehalt ansteigen kann. Bei meinen Patienten bedeutet das selten ein Problem, da ich routinemäßig ein Medikament verschreibe, das die Harnsäurebildung verhindert, wenn bei einem Patienten der Harnsäurespiegel von Anfang an hoch ist oder wenn er durch die Diät über das normale Niveau steigt.

Diese Diät ist schließlich weder eine Mode-Diät noch dazu bestimmt, kurzfristige Gewichtsverluste zu erreichen. *Sie soll die Ernährungsweise für Ihr ganzes Leben werden!*

Meinen Sie daher nicht, es wäre besser, wenn Ihr Hausarzt Ihnen das bestätigt, was Sie selbst an sich feststellen – daß Sie durch die Diät ein glücklicherer und gesünderer Mensch werden, als Sie es jemals für möglich hielten? Und wenn die Laborbefunde Ihnen das ebenfalls bestätigen?

12 Die revolutionäre Nie-mehr-hungrig-Diät. Steak und Salat, soviel Sie wollen!

Pluspunkt Nr. 1: Steak sowie fast alles Fleisch, Geflügel oder Fisch. Und jetzt zur Diät selbst. Ein Patient taufte sie die Steak-und-Salat-Diät, und das ist gar kein schlechter Name, obwohl Sie sich natürlich nicht nur auf Steaks zu beschränken brauchen. Sie können fast jede Art von Fleisch, Fisch oder Geflügel essen, einschließlich der gewöhnlich bei jeder Diät verbotenen Köstlichkeiten wie Schinken, Rippenspeer, Frühstücksspeck, Schweinebraten, Corned beef, Entenbraten und Hummer mit zerlassener Butter. Einer der Hauptgründe für den so unfehlbaren Erfolg dieser Diät ist der Umstand, daß Sie Protein und Fett essen, und zwar in ungefähr genau dem Verhältnis von 60 zu 40 Prozent, in dem sie gewöhnlich in der Natur vorkommen, wie z.B. in einem mäßig mageren Stück Rindfleisch. Manche Menschen mögen allerdings einfach kein Fett. Für sie ist eine fettarme Diät besser, aber ich befürworte niemals eine solche.

Bei vielen kalorienarmen Diätarten ist Fett streng verboten. Ich habe Frauen gesehen, die durch eine solche Diät einen derartigen Fettmangel aufwiesen, daß ihr Körper nicht genügend weibliche Hormone für einen regelmäßigen Menstruationszyklus bilden konnte. Wenn also die für den weiblichen Körper allertypischste Funktion durch eine fettarme Diät geschädigt werden kann, sollte man diese fettarmen Diätarten mit äußerster Vorsicht betrachten! Fette und Öle sind aus vielerlei Gründen durchaus erwünscht bei einer Abmagerungsdiät. Sie erhalten unter anderem Ihre Haut glatt und geschmeidig, doch ist das nur einer ihrer vielen Vorzüge.

Weshalb Fette und Öle Ihnen helfen, diese Diät einzuhalten. Das Fett trägt dazu bei, daß Sie nicht ständig hungrig sind, und hilft, den Blutzuckerspiegel zu stabilisieren. Es fördert, wie ich bereits erklärte, ebenfalls das Hinausschmuggeln von Kalorien in Form von Ketonkörpern. Biochemisch gesehen verhindert Fett diese angestrebte Ausscheidung von Ketonkörpern nur mit einem Wirkungsgrad von 10 Prozent, verglichen mit dem von 58 Prozent der Proteine und dem von 100 Prozent der

Kohlehydrate.

Und noch ein großer Vorzug, den Fette und Öle für Sie haben: Sie ermöglichen Ihnen enorme Variationsmöglichkeiten in Ihrer Ernährung, und das ist äußerst wichtig!

Fast am allerwichtigsten jedoch: Sie verhindern, daß Sie das Gefühl haben, sich Entbehrungen und Einschränkungen auferlegen zu müssen. Es ist so herrlich, Mayonnaise auf kalten Lachs zu klatschen, Thunfischsalat und Geflügelsalat mit ihr zuzubereiten und zerlassene Butter über Spargel und Hummer zu gießen! Und es macht Spaß, jene köstlichen, knusprigen Chips aus gerösteter Schweineschwarte zu knabbern, während Ihre Freunde, die eine kalorienarme Diät befolgen, neidvoll zuschauen. Es ist leicht, bei einer Diät zu bleiben, die Ihnen erlaubt, nicht hinter den Gaumengenüssen der schlanken Gourmets zurückzustehen.

Sowohl Sie wie ich möchten natürlich, daß Sie so schnell wie möglich abnehmen, was Ihnen diese Diät ermöglicht. Es ist jedoch genauso wichtig, daß es für Sie so *mühelos* wie nur möglich geschieht. Ich finde nun einmal, das Einhalten einer Diät sollte keine Tortur sein, sondern vielmehr ein Vergnügen! Wenn Sie durch eine mühelos zu befolgende Diät dünner werden und das Ganze durchaus angenehm für Sie ist, bleiben Sie nämlich bei dieser Ernährungsweise. Und eine solche Diät ist die einzige, die von Nutzen für Sie ist – eine Ernährung, bei der Sie freudig und zufrieden Ihr ganzes Leben lang bleiben! Man hat diese Diät oft mit einem Satz zu charakterisieren versucht, doch am besten trifft der folgende Ausspruch den Nagel auf den Kopf: *Man kann mit ihr leben!*

Pluspunkt Nr. 2: Grüner Salat. Das ist der zweite große Vorzug dieser Diät, daß Sie mittags und abends grünen Salat essen dürfen. Ja, und das sogar in der ersten eigentlich kohlehydratfreien Woche! Grüner Salat enthält nämlich winzige Mengen Kohlehydrate. Biologisch gesehen fällt das jedoch nicht ins Gewicht. In der Biologie gelten nicht die gleichen Gesetze wie im Maschinenbau. Bei 99 Prozent der Patienten reagiert der Organismus bei diesen winzigen Kohlehydratmengen genau so, als hätten sie gar keinen Salat gegessen. Weshalb sich also nicht an jenen Salaten erfreuen? Sie machen einen solchen Unterschied! Nur Protein und Fett ohne einen köstlich frischen Salat zu essen, widersteht den meisten Menschen. Ich danke deshalb dem Herrgott, daß grüne Blätter nur so wenig Kohlehydrate enthalten!

Durch jene Salate ist diese Diät keine unkultivierte Mühsal, sondern ein ästhetischer, das Auge und den Gaumen befriedigender und des Menschen würdiger Genuß.

Roquefort Dressing (oder fast jede andere beliebte Salatsauce). Und Sie brauchen die Salate nicht als trockene Blätter wie ein Kaninchen zu knabbern. Sie können Ihren Salat mit einem leckeren, öligen Roquefort Dressing übergießen oder mit Öl und Essig, Mayonnaise oder sogar einem Cäsar Dressing. Lassen Sie nur die Croutons weg, und nehmen Sie statt dessen zerbröselte, geröstete Schweineschwarten-Chips.

Pluspunkt Nr. 3: Sättigende, kalorienreiche Zwischenimbisse. Knabbern Sie keine Selleriestangen, Karotten oder sonstiges Kaninchenfutter, sondern jede Art von Käse, gefüllte Oliven und Schweineschwarten-Chips, die eine wunderbare Entdeckung sind. Man kann sie auf hunderterlei Arten verwenden – an Stelle von Toast oder Brötchen oder als Crackers mit einem Saucen-Dip oder einem Belag oder für Fleisch- und Gemüsefüllungen wie auch zum Panieren. Sie können sie auch als Tortenboden für eine Quiche Lorraine nehmen oder für eine Hühnersuppe mit Klößchen (siehe Rezept 8). Sie dürfen aber noch andere Köstlichkeiten essen, wie Sie es sich bei einer Diät nie hätten träumen lassen: Kaviar, Krabben, gefüllte Eier und Rippenspeer. Und nicht zu vergessen die vom gestrigen üppigen Abendbrot übriggebliebenen Reste!

Pluspunkt Nr. 4: Süßspeisen: In der ersten Woche dürfen Sie kohlehydratfreie Götterspeisen essen, und wenn Ihnen Süßes am meisten fehlt, können Sie in der folgenden Woche Käsekuchen essen, Makronen, Torten, frische Edbeeren mit Schlagsahne (die Sie mit Süßstoff süßen), Mokka-Torte und Schokoladencreme, *doch alles nur nach den Rezepten in diesem Buch zubereitet!* Schauen Sie sich diese und Dutzende anderer Rezepte für unsere Schlemmergerichte an!

Wenn Ihnen die Zubereitung von Süßspeisen zu mühsam ist, trinken Sie Ihren gut gesüßten Kaffee mit Sahne und sogar mit gesüßter Schlagsahne. Ein solcher Abschluß einer Mahlzeit besänftigt die gierigen Geschmacksnerven und hinterläßt ein Gefühl der Befriedigung, das dem glatten, ungestörten Spiegel eines Sees gleicht.

Pluspunkt Nr. 5: Sie essen, wann Sie wollen – aber fangen Sie mit einem gemütlichen Frühstück an! Wenn Sie den Tag mit einem reichlichen Frühstück beginnen, wird es Ihnen, wie Sie feststellen werden, eine gute, beruhigende Energiegrundlage für den ganzen Tag geben. Menschen mit Gewichtsproblemen essen häufig gar kein Frühstück und auch mittags nur sehr wenig. Sie sind die typischen Nachtesser.

Obwohl ich Sie ermutige, jederzeit zu essen, wenn Sie bei dieser Diät hungrig sein sollten, und ich Sie ebenfalls ermutige, nichts zu essen, wenn Sie nicht hungrig sind, bildet das Frühstück hiervon eine Ausnahme.

Wenn Sie zu den Nachtessern gehören, wird eine Umkehrung Ihrer bisherigen Essenszeiten und Gewohnheiten auch eine Umkehrung Ihrer Körpermaße, Ihres Schlafrhythmus und Ihrer Energiekurve auslösen.

Was werden Sie also frühstücken? Gebratenen Frühstücksspeck mit Eiern? Rührei? Spiegeleier? Mit oder ohne Käse? Oder was für ein Omelette? Erfinden Sie Ihr eigenes! Und weshalb versuchen Sie nicht einmal ein Steak zum Frühstück? Trinken Sie Ihren Kaffee mit dicker Sahne, auch wenn Sie es bisher nie gewagt haben. Es gibt Ihnen ein so herrliches Gefühl von Verwöhnung und Luxus!

Ihr Frühstück sollte, was immer Sie auch essen, gut und reichlich sein. Um so schneller erreichen Sie Ihr Ziel, schlank und gesund zu werden. So viele Tausende dicker, deprimierter Menschen, die mit den Worten zu mir kamen »Aber ich esse nie etwas zum Frühstück!« haben sich in schlanke, gesunde, fröhliche Menschen verwandelt, die jeden Tag ihres Lebens mit einem handfesten Frühstück beginnen.

Die erste Woche der großen Veränderung in Ihrem Leben. Essen Sie NICHTS, was nicht auf dieser Liste steht!

Fleisch
Steaks
Corned beef
Lammkoteletts
Zunge
Gehacktes
Jede Art von Fleisch in jeder Menge – *außer Fleisch mit Füllzusätzen wie in Würstchen, Fleischklößen und manchen Wurstwaren.*

Geflügel
Ente
Pute
Huhn
Alles, was Flügel hat.
Keine Füllungen!

Fisch
Alle Fische, einschließlich Dosenlachs und Thunfisch. Alle Meeresfrüchte, geräuchert und in Öl aus Dosen, *außer Austern, Muscheln und Fischkonserven mit Gemüsezusätzen wie saure Gurken, Tomaten etc. und Saucen.*

Salate
2 kleine Portionen (je 1 Tasse locker gepackt) grünen Salat pro Tag, nur grüne Blätter, Selleriestangen, Gurke oder Rettich, Saucen aus Essig, Öl, Salz, Kräutern, getrockneten Gewürzen, geriebenem Käse oder Sardellen. Oder statt Salat eine saure Gurke. Plus . . . grüne Oliven.

Eier
In jeder Form und Zubereitungsart und unbegrenzt.

Gewürze
Salz, Pfeffer, Senf, Meerrettich, Essig, Vanille und andere Extrakte und Aromata;
Süßstoff;
alle gemahlenen Gewürze, die *keinen* Zucker enthalten.

Fette
Butter,
Pflanzenöl,
Pflanzenmargarine,
Mayonnaise,
Speck.

Schlagsahne
4 Teelöffel pro Tag – (Sahne enthält weniger Kohlehydrate als Milch; trinken Sie also *keine* Milch!)

Käse
110 g pro Tag von jedem Hartkäse.
Keine Schmelz- oder Weichkäse!

Getränke
Wasser, Mineralwasser (Rietennauer, Vichy, Contrex, Selterswasser);
Rinder- und Hühnerbrühe;
Diät-Limonaden *ohne* Zucker;
Kaffee*, Tee,
koffeinfreier Kaffee.

Süßspeisen
Götterspeisen mit Süßstoff gesüßt.

Obstsäfte
Saft einer Zitrone oder Limone.

* *Anmerkung zu Koffein und Diät-Limonaden.* Da die meisten übergewichtigen Menschen Hypoglykämie haben, sollte Kaffee auf 6 Tassen pro Tag beschränkt bleiben. Falls Sie wissen, daß Sie einen niedrigen Blutzuckerspiegel haben, trinken Sie lieber nur 3. Bei Erscheinen dieses Buches enthielten auch die Diät-Limonaden noch beträchtliche Mengen an Kohlehydraten. Lassen Sie sich also warnen, und lesen Sie die Etiketten auch von Diät-Getränken sehr sorgfältig!

Die Grundregeln:

1. Zählen Sie keine Kalorien!
2. Essen Sie von den erlaubten Nahrungsmitteln so viel, wie Sie brauchen, um nicht hungrig zu sein.
3. Essen Sie nichts, wenn Sie nicht hungrig sind!
4. Glauben Sie nicht, Sie müßten alles aufessen, nur weil es auf Ihrem Teller liegt!
5. Trinken Sie so viel Wasser oder kalorienfreie Getränke, wie Sie Durst haben. Schränken Sie Ihre Flüssigkeitszufuhr nicht ein . . . doch das Gegenteil ist auch nicht notwendig.
6. Häufigere kleinere Mahlzeiten sind besser.
7. Falls sich durch die rasche Gewichtsabnahme Schwächeanzeichen bemerkbar machen, brauchen Sie wahrscheinlich mehr Salz.
8. Nehmen Sie jeden Tag eine hochdosierte Multi-Vitamintablette.
9. Lesen Sie die Etiketten auf »kalorienarmen« Diät-Getränken, Diät-Marmeladen und Diät-Süßspeisen. Sie dürfen nur die *kohlehydratfreien* anrühren!

Ihre erlaubten Gemüse (allerdings nicht für Stufe 1!):

Auberginen
Avocados
Bambussprossen
Blumenkohl
Bohnen, grüne
Wachs-
Champignons
Chinakohl
Kohl (Rot-, Weiß- und Grün-)
Kohlrabi
Kürbis
Mangold
Paprikaschoten
Rhabarber
Rosenkohl
Sauerkraut
Sojakeime
Spargel
Spinat
Tomaten
Zucchini
Zwiebeln

Und woraus Sie Ihre Salate machen dürfen:

Brunnenkresse
Chicorée
Chinakohl
Endiviensalat
Eskarol
Feldsalat
Fenchel
Gurken
Kopfsalat
Oliven (grüne und schwarze)
Paprikaschoten (grüne)

Fortsetzung nächste Seite

Petersilie
Radieschen
Saure Gurken
Schalotten
Schnittlauch
Selleriestangen
Spanischer Salat
Zwiebeln

Unsere Diät-Getränke: Möglichst zuckerfreie und kalorienarme Diät-Limonaden sind ein erfrischender Aperitif wie auch kohlensäurehaltige Mineralwässer, z.B. Rietenauer.

Und einige Kochtips: Nehmen Sie mit Wasser verdünnte Sahne anstatt Milch beim Kochen ... Sojakeime anstatt Reis, ... Sojamehl, vollfett, anstatt Mehl (nur die Hälfte der angegebenen Mehlmenge!) ... Gemüsefüllungen anstatt Semmelfüllungen.

Und Ihre Sandwiches: Da Brot streng verboten ist, denken Sie sich Ihre »Fingerhappen« mit viel Phantasie aus, z.B. gehackte, rohe Zwiebeln in geräuchertem Lachs, saure Sahne mit Kaviar zwischen zwei Gurkenscheiben, gekochter Schinken mit Senf zwischen zwei Scheiben Schweizer Käse, ein langes Stück Chesterkäse in einem Salatblatt, mit Krabben und Dill-Mayonnaise gefüllte Gurken (der Länge nach aufgeschnitten). Benutzen Sie Endivienblätter anstatt Crackers für Cocktailhappen.

Ihre Salatgarnierungen: Gehackte, hartgekochte Eier
Gehackte, geschmorte Champignons
Geriebener Käse
Gebratene Frühstücksspeckbrösel
Geröstete Schweineschwarten-Chips (anstatt Croutons)
Saure Sahne

Und Ihre Appetithappen oder Zwischenimbisse:

Aspik (auch Götterspeisen mit Süßstoff gesüßt)
Cocktailwürstchen
Fleischklößchen (nur aus Fleisch!)
Fleischaufschnitt (ohne Füllzusätze!)
Gefüllte Eier
Geräucherter Lachs
Hühnerkeulen
Hühnerflügel
Käsewürfel
Sardinen
Scampi (auch Krabben und Krebsschwänze mit Mayonnaise-Dip)
Schweineschwarten-Chips mit Käse
Tartar
Joghurt

Streng verboten: (Gift für Sie! Vergessen Sie es nicht!)
(Dies ist keineswegs eine vollständige Liste!)

Bananen
Bohnen (außer grünen u. Wachs-)
Bonbons
Brot
Cashewnüsse
Catchup
Crackers
Datteln
Eiscreme
Erbsen
Feigen
Fruchtsäfte
Fruchtsirupe
Getreideflocken (alle!)
Grieß
Honig
Joghurt (mit Zucker, Frucht- oder sonstigen Zusätzen)
Kartoffelmehl
Kartoffeln
Kaugummi
Kekse
Kuchen
Mais
Maisstärke
Makkaroni
Marmelade
Mehl (sowie *alle* Mehlspeisen)
Milch
Pfannkuchen
Pralinen
Reis
Rosinen
Schokolade
Sirup
Spaghetti
Süßigkeiten (alle!)
Süß-saure Gurken
Teigwaren (alle!)
Trockenfrüchte
Zucker

Ein einziger Fehler, wie z.B. ein Kaugummi oder etwas Milch in Ihrem Kaffee wirft Sie unter Umständen auf Stufe 1 zurück, weil das neue chemische Gleichgewicht Ihres Körpers dadurch wieder umgestoßen wird. Genauso kann durch ein geringfügiges Überschreiten Ihrer KKS das fettmobilisierende Hormon aufhören, in Ihrem Blut zu zirkulieren. Sie brauchen dann mindestens zwei vollkommen kohlehydratfreie Tage, bis der Schaden behoben ist und Sie sich wieder, ohne hungrig zu sein, wohl fühlen und wissen, daß Ihr Körper sein eigenes überschüssiges Fett verbrennt.

13 Die einzelnen Stufen dieser Diät

Die erste Woche: Sie essen mehr und nehmen mehr ab. Als Sie sich die Liste der erlaubten Dinge im vorigen Kapitel ansahen und feststellten, daß die Mengen nicht begrenzt sind und Sie Frühstücksspeck mit Eiern und Corned beef und Rauchfleisch, Rippenspeer und Entenbraten essen können, haben Sie da nicht gedacht: »Aber wie soll ich bei all dem bloß abnehmen?«

Nun, wir haben schon darüber gesprochen, wollen es aber noch einmal tun, da es so wichtig ist. Sie werden abnehmen, weil Sie Ihrem Körper keine Kohlehydrate zuführen und er dadurch gezwungen wird, seine eigenen Fettreserven abzubauen und als Brennstoff zu verbrennen. Es macht wirklich keinen Unterschied, wie nahrhaft die kohlehydratfreien Dinge sind, die Sie essen, da ohne Kohlehydrate nur sehr wenig Protein und Fett vom Körper als Fett gespeichert werden kann, also ein Kaloriendefizit gar nicht notwendig ist. Dies ist der Grund, warum die Diät immer wirkt. Machen Sie sich keine Gedanken darüber, daß dies viel größere Mengen oder viel nahrhaftere Dinge sind, als Sie bisher zu essen gewohnt waren. Haben Sie keine Angst! Versuchen Sie es!

Vier herrliche Phänomene treten nun ein. Wenn Sie die Diät richtig befolgen, bemerken Sie die folgenden vier wunderbaren Phänomene: Sie sind merklich weniger hungrig als bisher. Sie fühlen sich viel wohler. Sie nehmen pfundweise ab, und, was vielleicht am verblüffendsten ist, das Zentimetermaß zeigt jeden Tag weniger an.

Wieviel Sie bei dieser kalorienreichen Diät abnehmen können. Nach der ersten Woche dieser kohlehydratfreien Grunddiät werden die meisten Männer 7–8 Pfund und die meisten Frauen 5–6 Pfund leichter sein. Wenn es bei Ihnen mehr ist, um so besser! Sollte es weniger sein, nehmen Sie vielleicht immer langsam ab. Sie wissen das gewiß schon aus früheren Erfahrungen mit anderen Diätarten. Das ist aber überhaupt kein Grund, mutlos zu sein. Sie werden schon abnehmen! Ich versichere Ihnen, daß diese Diät auch bei Ihnen wirkt!

Wenn Sie zu schnell abnehmen ... Falls Sie sich anfangs müde und schlapp fühlen und gleichzeitig rapide abnehmen, kommen diese Symptome wahrscheinlich von dem so schnellen Gewichtsverlust. Durch eine erhöhte Salzzufuhr wird es meistens besser, aber auch durch höhere Dosen von Kalium, entweder in Form von Kaliumtabletten oder anderen Präparaten, oder durch Petersilie und Brunnenkresse (kaliumreiche Pflanzen wie auch Spinat, Chicorée und Mangold und wenn erlaubt: Bambussprossen, Champignons und Avocados).

Eine andere Möglichkeit besteht darin (falls Sie zu schnell abnehmen und sich schlecht fühlen), unverzüglich zu der zweiten Stufe der Diät überzugehen. Durch den neu hinzukommenden Quark und die größeren Salatportionen wird die Wirkung der Diät ein wenig gebremst, wodurch Sie sich wohler fühlen und langsamer abnehmen.

Ein zu schnell erfolgender Gewichtsverlust ist, wie Sie wissen müssen, mehr, als der Organismus ohne weiteres verkraften kann. Es ist vor allem gar nicht notwendig, so schnell abzunehmen. Es ist viel wichtiger, *mühelos* abzunehmen, und das bedeutet *bei vollem Wohlbefinden!* Ich kann das gar nicht genügend nachdrücklich betonen. Wir streben keinen spektakulär schnellen Gewichtsverlust an! Wir – Sie und ich – wollen um Ihretwillen, daß Sie *mühelos und für immer* Ihr Übergewicht loswerden.

Bereiten Sie sich auf die große Stoffwechselumstellung vor! Derartige Symptome treten gewöhnlich sowieso nur an den ersten zwei oder drei Tagen der Diät auf (und das auch nur bei einem von zehn Patienten). In dieser Zeit wird Ihr alter Kohlehydratbrennstoff verbraucht sowie die Glykogenvorräte in der Leber. Nach 2–4 Tagen ist das Glykogen aufgebraucht. Nun vollzieht sich die große Umstellung Ihres Stoffwechsels. Ihre Fettreserven werden zur Deckung Ihres Energiebedarfs verbrannt. Jetzt verfärbt sich das Teststäbchen lila. Und jetzt, in diesem Stadium, merken Sie, wie Sie sich plötzlich viel besser fühlen und gar nicht mehr hungrig sind – so, wie ich es Ihnen versprochen hatte. (Früher waren Sie vielleicht nicht hungrig, weil Sie alles essen konnten, was Sie wollten!)

Das Schwierigste an dieser ersten Woche ist, glaube ich, daß alles so neu und ungewohnt ist. (Jene erwähnten Symptome treten nur selten auf.) Möglicherweise bemerken Sie eine Veränderung (eine leichte Verlangsamung) Ihrer Darmtätigkeit, was durch die mangelnden Faserstoffe kommt. Aber das ist kein

Unglück; es ist nur etwas ungewohnt für einen Menschen, der an einen täglichen Stuhlgang gewöhnt ist. Auch das geht vorüber. Nehmen Sie eventuell in der Zwischenzeit ein mildes Laxativum. (Aber keines, das Zucker enthält!)

Achten Sie auf die freudige Reaktion Ihres Körpers. Achten Sie in dieser ersten Woche darauf, was mit Ihrem Hungergefühl geschieht. Fühlen Sie sich etwa immer noch wie bisher in Ihrem gesamten Leben von jenem dauernden Eßzwang getrieben? Bestimmt nicht! Und sind Sie nicht weniger von der Sucht nach Süßem besessen? Haben Sie nicht seltener den Wunsch, in die Küche zu gehen? Ich bin überzeugt davon!

Und schauen wir jetzt, wie es um Ihr Energieniveau nach Ablauf dieser ersten Woche steht. Und mit Ihrem Schlaf – und den anderen Symptomen, unter denen Sie litten! Sodbrennen, Kolitis, Kopfschmerzen, Atemnot oder Schmerzen in der Brust bei irgendwelchen Anstrengungen! Wie ich durch klinische Beobachtungen im Laufe der Jahre feststellen konnte, sollten all diese Symptome allmählich verschwinden.

Wie es nach der ersten Woche weitergeht. Die meisten Diätarten sind ein starres, rigoroses Schema und deshalb nur kurzfristig einzuhalten, begrenzen sie sich doch selbst. Diese Diät ist nur für die erste Woche ein strenges Schema. Danach ist sie so variabel, wie der individuelle Geschmack jedes einzelnen es möchte – denn sie ist ja für das ganze Leben bestimmt!

Ich habe die folgenden Stadien, in denen jeweils mehr Kohlehydrate der täglichen Kost zugefügt werden können, »Stufe 2«, »Stufe 3«, »Stufe 4« und »Stufe 5« genannt, doch in Wirklichkeit können die Kohlehydratzugaben beliebig und variabel erfolgen, solange es die gleichen Mengen (in Gramm!) bleiben. Sie können jede der Zugaben in der Ihnen am meisten zusagenden Woche machen. Ich könnte auch sehr despotisch sein und Ihnen genau vorschreiben, was Sie jede Woche hinzufügen dürfen. Es wäre einfacher, weniger verwirrend und würde die Möglichkeit, Fehler zu machen, verringern. Aber ich mute meinen Patienten dieses starre Schema nicht zu; weshalb sollte ich es daher bei Ihnen tun? Ich bin so sehr bestrebt, dies zu einer lebenslänglichen Ernährungsweise für Sie zu machen, daß ich es Ihnen überlasse, innerhalb der von Ihrem eigenen biologischen Gesetzbuch aufgestellten Gesetze nach eigener Wahl zu variieren.

Fügen Sie das hinzu, was Sie am meisten entbehren. Fügen Sie Ihrer täglichen Kost allmählich wieder das hinzu, was Sie am meisten entbehrt haben. Vielleicht ist das nicht unter den von mir vorgeschlagenen kleinen Kohlehydratzugaben. Vielleicht steht Ihnen der Sinn nach etwas ganz anderem, das Sie sich dann nach Ausrechnung des Grammgehaltes an Kohlehydraten ohne weiteres aussuchen können. Stellen Sie sich Ihre eigene, maßgeschneiderte Diät zusammen, die zu Ihnen und Ihrem Lebensstil paßt!

Es kommt lediglich darauf an, daß Sie jedes Mal nur eine kleine Kohlehydratmenge hinzufügen und Sie damit aufhören, wenn Sie Ihre KKS erreicht haben. Nehmen wir nun an, Sie haben die erste Woche dieser kohlehydratfreien Diät erfolgreich hinter sich. Jetzt ist der Augenblick gekommen, um zu entscheiden, ob Sie zu Stufe 2 übergehen wollen. Sind Sie bereit, einige Gramm Kohlehydrate Ihrer Diät hinzuzufügen?

Woran Sie erkennen, ob dieser Augenblick gekommen ist. Fragen Sie sich: Verfärben sich die Teststäbchen immer noch lila? Bin ich weiter nie hungrig? Habe ich aufgehört, nachts zu essen? Habe ich jetzt mehr Energie? Nehme ich weiter schön ab? Oder schwinden die Zentimeter weiter? Vergessen Sie nicht, daß Ihr Zentimetermaß ein verläßlicherer Freund ist als Ihre Waage, nicht nur genauer, sondern auch besser in der Lage, Ihnen die tatsächlichen Fettverluste (und nicht nur vorübergehende Wasserausscheidungen!) zu melden.

Durch Überprüfung der Körpermaße von Tausenden von Patienten haben wir festgestellt, daß diese Diät unweigerlich einen dramatischen Zentimeterschwund bewirkt. Dies ist auch dann der Fall, wenn vorübergehend die Waage das gleiche Gewicht anzeigt, solange der Patient die Diät ehrlich einhält. Dies kommt durch das Schrumpfen der Fettzellen, das erfolgt, wenn die Fettzellen bei der Anti-Kohlehydrat-Diät zur Energieversorgung des Körpers herangezogen werden.

Wenn Sie alle diese obigen Fragen mit Ja beantworten können, sind Sie für Stufe 2 bereit.

Stufe 2: Käsekuchen zum Nachtisch? Auf jeder Stufe fügen Sie im Verlauf einer Woche ungefähr 5–6 Gramm Kohlehydrate hinzu und prüfen das Ergebnis. Die meisten meiner Patienten stimmen darin überein, daß man auf der zweiten Stufe am besten mit Quark zurechtkommt . . . falls Sie ihn mögen. Und wenn er

Ihnen nicht schmeckt, empfehle ich Ihnen, unseren köstlichen Käsekuchen zu backen. Er ist das Rückgrat unserer Diät, und sein Rezept hat unsere Diät wirklich zu etwas Ungewöhnlichem gemacht.

Vielleicht versuchen Sie aber lieber eine unserer anderen mit Quark zu bereitenden Süßspeisen aus dem Rezeptteil dieses Buches. 28 Gramm Quark enthalten etwa 1 Gramm Kohlehydrate. Die nächste Zugabe kann also schon in 225 Gramm Quark pro Tag bestehen.

Sie können aber auch weniger Quark essen und dafür andere gute Dinge bevorzugen, die Sie vielleicht bisher für schrecklich dickmachend hielten, die es in Wirklichkeit jedoch nicht sind, da sie nicht viele Kohlehydrate enthalten. Bestimmte Nüsse – Walnüsse, Haselnüsse, Paranüsse, Macadamianüsse und Pecannüsse – enthalten je 30 Gramm nur 5 Gramm Kohlehydrate. Vielleicht trinken Sie aber auch lieber Ihren Kaffee mit Sahne. Oder Sie verwenden 2–3 Tomaten- oder Zwiebelscheiben beim Kochen oder der Zubereitung Ihres Salats. (Wir sprechen noch über die vielen köstlichen Zubereitungsarten von Gemüse!)

Für viele meiner jüngeren Patienten ist es besonders wichtig, den Trost einiger Diät-Kaugummi zu haben. Verfolgen Sie nur genau, wieviel Gramm Kohlehydrate Sie täglich der Grunddiät von Stufe 1 hinzufügen (bleiben Sie unter 8 Gramm KH!), und wählen Sie selbst. Am Ende der ersten Woche von Stufe 2 machen Sie eine kritische Bestandsaufnahme. Wenn Sie weiter frei von jedem ständigen Hungergefühl sind, weiter abnehmen und lila Teststäbchen vorzeigen können, sind Sie reif für Stufe 3.

Stufe 3: Mehr Nüsse? Oder mehr Gemüse? Jetzt fügen wir weitere 5–8 Gramm Kohlehydrate hinzu. Einige meiner Patienten entscheiden sich auf der dritten Stufe für eine tägliche Ration von 30–40 Gramm Nüssen; andere wollen lieber wieder Gemüse auf ihrem Teller sehen. Sie können also im Wechsel die fünfprozentigen Gemüse, die kohlehydratarmen (siehe die Aufstellung in Kapitel 12) hinzufügen, und zwar täglich ½ Tasse. Das ist eine kleine Portion von einem dieser Gemüse, die nicht mehr als 5–6 Gramm Kohlehydrate enthält.

Ich finde, Gemüse machen eine Mahlzeit interessanter. Dies ist jedoch eine ganz andere Art, Gemüse zu essen als bei anderen Diätarten. Die kalorienarmen Diätarten treiben den Verzehr von Gemüse bis zum Exzeß, um den Magen mit großem Volumen zu täuschen (auf Kosten einer Verschlimmerung von Kolitis oder Divertikulitis). Wir verwenden Gemüse auf klügere Weise. Wir können Fleisch leicht anbraten und Fisch mit Zwiebeln oder mit in Butter geschmorten Pilzen servieren. Wir können zu Kalbfleisch oder Steak geschmorte Paprikaschoten oder Spargel mit Holländischer Sauce essen. Unsere mit Käse überbackene Frikadelle legen wir auf eine Tomatenscheibe und fügen noch einige knusprige Scheiben Frühstücksspeck hinzu.

Durch diese Art der Verwendung kommen Sie mit Gemüse am weitesten. Sie werden es wie alle meine Patienten lernen.

Nach einer Woche auf Stufe 3 können Sie Ihre tägliche Ration Salat, Gemüse, Käse oder Quark erhöhen; vielleicht ziehen Sie auch saure Sahne oder Obst vor. Wie wäre es mit Wein zum Abendessen oder einem Drink vorher?

Stufe Nr. 4: Obst? Alkohol? Saure Sahne? Oder Toast?
Wenn Sie Alkohol wählen, achten Sie darauf, daß es keine süßen, zuckerhaltigen Getränke sind. Meiden Sie alles, was man üblicherweise mit Tonic Water, Ginger Ale oder Seven Up und ähnlichem mixt. Sie können mit 4 Einheiten Alkohol pro Woche beginnen. Eine Einheit ist 30 Gramm Whisky oder 100 Gramm Wein oder Sekt.

Was Sie über Alkohol wissen müssen. Und nun wollen wir über Alkohol sprechen, denn für viele meiner übergewichtigen Patienten bildet er das Hauptproblem.

Wir leben in einer Gesellschaft, in der Trinken so sehr zum allgemeinen Lebensstil gehört, daß es leider schwieriger ist, einen Drink abzulehnen als eine Süßspeise – auch wenn wir Süßspeisen lieber mögen.

Alkohol ist jedoch ein direkter Widersacher jeder kohlehydratarmen Diät. Falls Sie über die *Drinking Man's Diet* gelesen haben, wissen Sie, daß man Alkohol im allgemeinen nicht zu den echten Kohlehydraten rechnet. Und wenn Sie gerne in Gesellschaft ein Gläschen trinken, werden Sie sich mit dieser Begründung rechtfertigen, wenn Sie Ihrer Diät Alkohol hinzufügen. *Aber dies ist eine Diät, bei der Alkohol genau wie Kohlehydrate wirkt! Er löst eine Insulinausschüttung in Ihrem Körper aus und stoppt die Sekretion des fettmobilisierenden Hormons, des FMH.*

Es gibt keine allgemein gültige Regel, mit der man genau ausrechnen könnte, wieviel Alkohol einer bestimmten Grammmenge von Kohlehydraten entspricht, weil es auf diesem Getränkesektor enorme Unterschiede gibt. Mit der Faustregel, die ich benutze, bekommt man jedoch die besten durchschnittlichen Werte: Rechnen Sie für jeweils 30 Gramm eines 50prozentigen Alkohols 20 Gramm Kohlehydrate. So entspricht 30 Gramm 42prozentiger Whisky etwa 17 Gramm Kohlehydraten oder 100 Gramm eines 12prozentigen Weins etwa 19 Gramm Kohlehydraten.

Endlich wieder Obst! – Aber Vorsicht! Wenn Sie auf der vierten Stufe sich für Obst entscheiden, schauen Sie genau nach, was einer 5-Gramm-Kohlehydrat-Portion entspricht! Wie Sie sehen, kommen Sie mit Melone und Beeren am weitesten. Sie können auch am meisten mit diesen variieren, da es viele verschiedene Arten von Melonen und Beeren gibt. Beeren sind auch ein herrlicher Belag für den Käsekuchen. Und kleine Bällchen aus Melonenfleisch sind köstlich und so erfrischend! Man kann sie einzeln essen und wann immer man Lust nach einer kleinen Obstorgie verspürt.

Oder geben Sie einer halben Grapefruit zwei Mal pro Woche den Vorzug? Oder einigen kleinen Pfirsichen oder Mandarinen? (Lassen Sie sich jedoch warnen: *Nichts, was Sie bisher in Ihre Diät aufgenommen haben, kann Ihre Gewichtsabnahme so abrupt gefährden wie Obst!*)

Auf der vierten Stufe können Sie auch saure Sahne hinzufügen, aber verlieren Sie den Kohlehydratgehalt in Gramm nicht aus den Augen – noch aus dem Sinn! – wenn Sie Ihren Löffel genüßlich hineintauchen! Oder ein Glas (170 Gramm) Tomatensaft, wenn das Ihre Leidenschaft ist. Wenn Ihre Teststäbchen weiter zumindest ein helles Lila aufweisen, dürfen Sie sogar versuchen, eine halbe Scheibe Roggenvollkornbrot oder Weißbrottoast pro Tag hinzuzufügen. Die beste Lösung wäre allerdings, ab jetzt vollen Gebrauch von unseren komplizierten Rezepten in Kapitel 15 zu machen.

Stufe Nr. 5: Wie Sie die Diät abändern, ohne sie zu brechen. Wenn Sie zu den glücklichen Menschen gehören, die sogar bis zur fünften Stufe noch alle Vorteile der Diät an sich erleben – keinen Hunger, gutes chemisches Gleichgewicht, lila Teststäbchen – können Sie die Sojamehlrezepte versuchen, die Sie im Rezeptkapitel finden. Sojamehl enthält einige Gramm Kohlehydrate, ist jedoch eines der besten Kohlehydratprodukte, wenn Sie es entsprechend unseren Rezepten verwenden.

Ihr gesamtes Streben sollte darauf abzielen, diese Diät so mühelos, angenehm und einfallsreich wie nur möglich zu gestalten. Dafür ist sie nämlich gedacht. Sie werden selbst entdecken, daß es viele Möglichkeiten gibt, diese Diät abzuändern, ohne sie zu brechen. Falls Sie sie jedoch einmal brechen sollten, sei es nun absichtlich oder unabsichtlich (was Ihnen bestimmt in den kommenden Jahren passieren wird), kehren Sie einfach einige Stufen zurück und fangen einige Tage lang wieder von vorne an.

Was Sie tun müssen, wenn Sie Ihre KKS überschreiten. Wenn Sie diese nur geringfügig überschreiten, werden ein oder zwei Tage der Grunddiät das chemische Gleichgewicht in Ihrem Körper wieder herstellen. Gehören Sie zu den Menschen, die einen angeborenen, hartnäckigen Stoffwechselwiderstand gegen jede Gewichtsabnahme haben, bleiben Sie vier Tage bei der Grunddiät. Wenn Sie nach diesen vier Tagen ein reines Gewissen – und ein lila Teststäbchen! – vorzuweisen haben, können Sie wieder dorthin zurückkehren, wo Sie vorher mit Ihrer Diät waren. Sie brauchen also nicht noch einmal die anderen Stufen zu durchlaufen, doch sollten Sie genau dorthin zurückkehren, wo Sie waren, oder eine Stufe darunter. Indem Sie zuerst die Kohlehydratmenge herausfinden, bei der alles noch gut zu klappen scheint, und dann sehen, bei welcher Menge alles streikt, finden Sie Ihre eigene KKS. Diese mag im Verlauf Ihres Lebens nicht konstant bleiben, wie ich schon sagte; sie kann sich ändern, wenn Sie abnehmen, zum Guten wie zum Schlechten. Achten Sie daher immer auf das Endergebnis: Wie wohl fühle ich mich? Wie zahm ist mein Hunger? Und was sagen die Teststäbchen?

Angenommen, Sie haben nur 10 Pfund abzunehmen. Wenn es sich bei Ihnen um ein verhältnismäßig geringfügiges Gewichtsproblem handelt, d. h. wenn Sie nur 10 oder 15 Pfund abzunehmen haben, stellen Sie möglicherweise fest, daß Sie nur 4 Tage (anstatt einer Woche) auf jeder Stufe zu bleiben brauchen, so, wie wir es den Lesern von der Zeitschrift *Vogue* für ihre Super-Diät rieten.

Was Sie machen, wenn Sie sich Ihrem Idealgewicht nähern. Na, jetzt sind Sie ein erfahrener Diät-Experte. Sie haben abgenommen – sind abtrünnig geworden, haben Besserung geschworen und bewiesen und sind nun fast am Ziel!

Wenn Sie nur noch 5 oder 6 Pfund von Ihrem Idealgewicht

trennen, beginnen Sie, Ihrer Diät kleine Mengen von kohlehydrathaltigen Dingen hinzuzufügen, jeweils 5 Gramm pro Woche, bis Sie nur noch 1 Pfund pro Woche abnehmen. Die letzten 5 oder 6 Pfund sollten Sie nicht schneller abnehmen. Machen Sie sich keine Gedanken, wenn Ihr Teststäbchen sich jetzt nicht mehr verfärbt. Jetzt überlegen Sie sich lieber, wie Ihre Ernährung von nun ab für Ihr ganzes Leben aussehen soll. Die letzten Pfunde verschwinden von ganz alleine. Mehr über diese glückliche Zeit sowie gute Ratschläge finden Sie im 16. Kapitel, das Ihnen sagt, wie Sie von nun an immer in Topform bleiben durch Ihre Dauerernährung.

14 Warum von zehn Patienten einer vorübergehend steckenbleibt

Erinnern Sie sich noch an die ersten 65 Patienten, die diese Diät ausprobierten? Und an jene Direktoren von AT & T, von denen ich Ihnen im 3. Kapitel erzählte? Erinnern Sie sich daran, wie jeder einzelne von ihnen mit dieser Diät sein Ziel, d.h. sein Idealgewicht erreichte?

Wenn Zeitschriften über diese Diät berichten, so nennen sie sie »Die Diät, die immer wirkt!« Und das tut sie!

Ich habe nie einen einzigen Fall gehabt, wo wir nicht erreichten, daß sie wirkte. Ich habe jedoch viele Patienten gehabt, die zu einem bestimmten Zeitpunkt glaubten, die Diät würde bei ihnen nicht wirken. Sie wurden stets eines erfreulichen Besseren belehrt. Es gibt immer eine Erklärung, wenn ein Patient aufhört abzunehmen. Sein Fortschritt wird immer durch einen ganz bestimmten Grund aufgehalten. Lassen Sie mich Ihnen versichern, daß es nur ein verstecktes Hindernis ist, das Ihnen auf Ihrem Weg zum Erfolg vor den Füßen liegt. Man kann es wegräumen. Das ist keine vage Vermutung von mir; ich *weiß* es auf Grund meiner Erfahrung mit 10 000 Patienten aller Altersstufen und Gewichtsstufen. Vergessen Sie nicht, von 10 Patienten wird nur einer vorübergehend steckenbleiben. Sollten Sie jedoch dieser eine sein, lassen Sie uns gemeinsam versuchen, das versteckte Hindernis aus dem Weg zu räumen.

Diät-Tabletten und Diuretika mögen schuld daran sein. Schauen Sie sich die Liste von Medikamenten an, die Sie vor Beginn dieser Diät einnahmen. Wie Sie im 11. Kapitel gelesen haben, bilden nicht immer die Medikamente, die Sie *einnehmen*, sondern manchmal auch die, die Sie *einnahmen*, ein Hindernis für den Fortschritt bei dieser Diät, auch wenn Sie diese einige Wochen vor Beginn der Diät absetzten.

Bei manchen Menschen kann der Bumerang-Effekt noch länger dauern. Das verhindert natürlich eine Zeitlang, daß die Diät ihre Wirksamkeit entfalten kann.

Das gleiche gilt für Diuretika und für Medikamente, die diese enthalten. Wenn eines von beiden bei Ihnen zutrifft, verschwenden Sie nicht Ihre seelischen Kräfte, indem Sie sich darüber aufregen oder bekümmert sind. Haben Sie einfach Geduld! Es dauert einige Zeit, bis die Nachwirkungen von Diuretika und Diät-Tabletten in Ihrem Organismus aufhören – aber sie *hören auf!* Sie haben zwar dadurch einen langsamen Start, werden aber Ihr Ziel erreichen!

Durch starke Tranquilizer nehmen Sie langsamer ab; ebenso durch Geschlechtshormone. Während die schwächeren Tranquilizer, wie Librium und Miltaun, keinen schädlichen Einfluß auf die Wirkung dieser Diät haben, ist das bei starken Psychopharmaka durchaus der Fall, wie ich bereits sagte. Die Phenothiazine, wie z.B. Mellaril, und die Antidepressiva mit Langzeiteffekt, auch Energizer genannt, gefährden den Erfolg dieser Diät. Falls Ihr Arzt Ihnen eines dieser Medikamente verschrieben hat, müssen Sie wissen, daß diese Mittel eine Gewichtsabnahme sehr verlangsamen, und sich damit abfinden, daß Sie eben nur sehr allmählich abnehmen.

Wir haben auch schon darüber gesprochen, daß die sogenannten Geschlechtshormone nicht nur ein Abnehmen verhindern, sondern darüber hinaus die Insulinproduktion anregen. Das weibliche Hormon Östrogen tut dies entweder in Form der Pille oder der Östrogen-Ersatz-Therapie, die bei Frauen während und nach der Menopause angewandt wird. Testosteron, das männliche Hormon, hat die gleichen Eigenschaften. Vielleicht erwägen Sie einmal andere Methoden der Geburtenkontrolle. Was die anderen Medikamente betrifft, so könnten Sie Ihren Arzt fragen, ob er es für vertretbar hält, die gegenwärtige Dosierung der Östrogen oder Testosteron enthaltenden Mittel zu verringern.

Eine Schilddrüsen-Unterfunktion ist viel häufiger die Ursache für Übergewicht, als man bisher annahm. Lassen Sie mich Sie daran erinnern, daß das alte medizinische Diktum, nach dem eine Schilddrüsen-Unterfunktion nur bei weniger als 2 Prozent zu dicker Patienten zu deren Übergewicht beitrug, auch so eine der überholten »Tatsachen« ist, über die wir umlernen müssen.

Es gibt jetzt sehr viel verfeinertere Untersuchungsmethoden zur Prüfung der Schilddrüsenfunktion, mit deren Hilfe ich bei etwa 20 Prozent meiner Patienten eine Unterfunktion oder einen zu geringen Verbrauch des Schilddrüsenhormons feststellen konnte. Wenn ich diese Störungen behebe, verschwinden alle anderen Symptome. Hier kann auch Ihr Arzt Ihnen helfen. Wenn Sie also bei dieser Diät partout nicht abnehmen, so liegt das nicht daran, daß die Diät nichts taugt – sie tut es! Gehen Sie lieber zu Ihrem Arzt, und lassen Sie Ihre Schilddrüsenfunktion überprüfen!

Ich möchte noch die beachtlichen Entdeckungen von Dr. Irving B. Perlstein von der Universität von Louisville erwähnen, der herausfand, daß 15 Prozent seiner Patienten mit Übergewicht Antikörper gegen ihr eigenes Schilddrüsenhormon bildeten und mit einem synthetischen Schilddrüsenpräparat behandelt werden mußten. Die üblichen Schilddrüsentests geben keine Auskunft über ein etwaiges Vorhandensein dieser Antikörper.

Und noch einige Ratschläge. Wie Sie wissen, fühlen sich 90 Prozent meiner Patienten bei dieser Diät außerordentlich wohl. Sie können jedoch zu jener kleinen Gruppe von 10 Prozent gehören, die aufgeben, weil sie das Gefühl haben, daß die Diät ihnen nicht bekommt. Lassen Sie uns kurz über die möglichen Gründe sprechen.

– Sie essen vielleicht nicht genug . . . oder nicht nahrhaft genug.

Jemand, der schon viele Diätarten probiert hat, hält jede neue auch wieder nur für eine Einschränkung seiner Eßlust. Und so bleibt er bei den mühsam anerzogenen Gewohnheiten – ißt weiter kleine Portionen, läßt die knusprige Haut seines Brathähnchens liegen (obwohl er sie liebt), rührt keine Mayonnaise an, keinen Krabben- oder Thunfischsalat, keinen gebratenen Frühstücksspeck und keine Eier. Aber das ist grundfalsch, wie Sie inzwischen ja wissen. Jeder sollte vollen Gebrauch von den neuen Möglichkeiten machen, die diese Diät bietet, vor allem von jener, *gut* zu essen. Und mit *Genuß* zu essen!

– Ein Salz- und Kaliummangel ist recht häufig und kann das Wohlbefinden einschränken.

Essen Sie viel salzige Dinge, und nehmen Sie entweder ein Kaliumpräparat, oder streuen Sie viel Petersilie über Ihren Salat.

– Manchmal entsteht ein Problem durch Verstopfung. Es wird durch leichte Laxativa behoben.

Die Symptome eines niedrigen Blutzuckerspiegels bleiben nur selten bestehen. Die unangenehmste und entmutigendste Möglichkeit tritt jedoch nur bei sehr wenigen Menschen auf. Es sind dies solche, die auf Grund ihrer Konstitution sogar bei dieser extrem kohlehydratarmen Diät einen niedrigen Blutzuckerspiegel behalten, was wahrscheinlich darauf beruht, daß ihr Körper nicht in der Lage ist, genügend eigenes Fett in Brennstoff umzuwandeln.

Wir raten zwar jedem, die empfohlenen Vitamin-Tabletten zu nehmen, doch gilt das ganz besonders für Menschen mit einem hartnäckigen niedrigen Blutzuckergehalt, da sie sehr gut auf Megadosen von Vitaminen ansprechen. Eine Megadosis ist das mehrere Hundertfache des täglichen Mindestbedarfs. Ich verschreibe meinen Patienten Megadosen vom Vitamin-B-Komplex, von Vitamin C und ganz besonders von Vitamin E. Wie ich durch klinische Beobachtung festgestellt habe, scheint Vitamin E sehr gut gegen Symptome eines niedrigen Blutzuckerspiegels bei dieser Diät zu sein. Sollte es jedoch nicht helfen, so gehen Sie zu der nächsten Stufe der Diät über, d.h. zu einer höheren Kohlehydratzufuhr. Bei Stufe 2 (also in der zweiten Woche) beträgt diese etwa 10 Gramm Kohlehydrate pro Tag. Gehen Sie zu Stufe 3 oder Stufe 4 über, und steigern Sie die Kohlehydratzufuhr auf ungefähr 30 Gramm pro Tag, und sehen Sie, ob die Symptome verschwinden. Sie werden auf diese Weise zwar langsamer abnehmen, aber es ist wichtiger, daß Sie sich wohl fühlen. Gewöhnlich verschwinden die Symptome eines niedrigen Blutzuckerspiegels im Laufe der Zeit bei dieser Diät, wahrscheinlich, weil die vorher bestehenden Mangelerscheinungen – sowohl an Vitaminen wie anderen Nährstoffen – allmählich ausgeglichen werden.

Ein einziger Löffel Kartoffelsalat kann Sie zurückwerfen.
Sie können Ihr Gewicht bei dieser Diät sowohl schnell wie auch bei bester Laune loswerden (es sei denn, Sie gehören zu jenem kleinen Grüppchen hartgesottener Unglückspilze), *solange* Sie sich die Kohlehydrate auf Armeslänge vom Leibe halten. Wenn Sie sich jedoch auf ein Hin und Her mit ihnen einlassen, wird Ihnen kein rascher Erfolg beschieden sein. Auf diejenigen, die sich sagen »Na, es wird schon nicht so schlimm sein, wenn ich heute abend mal sündige!« wartet am nächsten Morgen eine unangenehme Überraschung, wenn sie auf die Waage steigen. Wie ich festgestellt habe, nimmt ein Patient durch eine einzige illegale Kohlehydrat-Eskapade von 75 Gramm wieder 2–3 Pfund zu!

Wie Sie an Ihren Teststäbchen und deren ungerührtem Beige sehen, kann schon ein Eßlöffel Kartoffelsalat das gesamte neue, von Ihnen erreichte chemische Gleichgewicht Ihres Körpers, bei dem Ihr Fett verbrannt wird, umstoßen.

Nehmen wir aber an, Sie wissen etwas Besseres zu tun, als schnell mal einen Löffel Kartoffelsalat in den Mund zu stecken, denn Kartoffeln gehören ja zu den stärkehaltigen Gemüsen, und die rühren Sie nicht an. Was haben Sie aber dann gegessen?

Wenn ich meine Patienten auffordere, genau aufzuschreiben, was sie essen und trinken, finden wir oft die verborgene Kohlehydratquelle, die den Erfolg der Diät stört.

Ein Patient hat sich vielleicht eine zuckerhaltige Fertigsauce oder Catchup über seine Fleischfrikadellen gegossen, oder diese enthält Füllzusätze, was er nicht weiß. Fertigsalate aus Delikatessengeschäften, die häufig Zucker enthalten, sind für viele eine Fallgrube. Vielleicht erwischen Sie auch eine falsche Diät-Limonade oder haben vergessen, daß Ihr Hustensirup oder die Halspastillen voller Zucker sind.

Führen Sie Buch über alles, was Sie essen und trinken – und zählen Sie die Gramme! Wenn Sie nicht so rasch abnehmen, wie Sie möchten, sollten Sie als erstes alles aufschreiben, was Sie essen und trinken, und warten Sie damit nicht bis abends! Notieren Sie es *gleich!* Tragen Sie hierfür ein kleines Notizbuch in Ihrer Handtasche oder Jackettasche bei sich. Oder hängen Sie einen Block an der Küchenwand auf, wenn Sie die meiste Zeit zu Hause sind.

Sie wissen ja, Kalorien interessieren uns nicht. Uns kommt es nur auf die Kohlehydratmengen an, die Sie essen oder trinken. Peilen Sie nicht einfach über einen großzügigen Daumen, wieviel Gramm es wohl waren. Rechnen Sie die Gramme gewissenhaft aus. Sehen Sie bei jedem Nahrungsmittel nach, wieviel Kohlehydrate es enthält, bis Sie auswendig wissen, wo und in welcher Anzahl sich die Kohlehydrat-Mörder verstecken.

Die Teststäbchen sind eine zuverlässige Prüfungsmethode, doch ist es manchmal eine gute Idee, Ihr Diät-Tagebuch jemandem in Ihrer Familie oder Ihrem Freundeskreis zu zeigen, der Erfahrung mit dieser Diät hat. Vier Augen sehen oft mehr als zwei, auch hier, und so kann ein Außenstehender vielleicht verborgene Kohlehydratquellen entdecken, die Sie übersahen, und Ihnen dadurch zu einem erfolgreicheren Verlauf der Diät verhelfen.

Lesen Sie sorgfältig alle Etiketten! Auch die von Diät-Produkten! Um diese Fehlerquellen zu finden und abzustellen, müssen Sie alle Etiketten genau lesen. Sie werden überrascht sein, in wie vielen Lebensmitteln, die gar nicht süß schmecken, Zucker enthalten ist (wie in Suppen, Salatsaucen und Fertiggerichten aller Art). Der Hauptfabrikant des »Catchup-Mörders« (in den USA) versucht, die darin enthaltenen riesigen Zuckermengen mit dem verheißungsvollen Ausdruck »natürlich gesüßt« zu verschleiern. Und Mehl und Stärke scheinen auch nahezu in allem enthalten zu sein.

Die Etiketten mancher Diät-Produkte heben rühmend die Tatsache hervor, daß sie keinen Zucker enthalten, sondern statt dessen Fruchtzucker, Manit oder Sorbit (Zuckeraustauschstoffe). Wie die gleichen Etiketten Ihnen verraten, werden diese vom Stoffwechsel wie Kohlehydrate umgesetzt, nur langsamer. Das mag stimmen, doch entscheidend für uns ist, daß sie für den Stoffwechsel *wie Kohlehydrate* sind, wodurch sie den Körper daran hindern, sein eigenes Fett zu verbrennen. *Sie sind somit für eine extrem kohlehydratarme Diät ein absoluter Torpedo!*

Man muß folglich die Etiketten von Diät-Produkten ganz besonders sorgfältig lesen, da man ja dazu neigt, sie für erlaubt und ungefährlich zu halten. Wenn also etwas von Fruchtzucker, Manit, Sorbit oder Sionon darauf steht, registrieren Sie diese gedanklich als Kohlehydrate, denn nichts anderes sind sie.

Zu viel Salat kann Sie auch aufhalten. Alle, die einen hartnäckigen Stoffwechselwiderstand gegen jegliches Abnehmen haben, sollten in der ersten Woche aufpassen, nicht zu viel Salat zu essen, da dieser bei Stufe 1 der Diät die einzige Kohlehydratquelle darstellt. Bei solcherart biologisch gehandikapten Patienten war es dagegen nur ganz selten nötig (bei einem von hundert), die erlaubten Salatportionen zu verkleinern oder sie ganz wegzulassen, um die chemische Umstellung des Stoffwechsels zu erreichen. Es kann jedoch vorkommen, da es auf dieser Welt jeden Schweregrad eines derartigen Stoffwechselwiderstandes gibt. Es ist allerdings sehr ungewöhnlich, daß ein Patient zu Beginn der Diät auf diese Weise steckenbleibt. Wenn ein Patient bereits sehr viel abgenommen hat, sagen wir 50 oder 70 Pfund, kann es schon eher sein. Ihre Teststäbchen sagen Ihnen auf jeden Fall, wann Sie die für Sie richtige Menge an Kohlehydraten aufnehmen. Sollten Sie jedoch nach der ersten Woche trotzdem Schwierigkeiten haben, obgleich Sie die Diät peinlich genau befolgt haben – alle Etiketten gelesen haben, jeden Bissen und jeden Schluck notiert und jedes Kohlehydrat-Gramm gezählt haben –, würde ich vorschlagen, daß Sie die erste Woche wiederholen, jedoch den Salat weglassen, bis Ihr Körper beginnt, sein Fett zu verbrennen. Sowie das Teststäbchen lila wird, essen Sie wieder Ihren Salat, anfangs nur kleine Portionen, dann allmählich größere. Schließlich können Sie jede Woche 5 Gramm Kohlehydrate Ihrer Diät hinzufügen.

Prüfen Sie Ihren Fortschritt mit den Teststäbchen! Da es möglich ist, daß Sie zwar an Zentimetern, aber nicht an Gewicht abnehmen, geben die Teststäbchen Ihnen die einzige sichere Möglichkeit, herauszufinden, ob Ihr Körper sein eigenes Fett verbrennt. Ich muß Ihnen allerdings sagen, daß bei einem Menschen von zehn der Urintest nie eine lila Verfärbung zeigt, obwohl der Betreffende sowohl an Zentimetern wie an Gewicht fabelhaft abnehmen mag. Machen Sie sich daher keine Gedanken, wenn Sie einer von diesen sind. Weshalb sollten Sie auch, wo Sie doch abnehmen! Nehmen Sie einfach die Tatsache hin, daß es für Ihren Organismus ganz normal ist, ein solcher Ausnahmefall verglichen mit den anderen neun zu sein, genauso wie das Herz bei manchen völlig gesunden Menschen anstatt links rechts sitzt. Lassen Sie sich von dieser ungewöhnlichen Reaktion Ihres Körpers also nicht entmutigen, denn Ihre zuversichtliche Einstellung ist so unendlich wichtig!

Ihre Einstellung zu Ihrem Körper ist so wichtig! Manche Menschen halten es für ihr unabänderliches Schicksal, zu dick zu sein. Ganz zu Unrecht! *Keiner* braucht dick zu sein! Diese Pessimisten sind die Opfer eines fundamentalen Irrtums. Sie glauben, man könne eine Zeitlang diät leben und dadurch dünn werden und bleiben. Sie fahren zu einer Kur in einen Badeort oder ein Diätsanatorium oder machen zu Hause eine Abmagerungskur und meinen, damit ihr Übergewicht loszuwerden und das Problem zu lösen! Aber ein lebenslängliches Problem läßt sich nicht so lösen! Dauernd muß ich meine Patienten daran erinnern, daß das Ziel nicht darin besteht, schlank zu *werden*, sondern es zu *bleiben*!

Bei einem sehr widerspenstigen Patienten erreiche ich am meisten auf folgende Weise:

»Betrachten Sie Schokolade (oder Kuchen oder Brot oder Süßspeisen aus Ihren Lieblingskohlehydraten) als etwas, worauf

Sie während einer Diät *verzichten*?«

»Natürlich!«

»Dann nehme ich an, betrachten Sie Schokolade als etwas, was Sie essen, wenn Sie *nicht* diät leben?«

»Stimmt.«

»Nun, und da liegt bei Ihnen der Hase im Pfeffer. Solange Sie die Einhaltung einer Diät für eine vorübergehende und zeitlich begrenzte Maßnahme halten, werden Sie Ihr Gewichtsproblem *niemals* lösen. Das gelingt Ihnen nur, wenn Sie sich ein für allemal mit der Tatsache abfinden, daß Sie bei einem lebenslänglichen Gewichtsproblem auch Ihr Leben lang diät leben müssen.«

Diese Diät liefert Ihnen ein äußerst wirkungsvolles Instrument, mit dem Sie Ihr Gewicht erfolgreich unter Kontrolle bekommen und halten können. Sie hat ihre Wirksamkeit bewiesen. Sie ist eine Ernährungsweise für das ganze Leben und als solche viel wirksamer als jede kalorienarme Diät, weil sie für Sie angenehm und leicht zu befolgen ist, und Sie nie hungrig sein müssen.

Aber es braucht immer noch zwei Tanzpartner für einen Tango. Die Diät ist der eine, Sie der andere. Die Diät ist nur ein Werkzeug in *Ihrer Hand!* Sie müssen es freudig gebrauchen! Ansonsten gleicht es dem Besen einer faulen Hausfrau. Und Sie müssen Respekt vor Ihrem Körper haben, um sich dieses Werkzeugs richtig bedienen zu können. Denken Sie daran: Es ist der einzige Körper, den Sie für dieses Leben mitbekommen haben! Behandeln Sie ihn gut! Wie Ihren größten und kostbarsten Schatz! Werden Sie kein Gesundheitsfanatiker, aber ein überzeugter »Gesundheitsliebhaber« mit ungetrübter Freude am Leben!

Es hilft einem Patienten, der abtrünnig geworden ist, fast immer, wie ich festgestellt habe, regelmäßig irgendeinen Sport zu treiben oder sonstige Bewegungsspiele. Treten Sie in einen Turn- oder Gymnastikverein ein! Spielen Sie Tennis, Golf, Handball oder Badminton! Fangen Sie an zu radeln, zu wandern, zu reiten, zu schwimmen, zu rudern, zu tanzen, zu fechten, oder laufen Sie Ski, oder nehmen Sie Yoga-, Judo- oder Karatestunden! Auch ein täglicher Dauerlauf wirkt Wunder! Versuchen Sie Ihre Freunde mit dazu zu überreden. Stellen Sie ein wöchentliches Sieben-Tage-Programm auf! Das Gefühl, das Sie automatisch hierdurch für Ihren Körper bekommen, macht Sie körperbewußter und unabhängiger vom Essen. Es ist eine ungeheure

Befriedigung, sich sagen zu können: »Seht mal! Ich tue wirklich etwas für meinen Körper!« Es bestärkt Sie in dem Wunsch, der Diät nicht untreu zu werden. Je nützlicher Ihnen Ihr Körper im Leben ist, und je besser er Ihnen dient, um so größer ist Ihr Stolz und Ihre Freude an ihm. Diese Diät hilft Ihnen, dieses Ziel möglichst mühelos und rasch zu erreichen!

15 Menü-Vorschläge und Rezepte

Ein wichtiger Teil unserer Diät-Revolution besteht darin, Gerichte, die uns vorher erfreuten, zwar beizubehalten, doch unter veränderten Vorzeichen, d. h. *ohne* Kohlehydrate. Die nun folgenden Rezepte machen das ganz einfach (ebenso das Kochbuch, das ich in Bälde herauszugeben beabsichtige).

Das Hauptgericht ist ganz leicht. Bei unserer Diät bereitet das Hauptgericht keinerlei Schwierigkeiten. In unseren westlichen Ländern besteht es sowieso größtenteils aus Protein und Fett. Wir geben Ihnen eine Auswahl unserer bevorzugten Gerichte, doch werden Sie nach einiger Zeit lernen, wie Sie Ihre eigenen Lieblingsgerichte im Sinne unserer neuen Ernährungsweise abwandeln können. Gemüse braucht Ihnen auch kein Kopfzerbrechen zu machen, wenn Sie deren Kohlehydratgehalt nur fest im Auge behalten. Sie werden hier einige neue Ideen finden, durch die Gemüse viel interessanter werden. Das gleiche gilt für Suppen, jenen ersten, den Magen füllenden und besänftigenden Gang, wie für Salatsaucen, Saucen und Süßspeisen.

Backwaren und Süßigkeiten zu ersetzen, ist schwieriger – aber möglich. Wie steht es mit Mehl und Stärke? Mit Brot und Backwaren? Sie können sie ersetzen! Sie finden alles Nähere dazu auf den folgenden Seiten. Es ist allerdings schwieriger und verlangt eine besondere Einfallsgabe – einen Ideenreichtum, von dem professionelle Kochkünstler sich herausgefordert fühlen. Ich bin überzeugt, daß diese Rezepte Ihnen helfen werden zu vergessen, daß Sie sich jemals mit Mehlwaren vollstopfen wollten.

Die wirkliche Herausforderung besteht jedoch darin, jenen *einen* Geschmack in Speisen hervorzuzaubern, nach dem wir alle zu lechzen scheinen – verführerische Süße! Ironischerweise war dies für uns in den USA eine bedeutend leichtere Aufgabe vor einigen Jahren, also *vor* unserer Diät-Revolution, weil wir damals einen vertrauenswürdigen Verbündeten hatten – Saccharin, aber auch seine äußerst angenehmen Kameraden, die Cyclamate.

Ihr schlimmster Feind: Die Zucker-Industrie. Die Revolution gegen den Zucker hat einen mächtigen, unversöhnlichen Erzfeind: die Zucker-Industrie! Es ist kein Geheimnis, daß die Zucker-Industrie riesige Summen darauf verwandte und unermüdlich durch ihre Lobbyisten darum kämpfte, die Cyclamate in Verruf zu bringen und auf diese Weise vom Markt zu vertreiben. Sie haben uns dadurch in den USA das eine mit Zucker konkurrierende Süßungsmittel genommen, das nicht nur dem Zucker geschmacklich ebenbürtig ist, sondern außerdem auch nicht dick macht, nicht zu Diabetes, hohem Triglyzeridspiegel und vorzeitiger Herzerkrankung führt.

Wie ich schon erwähnte, erreichten sie, daß im Oktober 1969 die *Food and Drug Administration* die Cyclamate verbot, nachdem sie den Behörden einige zu Tumoren neigende Laboratoriumsratten vorlegten, die Blasenkrebs bekommen hatten, nachdem man sie mit Cyclamatmengen gefüttert hatte, die bei einem Menschen dem täglichen Konsum von 200 Flaschen Diät-Limonade zeit seines Lebens entsprechen würden.

Ich war so sehr davon überzeugt, daß dies ein tragischer Fehlentscheid der FDA war, daß ich der Sprecher vom *Ad Hoc Committee for the Fair Evaluation of Sugar and Sugar Substitutes* wurde. Unsere Vereinigung placierte Anzeigen in Zeitschriften wie *Wall Street Journal, New York Times* und *Washington Post,* in denen wir forderten, daß das *Health, Education and Welfare Department* vergleichende Untersuchungen über den Grad der Toxität zwischen gleichen Mengen von künstlichen Süßstoffen und Zucker durchführen ließ. Aber unsere leise Stimme ging unter in dem von der Multibillion-Dollar-Zucker-Industrie angefachten und geschürten Geschrei. Ich würde es begrüßen, wenn alle meine Patienten Cyclamate benutzen würden, da sie geschmacklich Saccharin weit überlegen sind.

»Menü-Fahrpläne« für die 5 Stufen der Diät. Ich möchte ausdrücklich betonen, daß die nun folgenden »Menü-Fahrpläne« keine starren Vorschriften sind, die Sie befolgen *müssen,* um abzunehmen. Nichts dergleichen! Sie sollen Ihnen lediglich an Hand einiger Beispiele zeigen, was für eine wundervoll abwechslungsreiche Vielseitigkeit diese Diät Ihnen bei der Zusammenstellung von leckeren Mahlzeiten bietet. Wie Sie vielleicht schon sahen, habe ich Ihnen für jeden Tag der ersten Woche, d. h. für Stufe 1, komplette »Menü-Fahrpläne« aufgestellt. Für die folgenden Stufen (oder Wochen) finden Sie jeweils Beispiele für einige Tage. Wählen Sie aus den Zusammenstellungen der jeweiligen Stufe, auf der Sie sich befinden; Sie können aber auch Menüs aus der bereits absolvierten Stufe wählen.

Ich erwarte nicht, daß die Mehrzahl unter Ihnen bereit ist, jeden Tag sich so viel Mühe mit der Bereitung einer Mahlzeit zu machen. Die meiste Zeit sind Sie sicherlich mittags und abends völlig zufrieden mit Fleisch, Hühnchen oder Fisch mit Salat, und zu Ihrem üppigen Frühstück werden Sie auch an den meisten Wochentagen anstelle eines selbstgebackenen Diät-Brötchens Schweineschwarten-Chips knabbern. Ich hoffe jedoch, daß diese »Menü-Fahrpläne« Sie inspirieren werden, wenn Sie ein- oder zweimal in der Woche Lust haben, sich oder Ihre Familie ein bißchen zu verwöhnen oder ein wenig vor Gästen angeben möchten. Aus diesem Grunde habe ich sie für Sie zusammengestellt. Und noch eines: Wenn die Portionen manchmal mengenmäßig begrenzt sind, so deshalb, weil das betreffende Gericht so viel Kohlehydrate enthält, daß Sie nur eine bestimmte Menge davon essen sollten. Wenn keine Mengenangaben gemacht sind, können Sie eine so große Portion essen, wie Sie Appetit haben.

Falls Sie jetzt schon eine Tabelle mit Angabe des genauen Kohlehydratgehalts aller Nahrungsmittel bei sich tragen und getreulich bei allem nachsehen, was Sie in den Mund stecken, wundern Sie sich vielleicht, wieso die Diät der ersten Woche als »biologisch kohlehydratfrei« bezeichnet wird, da jede Mahlzeit, wie Sie festgestellt haben, einige Gramm Kohlehydrate enthält.

Nun, wie ich bereits im Kapitel über die Diät selbst sagte, geht es in der Biologie nicht genauso wie im Maschinenbau zu. In biologischen Systemen kann ein Annäherungswert genügen. Durch die enorme Gewichtsabnahme bei Tausenden von Patienten weiß ich folgendes: Bei 99 von 100 Patienten spielen sich bei den kleinen Kohlehydratmengen der Stufe 1 genau die gleichen Stoffwechselvorgänge ab, als wenn die Diät überhaupt keine Kohlehydrate enthielte.

Haben Sie also keine Angst, diese schönen, frischen Salate zu essen! Durch sie wird es gleich vom ersten Tag an so angenehm, mit dieser Diät zu leben.

Und nun: *Bon appetit!*

Menü-Fahrpläne

1. Tag Stufe 1

Morgens:

Rührei mit Senf-Schinken[16*]
Diät-Brötchen[61] mit Butter
Bouillon, Kaffee oder Tee

Mittags:

Kaltes Fleisch auf Diät-Brötchen[61] mit Mayonnaise oder Zitronen-Senf
Grüner Salat (1 Tasse locker gepackt), Sauce aus Sonnenblumen-Öl und Obstessig oder eine der Saucen aus unserem Rezeptteil[51-56]
Himbeergelee (Götterspeise)[74]
Diät-Limonade, Kaffee oder Tee

Abends:

Hühnersuppe mit Klößchen[9]
Steak (Ihr Lieblingsstück vom Rind)
Cäsar-Salat[41] mit Cäsar Dressing[51]
Zitronengelee (Götterspeise)[74] oder Diät-Limonade

Zwischenimbiß:

Schweineschwarten-Chips
Selleriestangen mit Gorgonzola[106]
Diät-Limonade, Kaffee oder Tee

---

2. Tag Stufe 1

Morgens:

Eier-Benedikt[13] mit Holländischer Sauce[33] auf Diät-Brötchen[61] mit Butter
Bouillon, Kaffee oder Tee

Lesen Sie das Etikett Ihrer bevorzugten Diät-Limonade, auf dem der Kaloriengehalt angegeben sein wird. Als Faustregel für die Errechnung des Kohlehydratgehalts gilt 4 Kalorien = 1 Gramm KH. Vergessen Sie nicht, diese KH-Gramme Ihrer täglichen Aufstellung hinzuzufügen!

* Die numerierten Rezepte finden Sie im Anschluß an diese Fahrpläne. Auffindbar durch Kennzeichnung im Beschnitt des Buches.

Mittags:

Geflügelsalat[43] mit Mayonnaise und Selleriestangen
Curry-Eier[1]
Grüner Salat (1 Tasse locker gepackt), Sauce aus Sonnenblumen-Öl und Obstessig oder eine Sauce aus unserem Rezeptteil[51-56]
Diät-Limonade, Kaffee oder Tee

Abends:

Rindfleischbrühe mit Nudeln[10]
Diverse gegrillte Meerestiere mit Zitronen-Buttersauce[40]
Grüner Salat (1 Tasse, kann auch grüne Paprikaschoten, Radieschen und Selleriestangen enthalten)
Roquefort Dressing Nr. 2[56]
Waldmeistergelee (Götterspeise)[88]
Diät-Limonade

Zwischenimbiß:

Diverser kalter Fleischaufschnitt mit Zitronen-Senf
Diät-Brötchen[61]
Diät-Limonade, Kaffee oder Tee

---

3. Tag — Stufe 1

Morgens:

Käseomelette mit gebratenem Frühstücksspeck
Diät-Brötchen[61] mit Butter
Bouillon, Kaffee oder Tee

Mittags:

Schinkenröllchen mit Käse[105]
Grüner Salat mit Cäsar Dressing[51]
Diät-Brötchen[61] mit Butter
Kirschgelee (Götterspeise)[74]
Kaffee, Tee oder Diät-Limonade

Abends:

Selleriestangen mit Gorgonzola[106]
Londoner Schmorbraten[28] in eigenem Saft oder auf Diät-Brötchen[61]
Endiviensalat mit Petersilie, Sauce aus Sonnenblumen-Öl und Obstessig oder eine der Saucen aus unserem Rezeptteil[51-56]
Diät-Limonade

Zwischenimbiß:

Schweineschwarten-Chips mit Thunfischsalat
Diät-Limonade, Kaffee oder Tee

---

4. Tag **Stufe 1**

Morgens:

Salzburger Nockerln[17] (ungesüßt) mit Frühstückswürstchen
Diät-Brötchen[61] mit Butter
Bouillon, Kaffee oder Tee

Mittags:

Käse-Frikadelle mit gebratenem Frühstücksspeck auf Diät-Brötchen[61]
Grüner Salat mit einer Sauce aus Sonnenblumen-Öl und Obstessig oder einer Sauce aus unserem Rezeptteil[51–56]
Erdbeergelee (Götterspeise)[74]
Diät-Limonade, Kaffee oder Tee

Abends:

Suppe mit Eieinlauf[11]
Scampi[6]
Cäsar-Salat[41] mit Cäsar Dressing[51]
Diät-Limonade

Zwischenimbiß:

Schinkenröllchen mit Käse[105], gefüllt mit Zitronen-Senf
Schweineschwarten-Chips
Diät-Limonade, Kaffee oder Tee

---

5. Tag **Stufe 1**

Morgens:

Weichgekochte Eier im Glas mit zerbröseltem gebratenem Frühstücksspeck
Diät-Brötchen[61] mit Butter
Bouillon, Kaffee oder Tee

Mittags:

Gefüllte Salatblätter[99]
Salat aus grünen Paprikaschoten, Radieschen, Gurkenscheiben und Selleriestangen (1 Tasse) mit Roquefort Dressing Nr. 2[56]
Fruchtgelee nach Wahl (Götterspeise)[74]
Diät-Limonade, Kaffee oder Tee

Abends:

Antipasto (aus Salamischeiben, grünen Paprikaschoten, Sardellen, geräuchertem Schinken auf Salatblättern mit einer Sauce aus Sonnenblumen-Öl, Obstessig und Kräutern)
Paniertes Kalbsschnitzel[29] mit Zitronen-Buttersauce[40]
Grüner Salat mit Roquefort Dressing Nr. 2[56]
Diät-Limonade

Zwischenimbiß:

Käsebällchen, in gebratenem zerbröseltem Frühstücksspeck paniert
Diät-Limonade, Kaffee oder Tee

---

6. Tag — Stufe 1

Morgens:

Kräuteromelette mit Zitronen-Senf
Diät-Brötchen[61] mit Butter
Bouillon, Kaffee oder Tee

Mittags:

Lauchsalat auf Diät-Brötchen[61] mit Käse überbacken
Ringe von grünen Paprikaschoten
Fruchtgelee nach Wahl (Götterspeise)[74]
Diät-Limonade, Kaffee oder Tee

Abends:

Poularde à la Dijonaise[30]
Salatherzen mit Roquefort Dressing Nr. 2[56]
Diät-Limonade

Zwischenimbiß:

Käsewürfel und Schweineschwarten-Chips
Diät-Limonade, Kaffee oder Tee

---

7. Tag — Stufe 1

Morgens:

Verlorene Eier mit gebratenem Frühstücksspeck
Diät-Brötchen[61] mit Butter
Bouillon, Kaffee oder Tee

Mittags:

Hamburger Fondue[22]
Grüner Salat mit Cäsar Dressing[51]
Fruchtgelee nach Wahl (Götterspeise)[74]
Diät-Limonade, Kaffee oder Tee

Abends:

Krabbencocktail mit Roquefort Dressing Nr. 2[56]
Gekochter Hummer mit zerlassener Butter
Gemischter Salat mit einer Sauce aus unserem Rezeptteil[51–56]
Diät-Limonade

Zwischenimbiß:

Hühnerbrühe (oder Bouillon) mit Nudeln[10]
Grüne Paprikaschoten, gefüllt mit Ihrem bevorzugten Fischsalat
Kaffee oder Tee

---

1. Tag **Stufe 2**

Morgens:

Zwiebelomelette mit Putenbrust
Diät-Kümmelbrötchen[62] mit Doppelrahm-Frischkäse
Bouillon, Kaffee oder Tee

Mittags:

Avocado mit Krabben
Grüner Salat mit einer Sauce aus unserem Rezeptteil[51–56]
Käsekuchen[75] (1 Scheibe)
Diät-Limonade, Kaffee oder Tee

Abends:

Diverses gegrilltes Fleisch mit Knoblauchbuttersauce[35] oder Sauce Béarnaise[37]
Grüner Salat mit French Dressing[53]
Himbeergelee-Parfait[70] mit Schlagsahne
Diät-Limonade

Zwischenimbiß:

Geräucherter Fisch nach Wahl
Käsewürfel
Diät-Limonade, Kaffee oder Tee

---

2. Tag **Stufe 2**

Morgens:

Spiegeleier mit gebratenen Frühstückswürstchen und Senfsauce[38]
Diät-Brötchen[61] mit Butter
Bouillon, Kaffee oder Tee

Mittags:

Überbackene Tomatenscheiben[50]
Grüner Salat mit Green Goddess Dressing[54]
Diät-Kümmelbrötchen[62] mit Butter
Käsekuchen[75] (1 Scheibe)
Diät-Limonade, Kaffee oder Tee

Abends:

Gurkenkugeln[100]
Kalbsmedaillon Piccata[26]
Spinatsalat[49] (1 Tasse locker gepackt)
Eiscreme[86] (1/2 Tasse)
Diät-Limonade

Zwischenimbiß:

12 Oliven mit Quark-Dip
Diät-Limonade, Kaffee oder Tee

---

3. Tag **Stufe 2**

Morgens:

Spinatomelette[18] mit Steak-Sauce[39]
Diät-Zwiebelbrötchen[63]
Bouillon, Kaffee oder Tee

Mittags:

Chef-Salat[42] mit Roquefort Dressing Nr. 1[55]
Diät-Brötchen[61] mit Butter
Himbeergelee-Parfait[70]
Diät-Limonade, Kaffee oder Tee

Abends:

Hühnercremesuppe[8]
Hühnchen Cordon bleu[23]
Gemischter grüner Salat mit Ihrer Lieblingssauce aus unserem Rezeptteil[51–56]
Mokka-Torte[81]
Diät-Limonade

Zwischenimbiß:

Gefüllte Rauchfleischröllchen[98] mit grünen Oliven
Capuccino Cooler[95]
Kaffee oder Tee

---

1. Tag **Stufe 3**

Morgens:

Räucherfisch nach Wahl mit Kräuter-Frischkäse
Diät-Zwiebelbrötchen[63]
Bouillon, Kaffee oder Tee

Mittags:

Hüttenkäse mit saurer Sahne[101]
Gemischter Gemüsesalat mit Ihrer Lieblingssauce aus unserem Rezeptteil[51–56]
Vanilleeis[86]
Diät-Limonade, Kaffee oder Tee

Abends:

Gebratene Auberginenbällchen[57]
Schmorbraten[31]
Gemischter grüner Salat
Nußkuchen[83] mit Mokka-Schlagsahne[80] (nur 1 Portion)
1 Glas trockenen Weißwein

Zwischenimbiß:

Schweineschwarten-Chips mit Quark-Dip
12 grüne Oliven
Kaffee oder Tee

---

2. Tag **Stufe 3**

Morgens:

Eier Benedikt[13] mit Holländischer Sauce[33]
Diät-Brötchen[61] mit Butter
Bouillon, Kaffee oder Tee

Mittags:

Gefüllte Zucchini[44]
Tomatenscheiben mit Roquefort Dressing Nr. 1[55]
Root Beer Float[96] (Ein 0,5 l Glas)
Kaffee oder Tee

Abends:

Vichyssoise[12] (½ Tasse)
Grill-Hähnchen[21]
Gemischter Gemüsesalat[45] mit Creamy French Dressing[52]
Makronen[79] (3 Stück)
Diät-Limonade

Zwischenimbiß:

Kaltes Fleisch oder Aufschnitt (wie z. B. Kassler, Roastbeef, Rauchfleisch, Schinken, Mortadella, Sülze, Wiener Würstchen)
12 grüne Oliven
1 Glas trockenen Rotwein
Kaffee oder Tee

---

3. Tag — Stufe 3

Morgens:

Käseomelette mit Salamischeiben
Diät-Kümmelbrötchen[62]
Bouillon, Kaffee oder Tee

Mittags:

Rohe Gemüse mit Saucen-Dip[5] (1 Tasse Gemüse locker gepackt)
Kalten Fleischaufschnitt nach Wahl mit Zitronen-Senf auf Diät-Brötchen[61]
Käsekuchen[75] (1 Scheibe)
Diät-Limonade, Kaffee oder Tee

Abends:

Italienischer Olivensalat (etwa ½ Tasse)
Gefüllte Seezungenfilets[19]
Spinatsalat[49] mit Cäsar Dressing[51] (1 Tasse Spinat locker gepackt)
Erdbeeren mit Schlagsahne[69]
1 Glas trockenen Weißwein

Zwischenimbiß:

Pikante Fleischbällchen[3] mit saurer Sahne oder Quark-Dip
Sauer eingelegte Champignons
Diät-Limonade, Kaffee oder Tee

---

1. Tag — Stufe 4

Morgens:

Steak mit Spiegelei und Steak-Sauce[39]
Bouillon, Kaffee oder Tee

Mittags:

Kartoffelpuffer[58] mit saurer Sahne (6 Stück)
Zunge auf Diät-Brotscheiben[64]
Schokoladensahne »speciale«[97]
Kaffee oder Tee

Abends:

½ kleine Cantaloupe-Melone
Tempura[32] mit diversen Saucen (Meerrettichsauce[34], Senfsauce[38], Knoblauchbuttersauce[35])
Punschspeise[84]
Diät-Limonade

Zwischenimbiß:

Käse-Crackers[67]
Oliven (grüne) mit Quark-Dip
Schweineschwarten-Chips
1 Glas trockenen Weißwein
Kaffee oder Tee

---

2. Tag **Stufe 4**

Morgens:

Französischer Toast[65] mit Erdbeermarmelade[71]
Gebratener Frühstücksspeck
Bouillon, Kaffee oder Tee

Mittags:

Quiche Lorraine[4] (Backen Sie ein Viertel der im Rezept angegebenen Menge in einem Tortelette.)
Cäsar-Salat[41] mit Cäsar Dressing[51]
Mousse au Chocolat[82]
Diät-Limonade, Kaffee oder Tee

Abends:

Geflügelsalat[43] auf Salatblatt
Kalbsrouladen in Weinsauce[27] mit geschmorten Champignons
Gemischter grüner Salat (1 Tasse) mit Creamy French Dressing[52]
1 Glas trockenen Weißwein
Erdbeer-Torte mit Melonenkugeln[73]

Zwischenimbiß:

Käsebällchen[102]
12 grüne Oliven
Kaffee oder Tee

---

3. Tag **Stufe 4**

Morgens:

Omelette mit geschmorten Zwiebeln und Pfifferlingen
Gebratener Frühstücksspeck
2 Scheiben Diät-Brot[64] oder 1 Diät-Brötchen[61]
Bouillon, Kaffee oder Tee

Mittags:

Diverses kaltes Fleisch oder Aufschnitt
Krautsalat[47] mit Saurer Sahnesauce für Krautsalat[48]
Erdbeeren mit Schlagsahne[69]
Diät-Limonade, Kaffee oder Tee

Abends:

½ Avocado mit Sauce Vinaigrette (Sonnenblumen-Öl, Kräuter-Essig und Gewürze)
Steak mit diversen Saucen (Steak-Sauce[39], Sauce Béarnaise[37], Knoblauchbuttersauce[35])
Grüner Salat mit einer unserer Saucen
Kürbis-Torte[78] mit Mokka-Schlagsahne[80]
Diät-Limonade

Zwischenimbiß:

½ Tasse gemischte Nüsse (Wal-, Hasel-, Para-, Macadamia-, Pecannüsse und Mandeln)
Kaffee oder Tee

---

1. Tag **Stufe 5**

Morgens:

½ Grapefruit
Rührei mit gebratenem Frühstücksspeck
Diät-Brötchen[61] oder 2 Scheiben Diät-Brot[64]
Bouillon, Kaffee oder Tee

Mittags:

Knackwurst mit Sauerkraut
Gemischter Salat mit Quark und saurer Sahne[46] und French Dressing[53]
Kirschspeise[77]
Diät-Limonade, Kaffee oder Tee

Abends:

Suppe mit Eieinlauf[11]
Hummer à la Cantonnaise[24] (1 Portion)
Chinesischer Salat aus Sojakeimen (1/2 Tasse) mit einer Sauce aus Sonnenblumen-Öl, Obstessig und VITAM-R
Zitronen-Torte[91]
Chinesischer Tee oder 1 Glas trockenen Weißwein

Zwischenimbiß:

Thunfisch mit Sahnesauce[36]
12 grüne Oliven
Saure Gurken (aber *keine* süß-sauren!)
Diät-Limonade, Kaffee oder Tee

---

2. Tag **Stufe 5**

Morgens:

Omelette mit Erdbeermarmelade[71] und saurer Sahne
Diät-Brötchen[61] mit Doppelrahm-Frischkäse
Bouillon, Kaffee oder Tee

Mittags:

Spinatsalat[49] mit einer Dose Thunfisch vermengt und Cäsar Dressing[51]
Erdbeeren (6 mittelgroße) mit ½ Eßl. Kirsch
Diät-Limonade, Kaffee oder Tee

Abends:

Geschnetzelte Leber auf Salatblatt
Corned beef mit Sauerkraut
Salatherzen und Scheiben einer kleinen Tomate mit Creamy French Dressing[52]
Käsekuchen[75] (1 Scheibe)
Diät-Limonade und 1 Glas trockenen Rotwein, falls gewünscht

Zwischenimbiß:

Melone mit Prosciutto[104]
Capuccino Cooler[95] (¼ l Glas)
Kaffee oder Tee

Morgens:

Doppelrahm-Frischkäse und Putenbrust (oder Rauchfleisch) mit Zwiebelringen und Tomatenscheiben auf Diät-Brötchen[61]
Rühreier
Bouillon, Kaffee oder Tee

Mittags:

¼ Cantaloupe-Melone
Geflügelsalatplatte[43] mit Curry-Eiern[1]
Gemischter Gemüsesalat[45] mit Creamy French Dressing[52]
Diät-Brötchen[61] mit Butter
Vanilleeis[86]
Diät-Limonade, Kaffee oder Tee

Abends:

Avocado mit Roquefort Dressing Nr. 1[55]
Rippenspeer[20]
Spinat in Sahnesauce [60] (etwa ½ Tasse)
1 Glas trockenen Rotwein
Kaffee-Walnuß-Rolle[76]

Zwischenimbiß:

3 Schokoladenkugeln[94] oder 5 Pfefferminzwürfel[93]
½ Tasse gemischte Nüsse (Wal-, Hasel-, Para-, Macadamia-, Pecannüsse und Mandeln)
Kaffee oder Tee

Selbstverständlich können Sie die für mittags und abends gemachten Menü-Vorschläge beliebig vertauschen entsprechend Ihrem Tagesrhythmus, wie diese »Fahrpläne« Ihnen ja überhaupt nur als Anregung dienen sollen.

Für diejenigen, die gern oder aus praktischen Gründen oft in Restaurants essen, fügen wir noch einige Gerichte hinzu, die Sie nach Erreichen der Stufe 5 unbesorgt bestellen können, nachdem Sie sich vergewissert haben, daß diese auch wirklich ohne Kohlehydrate zubereitet werden! Auch das nur als kleiner Vorschlag. Vielleicht finden Sie auf der Speisekarte andere Gerichte, die Ihnen verlockender erscheinen und die ebenso gut Ihrer neuen Ernährungsweise entsprechen.

Garantiert sicher sind Sie natürlich vor dem sonst überall und ständig auf der Lauer liegenden heimtückischen Kohlehydrat-

Mörder, wenn Sie sich Ihr saftiges, gut gewürztes und zartes Grill-Steak mit Ihrem Lieblingssalat – aber ohne Kartoffel! – in einem jener erstklassigen Steak-Häuser schmecken lassen, die es jetzt in allen größeren deutschen Städten gibt und die z. T. ihr Fleisch direkt aus Argentinien beziehen, wo die Jungstiere in freien Herden gehalten werden; ihr Fleisch ist somit nicht – wie heutzutage in unterschiedlichem Maße bei Stall-Mastvieh – mit Stoffwechselschlacken und für den menschlichen Organismus keineswegs unschädlichen toxischen Rückständen von Hormonen, Antibiotika oder sonstigen Futterzusätzen verseucht und dadurch in seinem Nährwert beeinträchtigt.

Chinesische Restaurants

Vorspeisen
Gebratene Fisch- oder Krebsfleischbällchen
Krabben in gebratenem Frühstücksspeck
Gebratenes Schweinefleisch
In Folie gebackenes Hühnerfleisch
Gebratenes Pöckelfleisch
Meerestiere am Spießchen

Suppen
Klare Suppe mit Eieinlauf (nicht angedickt)
Klare Hühnerbrühe
Klare Hühnerbouillon mit Gemüseeinlage

Hauptgerichte
Krabben und Langusten mit Knoblauchbutter
Meeresfrüchte Go Ba
Hühnerfleisch mit Sojasauce, Bambussprossen und Mandeln
Eierspeisen Foo Young
Hwa-Guo Jö-Pien (Schweinefleisch mit Blumen-Champignons)
Hai-Tsa- Ban (Hühner- und Schweinefleisch mit Krabben)
Mu-R Wei-Chi-Se (Hühnerfleisch mit »Baumpilzen«)
San-Tung Yia-Pien (Entenfleisch mit Edelbambus, Tung Guo und Szechuan-Gemüse)
Rindfleisch Chop Suey mit Bambussprossen
Lot Ju Kain Ngow (Rindfleisch mit grünen Paprikaschoten und Tomaten)
Verlangen Sie alle diese Gerichte ausdrücklich OHNE Zucker, Stärke, Fruchtsirup, Ananas oder sonstige Obstzusätze!

Italienische Restaurants

Vorspeisen
Antipasto
Melone mit Prosciutto
Muscheln Casino
Selleriestangen mit Käse

Suppen
Stracciatella-Suppe
Zuppa di Lunghi (Pilzsuppe)
Zuppa di Aglio alla Napolitano (Knoblauchsuppe)

Salate
Cäsar-Salat
Grüner Salat

Hauptgerichte
Kalbsmedaillon Piccata
Filetto alla Chateaubriand
Saltimbocca
Hummer Fra Diavolo
Scampi
Fegalo al Vino (Kalbsleber in Weinsauce)

Nachspeisen
Melone oder Erdbeeren je nach Jahreszeit
Käse
Espresso oder Capuccino

Französische Restaurants

Vorspeisen
Pâté Maison
Avocado Vinaigrette
Froschschenkel à la Provençale

Suppen
Zwiebelsuppe
Consommé

Hauptgerichte
Coq au Vin
Steak Béarnaise
Sole aux Amandes
Selle de Mouton au Moutarde
Veau Cordon bleu
Meerestiere à la Meunière

Nachspeisen
Erdbeeren mit Crème fraîche
Käse

Menü für Gäste

		Pro Portion Gramm KH
Vorspeise:	Curry-Eier	0,5
	Käsebällchen	2,0
Suppe:	Vichyssoise	3,1
Wein:	Trockener Chablis (0,06 l pro Person)	0,4
Hauptgericht:	Poularde à la Dijonnaise	0,8
	Cäsar-Salat	4,1
Nachspeise:	Mousse au Chocolat	4,1
	Kaffee mit Sahne	0,8
		15,8

Rezepte

Liste der Rezepte

Vorspeisen

Curry-Eier
Käsekugel
Pikante Fleischbällchen
Quiche Lorraine
Rohe Gemüse mit Saucen-Dip
Scampi

Suppen

Hühnerbrühe
Hühnercremesuppe
Hühnersuppe mit Klößchen
Nudeln für Suppeneinlagen
Suppe mit Eieinlauf
Vichyssoise

Eierspeisen

Eier Benedikt
Käse-Soufflé
Omelette
Rührei mit Senf-Schinken
Salzburger Nockerln
Spinatomelette

Hauptgerichte
(Geflügel, Fleisch, Fisch, Meerestiere)

Gefüllte Seezungenfilets
Geschmorter Rippenspeer
Grill-Hähnchen
Hamburger Fondue
Hühnchen Cordon bleu
Hummer à la Cantonnaise
Käse-Frikadellen
Kalbsmedaillons Piccata
Kalbsrouladen in Weinsauce
Londoner Schmorbraten
Paniertes Hühnerfleisch, Kalbs- oder Schweineschnitzel oder Fischfilet
Poularde à la Dijonnaise
Schmorbraten
Tempura

Saucen

Holländische Sauce
Meerrettichsauce (Kalte)
Knoblauchbuttersauce
Sahnesauce
Sauce Béarnaise
Senfsauce
Steak-Sauce
Zitronen-Buttersauce

Kleine Schnellgerichte

Cäsar-Salat
Chef-Salat
Geflügelsalat
Gefüllte Zucchini
Gemischter Rohkostsalat
Gemischter Salat mit Quark und saurer Sahne
Krautsalat
Spinatsalat
Tomatenscheiben überbacken

Salatsauucen

Cäsar Dressing
Creamy French Dressing
French Dressing
Green Goddess Dressing
Roquefort Dressing Nr. 1
Roquefort Dressing Nr. 2
Saure Sahne (natur)

Gemüsegerichte

Gebratene Auberginenbällchen
Kartoffelpuffer
Kohl nach Südstaaten Art
Spinat in Sahnesauce

Brot, Brötchen, Crackers und Tortenboden

Diät-Brötchen
Diät-Kümmelbrötchen
Diät-Zwiebelbrötchen
Diät-Brot
Französischer Toast
Tortenboden
Käse-Crackers
Semmelbrösel

Süßspeisen und Kuchen

Erdbeeren mit Schlagsahne
Erdbeergelee-Perfait
Erdbeermarmelade
Erdbeer-Schlagsahne
Erdbeer-Torte mit Melonenkugeln
Fruchtgelee (Götterspeise)
Käsekuchen
Kaffee-Walnuß-Rolle
Kirschspeise
Kürbis-Torte
Makronen
Mokka-Schlagsahne
Mokka-Torte
Mousse au Chocolat
Nußkuchen
Punschspeise
Schokoladen-Schlagsahne
Vanilleeis
Vanille-Schlagsahne
Waldmeistergelee (Götterspeise)
Zitronen-Schlagsahne
Zitronen-Sorbett
Zitronen-Torte

Unser Käsekuchen »spécial«

Süßigkeiten

Pfefferminzwürfel
Schokoladenkugeln

Getränke

Capuccino Cooler
Root Beer Float
Schokoladensahne »spéciale«

Zwischenimbisse

Gefüllte Rauchfleischröllchen
Gefüllte Salatblätter
Gurkenkugeln
Hüttenkäse mit saurer Sahne
Käsebällchen
Lachs und Kräuter-Frischkäse
Melone mit Prosciutto
Schinkenröllchen mit Käse
Selleriestangen mit Gorgonzola
Selleriestangen mit Kaviar
Thunfischsandwich (mit Käse)

Und vergessen Sie nicht: Der jeweils angegebene Kohlehydrat-Gehalt aller Rezepte, die mit Süßstoff zuzubereiten sind, behält nur bei Verwendung eines völlig *kohlehydratfreien* Süßstoffes seine Gültigkeit!
Und noch ein letzter Tip: Verwenden Sie möglichst ungesättigte, hochwertige Pflanzenöle wie Sonnenblumen-, Distel- und Maiskeim-Öl, wo immer es geht! Sie wirken damit Wunder für Ihre Schönheit und Gesundheit! Und gewöhnen Sie sich daran, Ihren pikant gewürzten Quark mit Leinöl für Ihren kleinen Zwischenimbiß anzureichern! Und kaufen Sie immer die fettreichste Mayonnaise und den magersten Quark!

Vorspeisen

1 **Curry-Eier** (Für 6 Personen)

6 hartgekochte Eier
2 Eßl. Mayonnaise*
½ Teel. gehackter Schnittlauch
⅛ Teel. Curry
½ Teel. Salz
¼ Teel. Pfeffer

Schneiden Sie die Eier der Länge nach durch, und lösen Sie mit einem Löffel das hartgekochte Eigelb. Dieses Eigelb mischen Sie dann mit den restlichen Zutaten gut mit einer Gabel, und füllen Sie die halbierten Eier mit dieser Masse.
Insgesamt 3,1 g KH — Pro Portion 0,5 g KH

2 **Käsekugel** (Für 8 Personen)

340 g alter Chesterkäse
50 g Roquefort/Edelpilzkäse
110 g Doppelrahm-Frischkäse
¼ Tasse gehackte Walnüsse

Geben Sie den zimmerwarmen Käse in den Mixer, und lassen Sie ihn bei mittlerer Geschwindigkeit von diesem 3 Minuten lang zerkleinern. Formen Sie die Käsemasse dann zu einer Kugel, und rollen Sie diese in den gehackten Nüssen, bis alle Nüsse an ihr haften. Legen Sie die Käsekugel bis zum Servieren in den Eisschrank.
Insgesamt 16,0 g KH — Pro Portion 2,0 g KH

* Unsere Mengenangaben beziehen sich immer auf *gehäufte* Eß- und Teelöffel.

3 Pikante Fleischbällchen (Für 8 Personen)

450 g Tatar
5 Eßl. Butter
1 Eßl. saure Sahne
230 g Roquefortkäse
1 Teel. Gewürzsalz (nach Ihrer Wahl)

Vermischen Sie das Hackfleisch, die saure Sahne, den Käse, das Salz und die vorher zerlassene Butter gut miteinander. Formen Sie aus der Masse kleine Klößchen, und braten Sie diese braun. Servieren Sie sie mit Zahnstochern.
Insgesamt 4,0 g KH Pro Portion 0,5 g KH

4 Quiche Lorraine (Als Vorspeise für 12 Personen, als Hauptgericht für 8)

450 g knusprig gebratener Frühstücksspeck
2 Eier
2 Eigelb
1 Teel. Dijon-Senf
½ Teel. frisch gemahlene Senfkörner
1/8 Teel. Cayenne Pfeffer
1/3 Tasse Bratfett (vom Braten des Frühstücksspecks)
½ Tasse geriebener Parmesankäse
½ l flüssige Schlagsahne
1 Teel. gehackte Petersilie
1 Tortenbodenform von ca. 35 cm Durchmesser

Zerbröseln Sie den knusprigen Frühstücksspeck, und verteilen Sie die Hälfte davon auf dem Boden der Tortenform. Vermischen Sie in einer Schüssel Eier, Eigelb, Senf, Senfpulver, Cayenne Pfeffer, Bratfett und 1/3 Tasse Parmesankäse gut miteinander. Erhitzen Sie die Sahne bis zum Sieden, aber *nicht* aufkochen lassen! Geben Sie die heiße Sahne zu der Masse, und vermischen Sie alles gründlich. Füllen Sie die Mischung dann in die Tortenbodenform, und backen Sie sie 35 Minuten lang bei 150°.

Streuen Sie den restlichen Käse und die zweite Hälfte der Frühstücksspeckbrösel sowie die gehackte Petersilie erst darüber, wenn die Quiche Lorraine sich nach dem Backen gesetzt hat, und servieren Sie sie dann heiß.
Insgesamt 26,0 g KH Pro Portion 3,2 g KH

5 Rohe Gemüse mit Saucen-Dip (Für 8 Personen)

	Pro ½ Tasse Gramm KH
Blumenkohlröschen	5,9
Radieschen	0,8
Grüne Bohnen	8,0
Champignons	5,0
Gurken	3,6

2 Eßl. Quark
1 Eßl. geriebener Meerrettich
1 Eßl. Salatkräuter-Gewürz
½ l saure Sahne
1 Teel. Gewürzsalz (nach Wahl)
1 Teel. gehackter Schnittlauch
1½ Teel. Estragon

Schneiden Sie die Gemüse in mundgerechte Stücke, und lassen Sie sie entweder in einer Schüssel mit Wasser oder fest in Alu-Folie gewickelt bis zum Servieren im Eisschrank.

Vermischen Sie den Quark, Meerrettich und die saure Sahne mit den restlichen Zutaten, und stellen Sie die Sauce mindestens 2 Stunden im Eisschrank kalt. Servieren Sie die Dip-Sauce in einer vorgekühlten Schüssel, die Sie in die Mitte einer Platte stellen, auf der Sie die Gemüsestücke ringsum möglichst hübsch garnieren.

Insgesamt 28,8 g KH Pro Portion (¼ Tasse) 3,6 g KH

6 Scampi (Für 8 Personen)

450 g Scampi (nur das gesäuberte Fleisch)
1 Teel. Kräuter- oder Gewürzessig
2 × die im Rezept für Knoblauchbuttersauce (35) angegebene Menge
2 Eßl. geriebener Parmesankäse
8 halbe Zitronenscheiben

Bringen Sie Wasser mit dem Essig zum Kochen, und lassen Sie die Scampi 3 Minuten lang darin sieden. Bringen Sie darauf die Knoblauchbuttersauce mit dem Parmesankäse bei kleiner Hitze zum Schmelzen. Legen Sie die abgetropften Scampi in eine Auflaufform, und übergießen Sie sie mit der Sauce. Überbacken Sie das Gericht 5 Minuten lang bei 150°, garnieren Sie es mit den halben Zitronenscheiben, und reichen Sie Zahnstocher dazu.

Insgesamt 20,4 g KH Pro Portion 1,3 g KH

7 Hühnerbrühe (Für 10 Personen – ergibt 2,4 l)

1 ca. 2 kg schweres Huhn, ausgenommen und gewaschen
2,8 l kaltes Wasser
1 Teel. Salz
2 Selleriestangen (oder eine Tasse voll kleingeschnitten)
1 Eßl. Petersilie
2 Eßl. gehackte Zwiebeln

Legen Sie das Huhn in das kalte Wasser, und bringen Sie es zum Kochen. Schöpfen Sie den sich bildenden Schaum ab, und fügen Sie die restlichen Zutaten hinzu. Lassen Sie das Huhn bei kleiner Hitze etwa 3 Stunden lang kochen. Anschließend lassen Sie das Huhn in der Brühe erkalten. Erst dann nehmen Sie es heraus und verwenden es für einen Geflügelsalat, eine kalte Fleischplatte oder braten das Fleisch paniert nach unserem Rezept 29.

Gießen Sie die Brühe durch ein Sieb, und stellen Sie sie in einem geschlossenen Behälter in den Eisschrank. Nach einigen Stunden können Sie die oben gebildete Fettschicht entfernen.

Benutzen Sie diese Brühe für Suppen und Saucen sowie für Aspik oder kalte, gelierte Consommé.

Insgesamt 7,2 g KH — Pro Portion 0,7 g KH

8 Hühnercremesuppe

Nehmen Sie für jede Tasse Hühnerbrühe folgende Zutaten:
2 Eßl. flüssige Schlagsahne
1 Eigelb zum Abbinden

Bringen Sie die Brühe zum Sieden, aber nicht zum Kochen, und geben Sie unter Rühren Sahne und Eigelb hinein, nachdem Sie die Brühe von der Kochstelle genommen haben.

Insgesamt 8,4 g KH — Pro Portion 0,8 g KH

9 Hühnersuppe mit Klößchen (Für 8 Personen)

2 l Hühnerbrühe (Rezept 7)
1 Ei
1½ Eßl. Hühnerfett (das Sie von der kalten Hühnerbrühe abschöpften)
¼ Tasse heißes Wasser oder Brühe
¼ Teel. Salz
¾ Tasse zerkrümelte Schweineschwarten-Chips

Trennen Sie das Eigelb vom Eiweiß, und verschlagen Sie das Eigelb mit dem leicht erwärmten Hühnerfett. Geben Sie es dann unter ständigem Schlagen in das heiße Wasser – oder die heiße Brühe – und fügen Sie das Salz und die zerkrümelten Schweineschwarten-Chips hinzu. Schlagen Sie das Eiweiß steif, aber nicht trocken, und ziehen Sie es unter die Masse. Stellen Sie diese etwa 1 Stunde lang im Eisschrank kalt. Bringen Sie dann die 2 l Hühnerbrühe zum Kochen. Befeuchten Sie Ihre Hände mit kaltem Wasser, und formen Sie aus der Masse kleine Klößchen von etwa dem Durchmesser eines 5-Mark-Stückes. Lassen Sie die Klößchen in der Brühe zugedeckt bei schwacher Hitze 20–25 Minuten sieden.
Insgesamt nur Spuren von KH

10 **Nudeln für Suppeneinlagen** (Für 2 Personen)

2 Eier (zimmerwarm)
¼ Teel. Gewürzsalz (nach Wahl)
3 Eßl. Butter

Lassen Sie die Butter auf einer Backpfanne mit hohen Kanten schmelzen. Trennen Sie die Eigelb vom Eiweiß, und schlagen Sie das Eiweiß steif. Schlagen Sie das Eigelb mit einer Gabel, und ziehen Sie es unter den Eischnee. Verteilen Sie die Eimasse auf dem Backblech, und backen Sie sie bei 170° 10 Minuten lang oder bis sich eine goldbraune Kruste bildet. Nach Erkalten schneiden Sie den gebackenen Eischnee in schmale Streifen und verwenden diese als Suppeneinlagen.
Insgesamt 1,2 g KH Pro Portion 0,6 g KH

11 **Suppe mit Eieinlauf** (Für 10 Personen)

1 l Hühnerbrühe (Rezept 7)
4 Eier

Bringen Sie die klare Hühnerbrühe zum Kochen. Schlagen Sie die Eier gut mit der Gabel schaumig, und geben Sie die Eiflüssigkeit unter ständigem Schlagen eßlöffelweise in die Brühe. Lassen Sie diese 3 Minuten bei kleiner Hitze sieden, aber nicht kochen, und servieren Sie sie recht heiß.
Insgesamt 8,4 g KH Pro Portion (1 Tasse) 0,8 g KH

12 Vichyssoise (Für 8 Personen)

4 Stangen Porree (Lauch)
2 Eßl. Butter
1 Tasse Hühnerbrühe (Rezept 7) oder 3 Würfel Hühnerbouillon in 1 Tasse Wasser aufgelöst
1 Tasse gekochter Blumenkohl
1 Tasse flüssige Schlagsahne
Pfeffer und Salz nach Geschmack
1 Eßl. gehackter Schnittlauch

Dünsten Sie die Porreestangen in Butter weich und goldgelb, und geben Sie sie mit der Hühnerbrühe in den Mixer; lassen Sie diesen so lange laufen, bis es eine glatte, sämige Creme ist. Füllen Sie diese in einen Kochtopf, fügen Sie den Blumenkohl, die Sahne, Pfeffer und Salz nach Geschmack hinzu, und lassen Sie die Masse bei kleiner Hitze 10–15 Minuten lang kochen. Geben Sie die Suppe dann noch einmal in den Mixer, damit sie auch wirklich ganz cremig glatt ist.

Dies ist eine besondere Köstlichkeit!

Insgesamt 24,8 g KH Pro Portion 3,1 g KH

Eierspeisen

13 Eier Benedikt (Für 1 Person)

1 Diät-Brötchen
2 Scheiben gekochter Schinken
1 Eßl. Butter
2 Eier
1 Prise Salz
1 Teel. Essig
1 Eßl. angewärmte Holländische Sauce (Rezept 33)

Schneiden Sie das Brötchen der Länge nach durch. Braten Sie den Schinken etwa 2 Minuten von jeder Seite in Butter an, und belegen Sie die beiden Brötchenhälften damit. Pochieren Sie die Eier auf folgende Weise: Füllen Sie eine kleine Pfanne zu $^{2}/_{3}$ mit Wasser, in das Sie 1 Prise Salz und 1 Teelöffel Essig geben. Bringen Sie das Wasser zum Aufkochen, und lassen Sie es bei kleiner Hitze weiter kochen. Schlagen Sie ein Ei in ein kleines, flaches Schälchen, und lassen Sie es vorsichtig in das siedende Wasser gleiten. Machen Sie es mit dem zweiten Ei ebenso. Begießen Sie die Eier mehrmals mit dem kochenden Wasser aus

der Pfanne, das Sie vorsichtig mit einem Löffel am Rand herausnehmen. Sowie das Eiweiß erstarrt und das Eigelb sich mit einer milchigen Schicht überzieht, nehmen Sie die Eier mit einem Schöpflöffel heraus und legen sie auf die Brötchenhälften. Garnieren Sie sie mit der Holländischen Sauce, und servieren Sie sie unverzüglich.
Insgesamt 1,7 g KH

14 Käse-Soufflé (Für 6 Personen)

½ Tasse Butter
1 Teel. Gewürzsalz (nach Wahl) oder Pfeffer und Salz
1½ Tassen flüssige Schlagsahne
2 Tassen geriebener Chesterkäse (etwa ½ Pfund)
8 Eier (zimmerwarm)
½ Tasse knusprig gebratene Frühstücksspeckbrösel
1 vorbereitete Auflaufform für 2½ l Volumen

Heizen Sie den Backofen auf 245° vor. Bereiten Sie die Auflaufform folgendermaßen vor: Schneiden Sie sich ein Stück gewachstes Papier zurecht, das den eineinhalbfachen Durchmesser der Auflaufform hat; legen Sie dieses Papier auf die Form, falten Sie es am Rand über die Form, und binden Sie es mit einer Schnur fest. Nehmen Sie den auf diese Weise geformten Papierdeckel vorsichtig wieder ab, und fetten Sie ihn und die Form von innen mit Butter ein, am besten mit zerlassener.

Bringen Sie die Butter in einem Topf zum Schmelzen, und fügen Sie Gewürzsalz (oder Pfeffer und Salz) sowie die Sahne unter ständigem Umrühren hinzu, bis es eine sämige Masse ist, aber nicht aufkochen lassen! Schütten Sie den Käse hinein, und rühren Sie weiter um, bis er geschmolzen ist. Nehmen Sie den Topf von der Kochstelle, und lassen Sie die Masse abkühlen. Schlagen Sie die Eigelb schaumig, und gießen Sie sie unter ständigem Schlagen in die Käsemasse. (Ein Schneebesen eignet sich am besten für die Zubereitung eines Soufflé.) Schlagen Sie das Eiweiß steif, und ziehen Sie die Käsemasse vorsichtig unter den Eischnee, damit dieser nicht zusammenfällt. Streuen Sie die Frühstücksspeckbrösel vorsichtig darüber, und füllen Sie das Ganze in die Auflaufform. Schließen Sie diese mit dem vorbereiteten Papierdeckel, und backen Sie das Soufflé 10 Minuten lang bei 245° und weitere 30 Minuten bei nur 200°. Das Soufflé ist fertig, wenn sich eine feste, hellbraune Kruste gebildet hat.
Insgesamt 26,3 g KH Pro Portion 4,4 g KH

15 Omelette

Und so gelingt Ihnen jedes Omelette:
Benutzen Sie nur eine schwere Aluminium- oder Eisenpfanne mit einem etwa 5 cm hohen Rand. Für ein Omelette von 2–3 Eiern nehmen Sie am besten eine Pfanne von 15–18 cm Durchmesser, für eines von 6–8 Eiern eine von 25 cm Durchmesser. Rechnen Sie ½ Eßlöffel Butter (Sonnenblumen-Öl ist allerdings sehr viel gesünder!) auf jeweils 3 Eier. Lassen Sie die Pfanne bei mittlerer Hitze – oder wie das jeweilige Rezept es verlangt – heiß werden, wenn Sie alle Zutaten beisammen haben. Die Pfanne sollte so heiß sein, daß sie bei einem Probespritzer aufzischt und die Butter aufschäumt, ohne braun zu werden. Schlagen Sie die Eier in einer Schüssel schaumig, und gießen Sie die Eiflüssigkeit in die Pfanne. Schieben Sie die Pfanne ein wenig hin und her, damit die Hitze besser verteilt wird. Heben Sie die Ränder des Omelettes mit einer Gabel oder einem Pfannenschieber leicht an, und senken Sie die Pfanne an dieser Stelle ein wenig, damit die noch flüssige Eimasse auf den Boden der Pfanne laufen kann. Nehmen Sie die Pfanne von der Kochstelle, wenn die Eimasse erstarrt – aber nicht trocken! – ist, schlagen Sie das Omelette zur Hälfte übereinander, und servieren Sie es sofort.

Falls Sie ein Omelette mit Füllung machen wollen, sollten Sie die Füllung stets *vor* dem Omelette zubereiten. Man kann ein Omelette mit den verschiedensten Dingen füllen. Versuchen Sie es einmal mit 2 Eßlöffeln unserer Erdbeermarmelade oder mit 2 Scheiben gebratenem Frühstücksspeck und 1 Scheibe Schweizer Käse oder mit ¼ Tasse geschnittenem Fleisch oder mit gekochtem Schinken oder Kassler. Auch eine Füllung aus gedünsteten Zwiebeln mit geschmorter Geflügelleber schmeckt köstlich, desgleichen geschmorte Champignons oder Pfifferlinge mit gebratenem Hackfleisch. Das Spinatomelette ist eines der von uns bevorzugten. Sie können es mit einem Löffel Schlagsahne garnieren.

16 Rührei mit Senf-Schinken (Für 2 Personen)

4 dünne Scheiben gekochter Schinken
Senfsauce (Rezept 38)
2 Eßl. Butter
4 Eier
Pfeffer und Salz nach Geschmack
1 Eßl. flüssige Schlagsahne

Schneiden Sie die Schinkenscheiben einmal in der Mitte durch, und bestreichen Sie die so erhaltenen Vierecke mit Senfsauce. Bringen Sie die Butter in einer Pfanne zum Schmelzen. Schlagen Sie die Eier mit der Sahne, Pfeffer und Salz glatt, und bereiten Sie das Rührei, wie Sie es gewohnt sind. Verteilen Sie das fertige, aber noch saftige Rührei auf die Schinkenvierekke (jeweils nur ein Häufchen in die Mitte!), rollen Sie sie zusammen, und stecken Sie die Röllchen mit einem Zahnstocher fest. Servieren Sie unverzüglich.
Insgesamt 4,0 g KH Pro Portion 2,0 g KH

17 Salzburger Nockerln (Pro Person jeweils 2 Eier)

Eier (zimmerwarm)
1 Eßl. zerlassene Butter
Süßstoff nach Belieben

Heizen Sie den Backofen auf 190° vor. Füllen Sie ein Backblech mit hohen Kanten halbhoch mit Wasser, und schieben Sie es auf der tiefsten Schiene in den Ofen. Bereiten Sie entsprechend dem Rezept für das Käse-Soufflé (14) eine Auflaufform vor. Schlagen Sie dann das Eigelb schaumig und das Eiweiß zu Eischnee, und süßen Sie beides mit Süßstoff. Ziehen Sie den Eischnee vorsichtig und schnell unter das Eigelb, und füllen Sie die Schaummasse unverzüglich in die Auflaufform. Stellen Sie diese in die Mitte des Backblechs, und lassen Sie das Soufflé etwa 30 Minuten lang im Ofen, bis es eine feste Kruste hat, und servieren Sie es dann sofort.
Insgesamt für jeweils 2 Eier (pro Portion) 1,3 g KH

18 Spinatomelette (Für 2 Personen)

½ Tasse gewaschener, klein gehackter Spinat
3 Eßl. Olivenöl
1 zerdrückte Knoblauchzehe
4 schaumig geschlagene Eier
1 Prise Pfeffer
¼ Teel. Salz
3 Eßl. geriebener Parmesankäse

Vergewissern Sie sich, daß der Spinat auch wirklich gut gewaschen ist, bevor Sie ihn abtropfen lassen. Erhitzen Sie das Olivenöl in einem Topf, fügen Sie die zerdrückte Knoblauchzehe hinzu, und dünsten Sie sie goldbraun. Geben Sie den Spinat unter Umrühren hinzu, und lassen Sie ihn zugedeckt auf kleiner Hitze 15 Minuten lang kochen unter gelegentlichem Umrühren. Bereiten Sie inzwischen das Omelette (Eier, Pfeffer und Salz). Streichen Sie den Spinat auf das fertige Omelette, streuen Sie den Parmesankäse darüber, und klappen Sie es zur Hälfte übereinander.

Insgesamt 8,9 g KH Pro Portion 4,5 g KH

Hauptgerichte:
Fleisch, Geflügel, Fisch und Meerestiere

19 **Gefüllte Seezungenfilets** (Für 2 Personen)

2 Eßl. Butter
½ Teel. Gewürzsalz (nach Wahl)
1 Teel. Zitronensaft
¼ Teel. geriebener Meerrettich
5 Tropfen Tabasco-Sauce
⅓ Tasse flüssige Schlagsahne
1 Dose Krabbenfleisch
4 Seezungenfilets
2 Eßl. zerlassene Butter
2 Teel. Zitronensaft
gehackte Petersilie

Bringen Sie die Butter zum Schmelzen, und fügen Sie Salz, 1 Teelöffel Zitronensaft, den Meerrettich, die Tabasco-Sauce und die Sahne hinzu. Erhitzen Sie die Sauce bei kleiner Hitze bis zum Sieden (Aber nicht aufkochen lassen!), nehmen Sie sie von der Kochstelle, und geben Sie das Krabbenfleisch hinein. Fetten Sie eine flache Auflaufform ein, legen Sie 2 der Seezungenfilets hinein, und verteilen Sie die Krabbensauce darüber. Legen Sie die restlichen beiden Filets darauf, und beträufeln Sie sie mit den 2 Eßlöffeln zerlassener Butter, vermischt mit den 2 Teelöffeln Zitronensaft. Streuen Sie die gehackte Petersilie darüber, und überbacken Sie das Gericht bei 170° etwa 30 Minuten lang.

Insgesamt 6,0 g KH Pro Portion 3,0 g KH

20 Geschmorter Rippenspeer (Für 6 Personen)

1,3 kg Rippenspeer
¼ Tasse gehackte Zwiebeln
1 Eßl. Bratfett (von Ihrem Frühstücksspeck)
¼ Teel. Knoblauchpulver
½ Tasse Wasser
⅛ Tasse Zitronensaft
2 Eßl. Estragon-Essig
1 Eßl. Worcestershire-Sauce
Süßstoff nach Belieben
1 Tasse Tomatensaft
3 Eßl. Sojasauce
¼ Teel. Paprika
1 Eßl. Sherry

Heizen Sie den Backofen auf 230° vor. Zerlegen Sie den Rippenspeer in einzelne Rippenstücke; legen Sie diese in einen großen Schmortopf, und stellen Sie diesen mit einem gewachsten Papier zugedeckt 15 Minuten in den Backofen. Braten Sie unterdessen die Zwiebeln in dem Bratfett goldbraun, fügen Sie das Knoblauchpulver hinzu, und lassen Sie die Zwiebeln unter ständigem Wenden noch 1 Minute auf der Kochstelle. Geben Sie die restlichen Zutaten hinzu, und lassen Sie alles 25 Minuten schmoren. Entfernen Sie das Wachspapier von dem Schmortopf, und übergießen Sie die Rippchen mit der Sauce. Lassen Sie anschließend die Rippchen unter häufigem Begießen noch 1 Stunde bei 170° im Backofen gar schmoren.
Insgesamt 27,3 g KH Pro Portion 4,6 g KH

21 Grill-Hähnchen (Für 6 Personen)

¼ Tasse Steak-Sauce
Süßstoff nach Belieben
1 Teel. frisch gemahlene Senfkörner
1 zerdrückte Knoblauchzehe
1 Eßl. geriebener Meerrettich
2 kg Hähnchen (in Portionsstücke zerlegt)

Verrühren Sie alle Zutaten bis auf das Fleisch miteinander, und lassen Sie die Fleischstücke über Nacht im Eisschrank in dieser Marinade. Nehmen Sie am nächsten Tag das Gefäß rechtzeitig aus dem Eisschrank, damit das Fleisch vor dem Grillen Zimmertemperatur angenommen hat. Grillen Sie die Fleischstücke so weit wie möglich von dem Holzkohlenfeuer entfernt unter häufigem Wenden und Begießen mit der Marinade, bis sie knusprig braun sind.

Diese Barbecue-Marinade eignet sich auch vorzüglich für Lamm- oder Schweinefleisch.

Insgesamt 8,3 g KH   Pro Portion 1,4 g KH

22 **Hamburger Fondue** (Für 4 Personen)

500 g Rinderhack
½ Teel. Zwiebelpulver
Pfeffer und Salz nach Geschmack
2 Eßl. zerlassene Butter

Vermischen Sie das Hackfleisch mit dem Zwiebelpulver, Pfeffer und Salz, und formen Sie kleine Bällchen daraus. Wenden Sie diese in der zerlassenen Butter, und lassen Sie sie in einer mit Aluminium-Folie ausgelegten Auflaufform im Backofen braun schmoren.

Servieren Sie folgende heiße Saucen-Dips dazu:
Steak-Sauce Pro Portion 1,2 g KH (Rezept 39)
Meerrettichsauce Pro Portion 0,9 g KH (Rezept 34)
Knoblauchbuttersauce Pro Portion 0,1 g KH (Rezept 35)
Insgesamt 0,4 g KH   Pro Portion Spuren

Servieren Sie die Fleischbällchen bei Stufe 1 (also in der ersten Woche) mit folgender Sauce:

Blauschimmelkäse Dressing: Vermischen Sie mit einer Gabel ¼ Tasse zerkrümelten Blauschimmelkäse mit 4 Eßl. gesalzener, zimmerwarmer Butter.

23 **Hühnchen Cordon bleu** (Für 6 Personen)

4 halbierte und entbeinte Hühnerbrüste
¼ Teel. Gewürzsalz (nach Wahl)
2 schaumig geschlagene Eier
½ Tasse Schweineschwarten-Chips, im Mixer zu Panierbröseln zerkleinert
8 Scheiben Schinken
8 Scheiben Schweizer Käse
60 g Butter
⅓ Tasse Sauterne

Heizen Sie den Backofen auf 170° vor. Reiben Sie das zuvor weichgeklopfte Hühnerfleisch mit dem Gewürzsalz ein, und wenden Sie die Stücke in dem geschlagenen Ei und anschließend in den Panierbröseln. Legen Sie dann auf jede Hühnerbrust eine Scheibe Schinken und eine Scheibe Käse, und rollen Sie den Schinken und Käse in das Fleisch ein. Binden Sie die Rollen zusammen, und braten Sie sie in Butter von allen Seiten scharf an, bis sie braun sind. Legen Sie sie anschließend in eine flache Auflaufform, und übergießen Sie sie mit der Butter und dem Wein, und lassen Sie das Gericht 1 Stunde im Backofen garen. Servieren Sie nur eine gefüllte Hühnerbrust pro Person.

In Scheiben geschnitten, eignet sich dieses Gericht auch als Vorspeise.

Insgesamt 5,7 g KH Pro Portion 1,0 g KH

24 Hummer à la Cantonaise (Für 6 Personen)

1 Tasse Sahnesauce (Rezept 36)
3 Eßl. Sonnenblumen-Öl
3 Eßl. gehackte Zwiebeln
250 g Schweinehack
1 zerdrückte Knoblauchzehe
1 Dose Hummerfleisch
700 g rohe Krabben (nur das gesäuberte Fleisch)
2 Eßl. Wasserkastanien
2 Eßl. gehackte Bambussprossen
1 Teel. Salz
1/8 Teel. Pfeffer
1 Tasse Hühnerbrühe (Rezept 7)
2 Eßl. gehackte Schalotten

Bereiten Sie nach unserem Rezept die Sahnesauce, und stellen Sie sie in einem Wasserbad zugedeckt warm. Nachdem Sie die Zwiebeln in einer großen Pfanne in dem Öl angebräunt haben, fügen Sie das Hackfleisch mit dem Knoblauch hinzu und lassen es unter häufigem Wenden gleichmäßig braun braten. Geben Sie dann das Hummerfleisch, die Krabben, Bambussprossen und Pfeffer und Salz hinzu, und lassen Sie alles zusammen weitere 2 Minuten braten, bevor Sie mit der vorher erhitzten Hühnerbrühe aufgießen. Nachdem das Gericht bei kleiner Hitze zugedeckt 8 Minuten geschmort hat, rühren Sie die Sahnesauce hinein, doch nehmen Sie es vorher von der Kochstelle. Schmecken Sie die Sauce ab, und würzen Sie sie eventuell nach. Als letztes wird das Gericht mit den gehackten Schalotten bestreut.

Insgesamt 2,9 g KH Pro Portion 0,5 g KH

25 Käse-Frikadellen (Für 4 Personen)

700 g Rinderhack
4 Scheiben knusprig gebratener Frühstücksspeck, zerbröselt
½ Tasse geriebener Chesterkäse
1 Teel. Gewürzsalz (nach Wahl)
Pfeffer
1 Teel. gehackte Petersilie
Bratenfett vom Frühstücksspeck

Vermischen Sie das Hackfleisch mit dem Frühstücksspeck, Käse, Salz und Pfeffer, und formen Sie 4 flache, etwa 2,5 cm dicke Frikadellen daraus. Braten Sie diese bei mittlerer Hitze in dem Bratenfett von beiden Seiten 8 Minuten lang, wenn Sie Ihr Fleisch gern innen noch rosa haben, und garnieren Sie die Frikadellen mit der gehackten Petersilie.
Insgesamt 2,8 g KH — Pro Portion 0,7 g KH

26 Kalbsmedaillons Piccata (Für 4 Personen)

½ Glas Schweineschwarten-Chips, im Mixer zu Panierbröseln zerkleinert
1 Eßl. geriebener Parmesankäse
2 Eier
Pfeffer und Salz nach Geschmack
6 Kalbsschnitzel
110 g Butter
8 Eßl. Olivenöl
geriebene Schale von einer ungespritzten Zitrone
6 Zitronenscheiben

Nachdem Sie die Panierbrösel und den geriebenen Käse auf einem flachen Teller vermischt und die Eier mit dem Salz und Pfeffer in einer Schüssel schaumig geschlagen haben, wenden Sie die Schnitzel zuerst in dem Ei und dann in der Paniermischung. Erhitzen Sie die Butter und das Olivenöl in einer Pfanne, und braten Sie die Schnitzel von beiden Seiten scharf an. (Aber Vorsicht! Kalbfleisch muß ständig umgedreht werden!) Geben Sie dann auf jedes Schnitzel 1 Zitronenscheibe, etwas geriebene Zitronenschale und Zitronensaft, und lassen Sie das Fleisch zugedeckt bei kleiner Hitze 10 Minuten schmoren. Drehen Sie die Schnitzel nur einmal nach den ersten 5 Minuten um.
Insgesamt 10,2 g KH — Pro Portion 2,6 g KH

27 Kalbsrouladen in Weinsauce (Für 6 Personen)

6 Hühnerleber, in Hälften geschnitten
3 Eßl. Butter
8 dünne Scheiben geräucherter Schinken (oder magerer gekochter Schinken)
½ Teel. Salbei
½ Teel. Basilikum
Pfeffer und Salz nach Geschmack
700 g dünne Kalbsschnitzel, in 12 Stücke geschnitten
24 Zahnstocher oder dünner Bindfaden
1 Tasse Chablis
2 Eßl. Rinderbouillon oder Wasser

Braten Sie die Hühnerleber in 1 Eßl. Butter gar, schneiden Sie sie in kleine Stücke, und vermischen Sie sie mit dem ebenfalls kleingeschnittenen Schinken, dem Salbei, Basilikum, Pfeffer und Salz. Verteilen Sie diese Masse auf den Fleischscheiben, rollen Sie diese zusammen, und stecken oder binden Sie sie fest. Erhitzen Sie darauf 2 Eßl. Butter in einer großen Pfanne, und bräunen Sie die Fleischröllchen von allen Seiten gut an. Gießen Sie mit dem Wein auf, und lassen Sie die Rouladen weiter schmoren, bis keine Flüssigkeit mehr in der Pfanne ist. Nehmen Sie sie dann heraus, und stellen Sie sie auf einer Platte warm. Lösen Sie nun mit der Bouillon oder dem Wasser den Bratensatz aus der Pfanne, und übergießen Sie die Rouladen mit der Sauce.
Insgesamt 9,38 g KH Pro Portion 1,6 g KH

28 Londoner Schmorbraten (Für 4 Personen)

2 Eßl. geriebener Parmesankäse
2 Eßl. Olivenöl
2 Eßl. Sonnenblumen-Öl
2 Eßl. Estragon-Essig
2 Teel. Gewürzsalz (nach Wahl)
1,3 kg Rinderbraten

Vermischen Sie Parmesankäse, Öl, Essig und Salz, und lassen Sie das Fleisch nach mehrmaligem Wenden über Nacht in dieser Marinade liegen (in einem geschlossenen Gefäß im Eisschrank). Braten Sie es am folgenden Tag wie Steaks, nur länger entsprechend der Dicke des Bratens.
Insgesamt 2,2 g KH Pro Portion 0,6 g KH

29 Paniertes Hühner-, Kalbs- oder Schweineschnitzel oder paniertes Fischfilet

Backen Sie nach unserem Rezept (61) 6 Diät-Brötchen, und zerkleinern Sie diese, wenn erkaltet, im Mixer zu Panierbröseln.

Schlagen Sie 2 Eier schaumig, und wenden Sie die Fleisch- oder Fischstücke zuerst in der Eimasse und dann in den Panierbröseln; wiederholen Sie es ein zweites Mal.

Hühnerfleisch braten Sie am besten in einer Pfanne, deren Boden ½ cm hoch mit heißem Öl oder Butter bedeckt ist. Lassen Sie das Fleisch erst auf einer Seite anbräunen, bevor Sie es umwenden. Nachdem auch die andere Seite schön braun ist, sollte das Fleisch zugedeckt bei kleiner Hitze 20–30 Minuten (je nach Dicke der Stücke eventuell länger oder kürzer) schmoren.

Kalbs- oder Schweinefleisch braten Sie auf die gleiche Weise an und richten sich mit der Schmorzeit ebenfalls nach der Dicke der Fleischstücke.

Fischfilet wird genauso angebraten, aber nur 5–10 Minuten zugedeckt gegart.

Zu diesen Fleisch- und Fischgerichten eignet sich sehr gut unsere Senfsauce wie auch unsere Sauce Béarnaise.

Insgesamt 3,9 g KH Pro Portion 1,0 g KH

30 Poularde à la Dijonnaise (Für 4 Personen)

2 Eßl. Butter
1 Poularde 1,3 kg schwer (oder zartes Hühnchen)
½ Tasse Chablis
¼ Teel. Estragon
1 Prise Thymian
1 kleines Lorbeerblatt
½ Teel. Pfeffer
2 Eigelb
2 Teel. saure Sahne
3 Teel. Dijon-Senf
1 Prise Cayenne Pfeffer

Erhitzen Sie die Butter in einem Schmortopf, und braten Sie die Poularde von allen Seiten braun. Fügen Sie den Wein, Thymian, Estragon, Salz und Pfeffer sowie das Lorbeerblatt hinzu, und lassen Sie die Sauce kurz aufkochen. Anschließend muß das Huhn 45 Minuten zugedeckt bei kleiner Hitze geschmort werden. Nehmen Sie dann das Huhn heraus, und stellen Sie es warm.

Fischen Sie das Lorbeerblatt aus der Sauce, schlagen Sie das Eigelb mit einem Schneebesen in die Sauce (Aber diese vorher von der Kochstelle nehmen!), und fügen Sie die saure Sahne, den Senf und Cayenne Pfeffer hinzu. Erhitzen Sie nun die Sauce unter ständigem Umrühren bis zum Siedepunkt, aber lassen Sie sie auf keinen Fall aufkochen. Legen Sie darauf das Huhn wieder in die Sauce, und lassen Sie es zugedeckt noch 5 Minuten auf sehr kleiner Hitze heiß werden.

Insgesamt 3,2 g KH Pro Portion 0,8 g KH

31 Schmorbraten (Für 4 Personen)

3 Würfel gekörnte Rinderbouillon (mehr nach Geschmack)
1 mittelgroße gehackte Zwiebel
Knoblauchpulver nach Geschmack
1,3 kg Rinderbraten

Heizen Sie den Backofen auf 150° vor. Braten Sie die gehackte Zwiebel mit ausreichend Öl in einer Pfanne hellbraun. Legen Sie darauf einen eisernen Schmortopf mit zwei großen, über Kreuz gelegten Stücken Aluminium-Folie aus, so daß Boden und Wände des Topfes vollständig mit Folie bedeckt sind. Streuen Sie die Hälfte der gekörnten Bouillon sowie die Hälfte der gebratenen Zwiebel auf den Boden des Topfes. Nachdem Sie das Fleisch mit dem Knoblauchpulver eingerieben haben, legen Sie es in den Topf und bestreuen es mit der restlichen gekörnten Bouillon und den restlichen Zwiebeln. Schlagen Sie nun die Folie über dem Braten zusammen, und wickeln Sie ihn fest in die Folie ein. Lassen Sie ihn in dem zugedeckten Schmortopf bei 150° 2 Stunden im Backofen garen und anschließend noch eine weitere Stunde bei 135°. Der fertige Braten sollte etwas abkühlen, bevor Sie ihn aufschneiden.

Insgesamt 7,0 g KH Pro Portion 1,8 g KH

32 Tempura (Für 4 Personen)

3 Eßl. Sesamsamen, fein gemahlen
3 Eier
2 Eßl. Quark
10 Prisen Gewürzsalz (nach Wahl)

Insgesamt 9,2 g KH

Vermischen Sie alle Zutaten 3 Minuten lang im Mixer, und tauchen Sie jeweils ¼ Tasse der folgenden Zutaten in die Masse,

bevor Sie sie braun braten:	KH-Gramme pro ¼ Tasse
Krabben oder Scampi	0,9
Muscheln (Kamm-)	2,0
Fischfilet	–
Blumenkohlröschen	3,0
Champignons	2,5
Grüne Bohnen	3,1

Reichen Sie dazu unsere Senf-, Meerrettich- und Zitronen-Buttersauce.

Saucen

33 **Holländische Sauce** (Ergibt 16 Eßl.)

½ Tasse Butter oder Pflanzenmargarine
¼ Teel. Salz
1 Prise Cayenne Pfeffer
2 Eßl. Zitronensaft
⅔ Tasse kochendes Wasser
4 Eigelb

Bringen Sie die Butter in einem Wasserbad (Das Wasser muß auf kleiner Hitze sieden!) zum Schmelzen, und rühren Sie sie so lange, bis sie sahnig ist. Geben Sie dann unter ständigem Schlagen mit einem Schneebesen Salz, Pfeffer, Zitronensaft und Wasser hinzu. Nachdem Sie die Sauce von der Kochstelle genommen haben, fügen Sie jedes Eigelb einzeln hinzu und schlagen die Sauce so lange weiter, bis sie locker und schaumig ist. Nun stellen Sie sie wieder ins Wasserbad zurück und schlagen sie weiter, bis sie glasig dick wird. Bis zum Servieren wird die Sauce dann zugedeckt im Backofen warm gestellt.

Sollte die Sauce Ihnen einmal gerinnen, so schlagen Sie sie erneut so lange mit dem Schneebesen durch, bis sie wieder sahnig glatt ist.

Insgesamt 5,6 g KH | Pro Eßl. 0,4 g KH

34 **Kalte Meerrettichsauce** (Ergibt 10 Eßl.)

½ Tasse saure Sahne
2 Eßl. geriebener Meerrettich
2 fein gehackte Schalotten
Gewürzsalz (nach Wahl)
Paprika

Vermischen Sie alle Zutaten bis auf den Paprika miteinander, und schütten Sie die Sauce in eine Schale. Bestäuben Sie sie mit Paprika, und stellen Sie sie bis zum Servieren in den Eisschrank.
Insgesamt 8,7 g KH Pro Eßl. 0,9 g KH

35 Knoblauchbuttersauce (Ergibt 5 Eßl.)

¼ Tasse zerlassene Butter
2 zerdrückte Knoblauchzehen
Gewürzsalz (nach Wahl)
⅛ Teel. gehackter Schnittlauch

Vermischen Sie die Zutaten in einem kleinen Topf, und lassen Sie die Sauce 1 Minute lang aufkochen. Diese Sauce wird möglichst heiß serviert.
Insgesamt 4,9 g KH Pro Eßl. 1,0 g KH

36 Sahnesauce (Grundlage für viele andere Saucen) (Ergibt 18 Eßl.)

½ Tasse Butter
3 Eigelb
¼ Tasse Wasser
¼ Tasse flüssige Schlagsahne
1 Prise Salz

Bringen Sie die Butter im Wasserbad zum Schmelzen, und fügen Sie unter ständigem Schlagen mit einem Schneebesen jedes Eigelb einzeln hinzu und anschließend nach und nach die Sahne, das Wasser und Salz. Hören Sie erst auf zu schlagen, wenn die Sauce nach etwa 4–5 Minuten sämig dick geworden ist.
Insgesamt 4,8 g KH Pro Eßl. 0,3 g KH

37 Sauce Béarnaise (Ergibt 16 Eßl.)

Verrühren Sie folgende Zutaten glatt miteinander:
½ Tasse zerlassene Butter
2 Eßl. Zitronensaft
3 Eigelb
¼ Teel. gehackte Petersilie
¼ Teel. Gewürzsalz (nach Wahl)
½ Teel. Senf

Geben Sie die folgenden Zutaten bis auf den Süßstoff in einen kleinen Topf:

2 Eßl. Chablis
2 Teel. Estragon (als getrocknetes Gewürz)
1 Eßl. Estragon-Essig
2 Teel. fein gehackte Schalotten
Süßstoff nach Belieben

Lassen Sie sie bei kleiner Hitze kochen, bis die Hälfte der Flüssigkeit verdampft ist. Geben Sie nun die beiden Mischungen zusammen in den Mixer, und lassen Sie diesen so lange laufen, bis es eine glatte Sauce ist. Erhitzen Sie diese auf kleiner Hitze, schmecken Sie mit Süßstoff ab, und servieren Sie sie heiß.

Insgesamt	7,3 g KH	Pro Eßl.	0,5 g KH

38 Senfsauce (Ergibt 1 Tasse = 16 Eßl.)

3 Eßl. feingehackte Zwiebeln
1 Eßl. Butter
8 Eßl. Dijon-Senf
¼ Tasse flüssige Schlagsahne
½ Teel. Worcestershire Sauce
½ Eßl. gehackter Schnittlauch

Dünsten Sie die Zwiebeln in der Butter glasig, und fügen Sie den Senf und die Sahne hinzu. Erhitzen Sie die Sauce bis zum Siedepunkt (Aber nicht bis zum Aufkochen!), und geben Sie die Worcestershire Sauce hinzu. Sie servieren die Sauce heiß und mit dem gehackten Schnittlauch garniert.

Insgesamt	7,0 g KH	Pro Eßl.	0,4 g KH

39 Steak-Sauce (Ergibt 11 Eßl.)

½ Tasse Tomatenmark
¼ Tasse Wasser
5 Teel. Essig
¼ Teel. Orangen-Aroma
⅛ Teel. Salz
1 zerdrückte Knoblauchzehe
1 Teel. geriebene Zwiebel
½ Teel. Reform Würze
20 Tropfen Tabasco-Sauce

Vermischen Sie alle Zutaten gut miteinander, und stellen Sie die Sauce bis zum Servieren in den Eisschrank.

Insgesamt	13,2 g KH	Pro Eßl.	1,2 g KH

40 Zitronen-Buttersauce (Für 6 Personen)

3 Eßl. zimmerwarme Butter oder Pflanzenmargarine
1 Eßl. Zitronensaft
1 Eßl. gehackte Petersilie
½ Teel. Salz
1 Prise Pfeffer
geriebene Schale von ½ ungespritzten Zitrone

Verrühren Sie alle Zutaten gut miteinander, und erwärmen Sie die Sauce auf kleiner Hitze.

Insgesamt 4,2 g KH Pro Portion 0,7 g KH

Salate

41 Cäsar-Salat (Für 8 Personen)

2 Köpfe spanischer Salat
1 durchgeschnittene Knoblauchzehe
Cäsar-Dressing (Rezept 51)
450 g knusprig gebratener Frühstücksspeck
1/3 Tasse geriebener Parmesankäse
2 Eßl. gehackte Petersilie
1 Dose Sardellen (falls gewünscht)
4 hartgekochte, gehackte Eier

Zerreißen Sie die gut gewaschenen und abgetropften Salatblätter in mundgerechte Stücke, und geben Sie diese in eine mit der Knoblauchzehe ausgeriebene hölzerne Salatschüssel. Übergießen Sie die Salatblätter mit der Hälfte der Sauce, und wenden Sie sie um. Verteilen Sie nun die Speckscheiben, den geriebenen Käse, die Sardellen und Petersilie auf dem Salat, übergießen Sie ihn mit der restlichen Sauce, und garnieren Sie mit dem gehackten Ei.

Insgesamt 27,0 g KH Pro Portion 3,4 g KH

42 Chef-Salat (Für 6 Personen als vollgültige Mahlzeit)

2 Tassen grünen Salat (oder Spinatblätter oder Chicorée)
1 mittelgroße Tomate, in Scheiben geschnitten
1 geschälte Gurke, in Würfel geschnitten
3 fein gehackte Schalotten
1 Dose abgetropfte Sardellen

½ Tasse dünne Rettichscheiben
¾ Tasse French Dressing (Rezept 53)
1 Tasse gekochtes Hühnerfleisch, in feine Streifen geschnitten
1 Tasse gekochter Schinken, in feine Streifen geschnitten
1 Tasse Schweizer Käse (oder Chesterkäse), in feine Streifen geschnitten
6 Curry-Eier (Rezept1)

Nachdem Sie die Salatblätter gründlich gewaschen und in einem sauberen Handtuch gut abgetrocknet haben, zerreißen Sie sie in mundgerechte Stücke und geben sie mit den Tomatenscheiben und Gurkenwürfeln, den Schalotten und Sardellen in eine große, möglichst flache Salatschüssel. Übergießen Sie die Zutaten mit der Hälfte der Sauce, wenden Sie den Salat kurz um, und garnieren Sie ihn ringsum abwechselnd mit einem kleinen Bündel von Käse-, Schinken- und Hühnerfleischstreifen und 8 halben Curry-Eiern; die restlichen 4 Curry-Eier legen Sie sternförmig in die Mitte. Übergießen Sie den Salat mit der zweiten Hälfte der Sauce. Falls Sie den Salat auf Portionstellern anrichten, achten Sie darauf, daß auf jeden Teller etwas von allem kommt.
Insgesamt 33,2 g KH Pro Portion 5,5 g KH

43 Geflügelsalat (Ergibt 5 Portionen)

1 Tasse kleingeschnittenes, kaltes Hühnerfleisch
½ Tasse kleingeschnittene Selleriestangen
¼ Tasse Mayonnaise
¼ Tasse saure Sahne
¼ Tasse Walnüsse
Salatkräuter-Gewürz
1 gehacktes, hartgekochtes Ei zum Garnieren

Vermischen Sie alle Zutaten bis auf das gehackte Ei miteinander, und stellen Sie den Salat mindestens 1 Stunde in den Eisschrank. Füllen Sie dann den gut gekühlten Salat in eine mit grünen Salatblättern ausgelegte Schüssel, und garnieren Sie ihn mit dem gehackten Ei.
Für eine besondere Gelegenheit können Sie diesen Salat mit Avocadostücken veredeln.
Insgesamt 17,3 g KH Pro Portion 3,5 g KH

44 Gefüllte Zucchini (Für 8 Personen)

8 mittelgroße Zucchini
250 g Rinderhack
1 Ei
2 Eßl. geriebener Parmesankäse
½ Teel. Salz
½ Teel. Pfeffer
6 Scheiben gekochter oder geräucherter Schinken
3 Eßl. Olivenöl
1 Eßl. gehackte Petersilie
1 Scheibe würflig geschnittener, durchwachsener Räucherspeck
2 Eßl. gehackte Zwiebeln
¼ l Tomatensaft
¾ Tasse Wasscr

Heizen Sie den Backofen auf 190° vor, und lassen Sie die Zucchini 8 Minuten lang in Wasser kochen. Schneiden Sie die abgekühlten Zucchini der Länge nach durch, und lösen Sie mit einem Löffel das Innere heraus (Die Schale darf dabei nicht beschädigt werden!). Nachdem Sie das Fruchtfleisch und den Schinken in kleine Würfel geschnitten haben, vermischen Sie beides mit dem Hackfleisch, Ei, Pfeffer und Salz und füllen diese Masse wieder in die Zucchinihälften. Erhitzen Sie nun das Olivenöl in einem großen Schmortopf, und bräunen Sie die Speckwürfel, Zwiebeln und Petersilie bei kleiner Hitze gut an. Löschen Sie mit dem Tomatensaft und Wasser ab, und lassen Sie die Sauce 5 Minuten lang kochen. Setzen Sie die gefüllten Zucchinihälften in eine Auflaufform passender Größe (Sie darf nicht zu groß sein, da sonst zu viel Sauce verdampft!), und übergießen Sie sie mit der Sauce, bevor Sie das Gericht 30 Minuten lang im Backofen überbacken.
Dieses Gericht ist eine vollgültige, sättigende Mahlzeit.
Insgesamt 39,2 g KH Pro Portion 4,9 g KH

45 Gemischter Rohkostsalat (Für 6 Personen)

Waschen Sie eine beliebige Zusammenstellung verschiedener Salatsorten (z.B. spanischen Salat, Endivien-, Kopf- und Eissalat, Chicorée, Brunnenkresse, Spinat), und trocknen Sie diese gut in einem sauberen Handtuch ab. (An nassen Blättern haftet keine Sauce!) Zerreißen Sie die Blätter in mundgerechte Stücke, und stellen Sie sie im Eisschrank kalt. Meistens nimmt man für

diesen Salat unser French Dressing, doch probieren Sie ihn auch einmal mit einer unserer anderen Salatsaucen.
Rechnen Sie für 6 Personen etwa 2 Tassen Salatblätter und etwa 2 Tassen von zwei oder mehreren der folgenden Gemüse: (2 Tassen Salatblätter entspricht 14,4 g).

Rohe Gemüse:	KH-Gramme pro ½ Tasse
Blumenkohl, in dünne Scheiben geschnittene Röschen	5,9
Selleriestangen, dünne Scheiben oder Würfel	4,4
Gurken, Scheiben oder Würfel	3,6
Grüne Paprikaschoten, dünne Ringe oder Würfel	5,4
Porree oder Schalotten, dünne Scheiben	11,8
Champignons, dünne Scheiben oder Würfel	5,0
Radieschen, dünne Scheiben oder geraspelt	4,5
Tomaten, in Achtel geschnitten	5,3
Zucchini, dünne Scheiben oder geraspelt	3,5
Grüne Oliven, mit oder ohne Kern	1,5
Schwarze Oliven, entkernt	2,9
Gekochte und im Eisschrank gekühlte Gemüse:	
Spargel, 2,5 cm lange Stücke	4,1
Blumenkohl, kleine Röschen	4,6
Grüne Bohnen, 2,5 cm lange Stücke	6,1

Um diesen Rohkostsalat noch schmackhafter zu machen, können Sie eine oder mehrere der folgenden Zutaten hinzufügen:

Sardellen, kleingehackt (Aber nur einige kleine Filets!)	0,0
Frühstücksspeck, knusprig gebratene Brösel	3,6
Blauschimmelkäse, zerkrümelt	2,3
Chesterkäse, gerieben oder Würfel	2,4
Eier, hartgekocht, Scheiben, Viertel oder gehackt	1,0
Zitronenschale, gerieben (Aber nicht mehr als 1 Eßl.!)	18,0
Knoblauchzehe, zerdrückt	34,7
Parmesankäse, gerieben	3,3
Wal-, Pecan- oder Paranüsse, gehackt	17,8

46 Gemischter Salat mit Quark und saurer Sahne

(Für 8 Personen)

2 Tassen grüner Salat oder zarter Spinat (roh!)
1 1/3 Tassen geschälte Gurkenscheiben
½ Tasse Radieschenscheiben
½ Tasse fein gehackte Schalotten
Pfeffer und Salz
2 Tassen Quark
1 Tasse saure Sahne

Nachdem Sie die Salatblätter gründlich gewaschen und abgetrocknet haben, zerreißen Sie sie in mundgerechte Stücke. Falls Sie Spinat verwenden, zupfen Sie die Blätter von den harten, ungenießbaren Stellen. Geben Sie die Salatblätter mit den Gurken- und Radieschenscheiben, den Schalotten, dem Pfeffer, Salz und Quark in eine Salatschüssel, und wenden Sie den Salat leicht um. Servieren Sie ihn mit der sauren Sahne garniert.

Insgesamt	44,2 g KH	Pro Portion	5,5 g KH

47 Krautsalat (Für 8 Personen)

¼ Tasse Mayonnaise
¼ Tasse Quark
1 Eßl. Essig
½ Teel. geriebene Zwiebel
¼ Teel. Kümmel
1 Teel. Selleriesamen oder ½ Teel. Selleriesalz
2 Tassen fein geraspelter Kohl
Süßstoff nach Belieben

Vermischen Sie alle Zutaten bis auf den Kohl und Süßstoff gut miteinander, schmecken Sie mit Süßstoff ab, und stellen Sie die Sauce im Eisschrank kalt. Raspeln Sie den Kohl so fein wie möglich, und geben Sie ihn in eine mit grünen Salatblättern ausgelegte Schüssel, bevor Sie ihn mit der Sauce übergießen, ihn umwenden und gleich servieren. (Mit einer wirklich kalten Sauce schmeckt dieser Krautsalat am besten!)

Insgesamt	23,8 g KH	Pro Portion	3,0 g KH

48 Saure-Sahnesauce für Krautsalat (Für 8 Personen)

1 Tasse saure Sahne
1 Eßl. Essig
½ Teel. Kümmel
1 Teel. Selleriesamen oder ½ Teel. Selleriesalz
1 Teel. Salz
4 Eßl. flüssige Schlagsahne
Süßstoff nach Belieben

Vermischen Sie alle Zutaten bis auf den Süßstoff miteinander, schmecken Sie mit Süßstoff ab, und stellen Sie die Sauce so lange in den Eisschrank, bis sie richtig kalt ist.

Insgesamt	36,2 g KH	Pro Portion	4,8 g KH

49 Spinatsalat (Wird statt Gemüse und Salat serviert)
(Für 6 Personen)

450 g frischer, zarter Spinat
220 g frische Champignons
450 g knusprig gebratener Frühstücksspeck, zerbröselt
¼ Tasse geriebener Parmesankäse
Cäsar Dressing, die im Rezept (51) angegebene Menge
4 hartgekochte Eier, in Viertel geschnitten

Nachdem Sie den Spinat gründlich gewaschen und abgetrocknet haben, zupfen Sie die Blätter in mundgerechten Stücken von den Stielen. Die gewaschenen Champignons werden in dünne Scheiben geschnitten und mit den Spinatblättern und dem Frühstücksspeck in eine Salatschüssel gegeben. Streuen Sie den Parmesankäse darüber, und übergießen Sie den Salat mit der Sauce. Bevor Sie ihn mit den Eivierteln garnieren, wenden Sie ihn kurz um.
Insgesamt 33,9 g KH Pro Portion 5,7 g KH

Durch eine Dose Thunfisch wird dieser Salat eine köstliche, sättigende Mahlzeit, deren Kohlehydratgehalt durch den Thunfisch nicht verändert wird.

50 Tomatenscheiben überbacken
(Als vollgültige Mahlzeit für 2 Personen)

1 mittelgroße Tomate, in 6 Scheiben geschnitten
Oregano (oder Estragon)
Mayonnaise
4 Scheiben knusprig gebratener Frühstücksspeck, zerbröselt
60 g Chesterkäse, in Scheiben geschnitten

Legen Sie die Tomatenscheiben in eine flache Auflaufform, und geben Sie auf jede als erstes etwas Oregano und Mayonnaise, dann Speckbrösel und Käse. Überbacken Sie die Tomatenscheiben im heißen Backofen, bis der Käse nach etwa 3 Minuten braun wird.
Insgesamt 6,7 g KH Pro Portion 3,4 g KH

51 Cäsar Dressing (Für 8 Personen bei 2 Salatköpfen)

1 Teel. Gewürzsalz (nach Wahl)
¼ Teel. gemahlene Senfkörner
1 Teel. Dijon-Senf
1 Teel. Zitronensaft
2 Eßl. Estragon-Essig
2 Eßl. Olivenöl
4 Eßl. Sonnenblumen-Öl
1 Ei
1 Teel. Knoblauchpulver
Süßstoff nach Belieben

Verrühren Sie alle Zutaten bis auf den Süßstoff gut miteinander, schmecken Sie mit Süßstoff ab, und übergießen Sie Ihren Salat mit der Sauce.
Insgesamt 3,2 g KH Pro Portion 0,4 g KH

52 Creamy French Dressing (Ergibt 30 Eßl.)
(Für 10 Personen)

3 Teel. Gewürzsalz (nach Wahl)
½ Teel. gemahlene Senfkörner
1 Teel. Dijon-Senf
1½ Teel. Zitronensaft
1 Teel. Knoblauchpulver
5 Eßl. Estragon-Essig
6 Eßl. Olivenöl
6 Eßl. Sonnenblumen-Öl
1 rohes, verschlagenes Ei
½ Tasse flüssige Schlagsahne
Süßstoff nach Belieben

Geben Sie alle Zutaten bis auf den Süßstoff in einen Mixbecher mit Schraubverschluß, schütteln Sie sie kräftig durch, und schmecken Sie mit Süßstoff ab. Vor dem Servieren sollte die Sauce mindestens 1 Stunde lang im Eisschrank stehen.
Insgesamt 9,3 g KH Pro Eßl. 0,3 g KH

53 French Dressing (Ergibt 9 Eßl.)

2 Eßl. Estragon-Essig
½ Teel. Gewürzsalz (nach Wahl)
3 Eßl. Olivenöl
3 Eßl. Sonnenblumen-Öl
1 Teel. fein gehackte Schalotten
½ Teel. gehackter Schnittlauch
½ Teel. gehackte Petersilie
½ Teel. Estragon

Geben Sie sämtliche Zutaten in einen Mixbecher mit Schraubverschluß, und schütteln Sie diesen kräftig 30mal.

Insgesamt 16,2 g KH Pro Eßl. 1,8 g KH

54 Green Goddess Dressing (Ergibt 16 Eßl.)

½ mittelgroße Avocado
½ Tasse Mayonnaise
1 zerdrückte Knoblauchzehe
2 kleingeschnittene Sardellenfilets
⅛ Tasse fein gehackte Schalotten
1 Eßl. gehackte Petersilie
½ Eßl. Zitronensaft
½ Eßl. Estragon-Essig
½ Teel. Gewürzsalz (nach Wahl)
¼ Tasse saure Sahne

Nachdem Sie das Fruchtfleisch der Avocado von Schale und Kern gelöst haben, drücken Sie es durch ein Sieb oder zerkleinern es ½ Minute lang im Mixer. Verrühren Sie dann das Avocadopüree mit sämtlichen anderen Zutaten bis auf die saure Sahne, die Sie mit einem Schneebesen schaumig schlagen und als letztes unter die Sauce ziehen.

Insgesamt 18,0 g KH Pro Eßl. 1,1 g KH

55 Roquefort Dressing Nr. 1 (Ergibt 14 Eßl.)

½ Tasse saure Sahne
2 Eßl. Estragon-Essig
¾ Teel. Gewürzsalz (nach Wahl)
½ Teel. Selleriesamen
¼ Tasse Roquefort, zerkrümelt
Süßstoff nach Belieben

Geben Sie alle Zutaten bis auf den Käse und Süßstoff in einen Mixbecher mit Schraubverschluß, und schütteln Sie sie kräftig durch, bis sie eine sämig glatte Masse sind. Fügen Sie dann den Roquefort hinzu, schmecken Sie mit Süßstoff ab, und stellen Sie die Sauce im Eisschrank kalt.

Insgesamt 9,4 g KH Pro Eßl. 0,7 g KH

56 **Roquefort Dressing Nr. 2** (Für 1 Person)

2 Eßl. Sonnenblumen-Öl
1 Eßl. Essig
1 Eßl. Roquefort oder Blauschimmelkäse, zerkrümelt
½ Teel. Salatkräuter-Gewürz

Vermischen Sie alle Zutaten gut im Mixbecher.
Insgesamt 1,2 g KH

Gemüsegerichte

57 **Gebratene Auberginenbällchen** (Für 4 Personen)

½ mittelgroße Aubergine (etwa 1 Tasse Fruchtfleisch)
¼ Tasse Schweizer Käse, gerieben
¼ Teel. Knoblauchpulver
¼ Teel. Zitronensaft
½ Teel. Gewürzsalz (nach Wahl) oder Pfeffer und Salz
½ Glas Schweineschwarten-Chips, zu Panierbröseln zerkleinert
Sonnenblumen-Öl zum Braten

Entfernen Sie von der weichgekochten Aubergine die Schale, schneiden Sie das Fruchtfleisch in Stücke, und geben Sie diese in den Mixer. Lassen Sie diesen etwa ½ Minute mit der höchsten Geschwindigkeitsstufe laufen, und füllen Sie das Auberginenpüree in eine Schüssel, in der Sie es gut mit dem Käse, Knoblauchpulver, Zitronensaft und Salz vermischen. Formen Sie aus der Masse kleine Bällchen von etwa dem Durchmesser eines Fünf-Mark-Stückes, und stellen Sie sie mindestens 1 Stunde in den Eisschrank. Nachdem Sie die kalten Bällchen dann in den Panierbröseln gerollt haben, braten Sie sie in heißem Öl knusprig.

Insgesamt 10,4 g KH Pro Portion 2,6 g KH

58 »Falsche« Kartoffelpuffer (Ergibt 15 Stück)

1¼ Tassen Blumenkohl, in kleine Stücke geschnitten
½ Eßl. Sojamehl
1 großes Ei
½ Teel. Salz
2 Teel. geriebene Zwiebel
½ Teel. Backpulver
Sonnenblumen-Öl zum Braten (Es sollte gut 1 cm hoch in der Pfanne stehen!)

Vermischen Sie alle Zutaten im Mixer zu einer sämigen Masse, und geben Sie diese eßlöffelweise in das heiße Öl. Drehen Sie die »Kartoffelpuffer« erst um, wenn sie auf der ersten Seite braun gebraten sind, und berühren Sie sie nicht, bis sie fertig sind, was Sie an den fest und knusprig werdenden Rändern sehen.

Insgesamt 15,4 g KH — Pro Portion 1,0 g KH

59 Kohl nach Südstaaten Art (Für 6 Personen)

1 mittelgroßer Kohlkopf
½ Tasse würflig geschnittenes Pökelfleisch oder 4 Eßl. Bratfett von Ihrem Frühstücksspeck
Süßstoff nach Belieben

Entfernen Sie von dem gewaschenen Kohlkopf die harten oder verfärbten Blätter, und raspeln Sie ihn mittelfein. Füllen Sie in einen mittelgroßen Schmortopf so viel Wasser, daß der Boden etwa 2,5 cm hoch bedeckt ist, und bringen Sie das Wasser zum Kochen. Lassen Sie den geraspelten Kohl zugedeckt etwa 10 Minuten darin kochen, bis er glasig ist. Braten Sie das Pökelfleisch braun, bzw. lassen Sie das Bratfett sehr heiß werden, geben Sie den inzwischen abgetropften Kohl zusammen mit dem Pökelfleisch oder Bratfett zurück in den Schmortopf, und lassen Sie alles noch zugedeckt 3–4 Minuten kochen, so daß der Kohl wieder heiß ist, und schmecken Sie mit Süßstoff ab.

Insgesamt 19,7 g KH — Pro Portion 3,3 g KH

60 Spinat in Sahnesauce (Für 8 Personen)

2 Pakete tiefgefrorener, gehackter Spinat (entspricht in gekochtem Zustand 2 Tassen)
4 Eßl. Butter
1 zerdrückte Knoblauchzehe
1 Teel. Zwiebelpulver

½ Tasse saure Sahne
⅓ Tasse geriebener Parmesankäse
2 Eßl. gehackte Petersilie
1 Eßl. Sesamsamen

Kochen Sie den Spinat etwas kürzer, als auf der Packung angegeben. Bringen Sie die Butter in einem Kochtopf zum Schmelzen, und geben Sie den Spinat, die zerdrückte Knoblauchzehe und das Zwiebelpulver hinein. Nachdem alles zusammen 5 Minuten gekocht hat, rühren Sie die saure Sahne, den Käse, Sesamsamen und die Petersilie hinein, und lassen alles unter ständigem Umrühren heiß werden. (Aber nicht aufkochen lassen!)
Insgesamt 32,4 g KH Pro Portion 4,0 g KH

Brot, Brötchen, Crackers und Tortenboden

61 **Diät-Brötchen** (Ergibt 6 Stück)

3 Eier
3 Eßl. möglichst trockener (aber cremiger!) Magerquark
Süßstoff nach Belieben

Heizen Sie den Backofen auf 150° vor. Trennen Sie sorgfältig jedes Eigelb vom Eiweiß (Es darf auch nicht eine Spur von Eigelb ins Eiweiß geraten!), und fetten Sie ein Backblech ein. Schlagen Sie das Eigelb mit dem Quark und Süßstoff in einer flachen Schüssel schaumig und das Eiweiß zu schnittfestem Eischnee. Ziehen Sie dann möglichst schnell und vorsichtig, damit der Eischnee nicht zusammenfällt, diesen unter die Eigelbmasse, und setzen Sie unverzüglich mit einem großen Eßlöffel die Schaummasse in 6 Häufchen auf das Backblech. Jedes Häufchen sollte etwa 5 cm hoch sein. Backen Sie die Brötchen etwa 1 Stunde lang oder bis sie goldbraun sind, und lassen Sie sie im Backofen abkühlen, damit sie nicht zusammenfallen.
Insgesamt 3,1 g KH Pro Brötchen 0,5 g KH

62 **Kümmelbrötchen**

Geben Sie statt Süßstoff gemahlenen Kümmel und Salz nach Belieben zum Eigelb und Quark.
Insgesamt 9,4 g KH Pro Brötchen 1,6 g KH

63 Zwiebelbrötchen

2 Eßl. fein gehackte Zwiebeln
1 Eßl. Butter
Salz nach Belieben

Dünsten Sie die Zwiebeln in der Butter braun, und wenden Sie sie so lange in saugfähigem Papier, bis kein Fett mehr an ihnen haftet. Die Zwiebeln müssen ganz trocken sein, wenn Sie sie in die Eigelbmasse geben.
Insgesamt 5,6 g KH Pro Brötchen 0,9 g KH

64 Diät-Brot (Ergibt 12 Scheiben)

2 Eier
2 Eßl. möglichst trockener (aber cremiger!) Magerquark
2 Eßl. Sojamehl
Süßstoff (oder Salz) nach Belieben

Heizen Sie den Backofen auf 160° vor, und fetten Sie eine kleine Kastenform (etwa 15 cm × 9 cm × 5 cm groß) ein. Trennen Sie sorgfältig jedes Eigelb vom Eiweiß (Sie müssen neue Eier nehmen, wenn auch nur ein Tropfen Eigelb in das Eiweiß gerät!). Schlagen Sie das Eigelb mit dem Quark und Süßstoff oder Salz schaumig und dann das Eiweiß zu schnittfestem Eischnee. Stäuben Sie nun mit einem Mehlsieb das Sojamehl über die Eigelbmasse, und rühren Sie diese glatt. Schlagen Sie das Eiweiß noch einmal kurz durch, bevor Sie es vorsichtig und schnell unter die Eigelbmasse ziehen und die Schaummasse in die Kastenform füllen. Backen Sie das Brot etwa 30 Minuten lang bei 160° und dann weitere 30 Minuten bei nur 150°. Eventuell müssen Sie die Backzeit verlängern oder verkürzen entsprechend Ihrem Backofen.
Schneiden Sie das Brot nach dem Erkalten in 12 Scheiben.
Insgesamt 10,5 g KH Pro Scheibe 0,9 g KH

65 Französischer Toast (Ergibt 6 Portionen à 2 Scheiben)

2 Eier
½ Eßl. Zimt
1 Diät-Brot, in 12 Scheiben geschnitten
2 Eßl. Butter
Süßstoff nach Belieben

Schlagen Sie die Eier mit dem Zimt und Süßstoff schaumig, und wenden Sie die Brotscheiben in der Eimasse. Bringen Sie die Butter in einer Pfanne zum Schmelzen, und braten Sie die panierten Brotscheiben von beiden Seiten braun. Servieren Sie sie heiß mit unserer Erdbeermarmelade.

Insgesamt 18,5 g KH Pro Portion (2 Scheiben) 3,1 g KH

66 Tortenboden

3 Eiweiß
2 Eigelb
2 Eßl. möglichst trockener (aber cremiger!) Magerquark
Süßstoff nach Belieben

Heizen Sie den Backofen auf 150° vor, und fetten Sie eine Tortenbodenform ein. Schlagen Sie das sorgfältig vom Eiweiß getrennte Eigelb mit dem Quark und Süßstoff schaumig und das Eiweiß zu schnittfestem Eischnee. Ziehen Sie dann vorsichtig und schnell den Eischnee unter die Eigelbmasse, und verteilen Sie die Schaummasse in der Tortenbodenform. Backen Sie den Tortenboden etwa ½ Stunde lang bei 150°.

Insgesamt 3,0 g KH

67 Käse-Crackers (Ergibt 20 Crackers)

4 Eßl. geriebener Parmesankäse
2 Eier
2 Eßl. Butter
¼ Tasse gemahlene Sesamsamen
1 Eßl. flüssige Schlagsahne
1 Prise Salz

Schlagen Sie alle Zutaten gut mit einem Schneebesen durch, und verteilen Sie die Masse in einer dünnen Schicht auf einem eingefetteten Backblech von etwa 25 cm^2 Größe. Backen Sie die Teigmasse etwa ½ Stunde lang oder bis sie eine goldbraune Kruste bekommt bei 150°, und schneiden Sie sie nach dem Erkalten in 20 Vierecke.

Diese Crackers schmecken besonders gut mit einem Saucen-Dip.

Insgesamt 14,2 g KH Pro Cracker 0,7 g KH

68 Semmelbrösel

Zerkleinern Sie 6 kalte Diät-Brötchen im Mixer zu feinen Panierbröseln.

Insgesamt 3,1 g KH

69 Erdbeeren mit Schlagsahne (Für 4 Personen)

¼ Tasse (1/16 l) flüssige Schlagsahne
½ Eßl. unserer Erdbeermarmelade (Rezept 71)
100 g frische Erdbeeren, gewaschen und abgezupft
Süßstoff nach Belieben

Vermischen Sie die steifgeschlagene Schlagsahne mit der Erdbeermarmelade, und süßen Sie nach Belieben mit Süßstoff, bevor Sie die Erdbeeren mit der Schlagsahne garnieren.
Insgesamt 9,5 g KH Pro Portion 2,4 g KH

70 Erdbeergelee-Parfait (Auch mit jedem anderen Aroma von Götterspeise zu variieren!)
(Für 8 Personen)

1 l Wasser
*2 Päckchen Erdbeer-Götterspeise**
Süßstoff nach Belieben
5 Eßl. (125 g) Schlagsahne (steifgeschlagen)
2 Eßl. unserer Erdbeermarmelade (Rezept 71)

Bereiten Sie entsprechend der Anweisung – nur mit Süßstoff anstelle von Zucker natürlich! – eine Erdbeer-Götterspeise. Füllen Sie diese in halb geliertem Zustand, aber noch dickflüssig, in eine Schüssel mit einer Zwischenschicht von 4 Eßl. Schlagsahne – nach Belieben mit Süßstoff gesüßt – und 2 Eßl. unserer Erdbeermarmelade, und garnieren Sie die Speise mit dem restlichen Eßl. Schlagsahne.
Insgesamt 17,7 g KH Pro Portion 2,2 g KH
Bei Zitronen-Aroma verringert sich der Gesamt-KH-Gehalt auf 13,9 g KH.

71 Erdbeermarmelade (Auch mit jedem anderen Aroma von Götterspeise zu variieren.) (Ergibt 23 Eßl.)

250 g frische oder tiefgefrorene, ungesüßte Erdbeeren
1 Tasse (¼ l) Wasser
1 Päckchen Erdbeer-Götterspeise
Süßstoff nach Belieben

Lassen Sie das Geleepulver mit der einen Tasse Wasser 10

* Nie mit Instant-Götterspeise zu verwechseln!

Minuten lang in einem kleinen Kochtopf quellen, bevor Sie die Mischung unter ständigem Umrühren erhitzen – aber nicht aufkochen lassen! –, bis sich alles gelöst hat. Stellen Sie dann die abgekühlte Gelatinemischung so lange in den Eisschrank, bis sie anfängt zu gelieren, d. h. dickflüssig wird.

Kochen Sie die Erdbeeren (tiefgefrorene vorher auf Zimmertemperatur auftauen lassen!) auf großer Hitze 6 Minuten lang, schöpfen Sie den sich bildenden Schaum ab, und nehmen Sie sie von der Kochstelle, doch rühren Sie die Erdbeeren noch weitere 2 Minuten lang um. Nach Erkalten vermischen Sie sie mit der Gelatine, süßen nach Belieben mit Süßstoff und lassen die Marmelade im Eisschrank gelieren.

Insgesamt 24,4 g KH Pro Eßl. 1,1 g KH

72 Erdbeer-Schlagsahne (Auch mit jedem anderen Aroma von Götterspeise zu variieren!)
(Für 6 Personen)

⅛ l flüssige Schlagsahne
1 Eßl. unserer Erdbeermarmelade (Rezept 71)
Süßstoff nach Belieben

Schlagen Sie die Schlagsahne mit der Erdbeermarmelade möglichst mit einem elektrischen Schneebesen steif, und süßen Sie nach Belieben mit Süßstoff.

Insgesamt 4,9 g KH Pro Portion 0,8 g KH

73 Erdbeer-Torte mit Melonenkugeln (Für 10 Personen)

1 Tortenboden (Rezept 66)
1 Eßl. flüssige Schlagsahne (20 g)
75 g zimmerwarmer Doppelrahm-Frischkäse
125 g ungezuckerte frische oder tiefgefrorene Erdbeeren
¼ Tasse Wasser
2 Blatt rote Gelatine
1 Teel. abgeriebene, ungespritzte Orangenschale
1 gestrichener Eßl. Butter (ca. 20 g)
½ Cantaloupe-Melone oder Honig-Melone
Süßstoff nach Belieben

Stechen Sie aus der Melone kleine Kugeln aus, und lassen Sie diese auf einem Sieb abtropfen. Geben Sie ¾ der Erdbeeren mit der ¼ Tasse Wasser, von dem Sie 1 Eßl. abnehmen, in einen kleinen Kochtopf, und lassen Sie die Erdbeeren 5 Minuten

kochen. Streichen Sie sie durch ein Sieb, und lassen Sie das Püree weitere 5 Minuten kochen. Fügen Sie dann die vorher in dem 1 Eßl. Wasser eingeweichte Gelatine sowie die geriebene Orangenschale und Butter hinzu, und verrühren Sie alles gut miteinander, bis sich die Gelatine völlig aufgelöst hat, und süßen Sie mit Süßstoff nach Belieben. Den Doppelrahm-Frischkäse vermischen Sie nun mit der Sahne mit Hilfe einer Gabel zu einer sämig glatten Masse, mit der Sie den Tortenboden gleichmäßig bestreichen. Verteilen Sie die Melonenkugeln auf dieser Käseschicht und das Erdbeerpüree darüber. Nachdem Sie die Torte mit den restlichen Erdbeeren garniert haben, lassen Sie sie im Eisschrank einige Sekunden erkalten.
Insgesamt 29,5 g KH Pro Stück 3,0 g KH

74 Fruchtgelee (Götterspeise) (Mit jedem beliebigen Aroma) (Für 8 Personen)

2 Päckchen Götterspeise
Süßstoff nach Belieben
1 l Wasser

Bereiten Sie die Götterspeise nach Vorschrift, aber selbstverständlich mit Süßstoff anstelle von Zucker.

Sie können diese Geleespeisen mit Schlagsahne (1 Eßl. = 0,7 g KH) oder gehackten Haselnüssen (1 Eßl. = 2,2 g KH) garnieren.
Insgesamt 12,8 g KH (ohne Garnierung) Pro Portion 1,6 g KH
Bei Zitronen-Götterspeise nur:
Insgesamt 3,6 g KH Pro Portion 0,5 g KH

75 Käsekuchen (Für 12 Personen)

¼ Tasse (60 g) flüssige Schlagsahne
250 g Doppelrahm-Frischkäse
9 Blatt weiße Gelatine
¼ Tasse Wasser (kaltes)
2 zimmerwarme Eier
3 Eßl. Vanille-Extrakt
1 Eßl. Zitronensaft
abgeriebene Schale einer ungespritzten ¼ Zitrone
¾ Tasse flüssige Schlagsahne (190 g)
Zimt

Bringen Sie den Doppelrahm-Frischkäse mit der ¼ Tasse Sahne

in einem kleinen Kochtopf auf kleiner Hitze zum Schmelzen, und fügen Sie die Gelatine, die Sie vorher 10 Minuten in der ¼ Tasse kaltem Wasser haben quellen lassen, hinzu. Schlagen Sie die Käsemischung mit einem Schneebesen, bis sie zu sieden beginnt, und nehmen Sie sie dann von der Kochstelle. Wenn die Masse erkaltet ist, fügen Sie das glatt geschlagene Eigelb, den Vanille-Extrakt, Zitronensaft sowie die Zitronenschale hinzu und süßen nach Belieben mit Süßstoff. Schlagen Sie dann die ¾ Tasse Sahne zu Schlagsahne und die beiden Eiweiß zu Eischnee, und süßen Sie beides mit Süßstoff nach Belieben. Ziehen Sie nun die Schlagsahne und den Eischnee unter die erkaltete Käsemischung, und stäuben Sie einige Prisen Zimt darüber, bevor Sie die Kuchenmasse in eine eingefettete Kastenform füllen und für einige Stunden in den Eisschrank stellen.

Insgesamt 17,6 g KH Pro Scheibe 1,5 g KH

76 Kaffee-Walnuß-Rolle (Für 10 Personen)

8 Eier
3 Eßl. Instant-Kaffee
2 Teel. Vanille-Extrakt
½ Tasse fein gehackte Walnüsse (50 g)
2 Tassen flüssige Schlagsahne (½ l)
2 Teel. Vanille-Extrakt
Süßstoff nach Belieben

Heizen Sie den Backofen auf 190° vor. Lösen Sie den Instant-Kaffee in den 2 Teel. Vanille-Extrakt auf, und geben Sie ihn mit den gehackten Walnüssen zu dem Eigelb, das Sie mit einer Gabel sämig glatt schlagen und nach Belieben mit Süßstoff süßen. Schlagen Sie dann das Eiweiß zu Eischnee, den Sie ebenfalls nach Belieben mit Süßstoff süßen, bevor Sie die Eigelbmasse vorsichtig und schnell darunterheben. Verteilen Sie die Eischaummasse unverzüglich möglichst gleichmäßig und glatt auf einem eingefetteten circa 25 × 35 großen Backblech mit hohen Kanten. Die Backzeit beträgt bei 190° in einem Gasherd 17 Minuten und in einem elektrischen nur 13 Minuten. Lassen Sie den fertig gebackenen Teig so weit abkühlen, daß Sie ihn anfassen können; rollen Sie ihn dann längsseits zusammen, und lassen Sie ihn, mit einem feuchten Tuch zugedeckt, kalt werden.

Schlagen Sie die Sahne mit dem Vanille-Extrakt zu Schlagsahne, und süßen Sie nach Belieben mit Süßstoff. Rollen Sie die inzwischen vollkommen erkaltete Rolle wieder auseinander, bestreichen Sie sie mit der Schlagsahne, und rollen Sie sie so gefüllt zusammen. Die Rolle muß einige Stunden im Eisschrank stehen, bevor Sie sie in Scheiben geschnitten servieren.

Insgesamt 32,0 g KH Pro Scheibe 3,2 g KH

77 Kirschspeise (Für 10 Personen)

2 Päckchen Kirsch-Götterspeise
3 Eßl. Zitronensaft
½ Teel. Vanille-Extrakt
200 g Doppelrahm-Frischkäse
1 Tasse Melonenkugeln, aus einer Cantaloupe-Melone ausgestochen
50 g halbierte Walnüsse
Süßstoff nach Belieben
Eine eingefettete Puddingform von etwa 2 l Volumen

Lassen Sie das Geleepulver 10 Minuten in 1 Liter kaltem Wasser quellen, bevor Sie dieses unter ständigem Umrühren erhitzen, bis sich alles aufgelöst hat. Wenn die Flüssigkeit erkaltet ist, fügen Sie den Zitronensaft und Vanille-Extrakt hinzu, süßen nach Belieben mit Süßstoff und stellen die Hälfte der Geleeflüssigkeit im Eisschrank kalt. Die andere Hälfte gießen Sie in die Puddingform. Formen Sie nun aus dem Doppelrahm-Frischkäse kleine Kugeln von der gleichen Größe wie die Melonenkugeln, und verteilen Sie die Hälfte der Käse- und Melonenkugeln in der halb gefüllten Puddingform; rings um den Rand legen Sie einen Kranz von Walnüssen. Darauf stellen Sie die Puddingform in den Eisschrank, bis die Speise fest geliert ist. Die erste Hälfte der Geleeflüssigkeit nehmen Sie jedoch heraus, wenn sie beginnt, dickflüssig zu werden, h. h. noch nicht geliert ist. Geben Sie die restlichen Käse- und Melonenkugeln sowie Nüsse hinein, und übergießen Sie die andere bereits garnierte Hälfte in der Puddingform damit, wenn diese fest geliert ist. Anschließend lassen Sie die Speise noch so lange im Eisschrank, bis auch die obere Hälfte geliert ist. Aus einer gut eingefetteten Puddingform läßt sich die Speise mühelos auf eine Platte stürzen.

Insgesamt 26,3 g KH Pro Portion 2,6 g KH

78 Kürbis-Torte (Für 10 Personen)

1 Tortenboden (Rezept 66)
1 Teel. Ingwer, fein gehackt
1 Teel. Zimt

1 Messerspitze Salz
¼ Teel. Muskat
¼ Teel. Gewürznelken (gemahlen)
2 Tassen frischer Kürbis (200 g) (oder eingemachter, doch frischer ist besser)
2 Eier
1 Tasse (¼ l) flüssige Schlagsahne
1 Teel. Arrak-Aroma
Süßstoff nach Belieben

Heizen Sie den Backofen auf 190° vor, schieben Sie ein Backblech mit hohen Kanten hinein, und füllen Sie es halbhoch mit Wasser.

Vermischen Sie Ingwer, Zimt, Muskat, Salz und Nelken miteinander, und wenden Sie die Kürbisstücke vorsichtig in dieser Gewürzmischung. Schlagen Sie die Eier mit einer Gabel glatt, und fügen Sie das Arrak-Aroma sowie die Sahne unter ständigem Schlagen in einem langsamen, dünnen Strahl hinzu. Geben Sie nun die Kürbisstücke ebenfalls in die Mischung, süßen Sie diese nach Belieben mit Süßstoff, und verteilen Sie die Masse auf dem Tortenboden. Backen Sie die Torte bei mittlerer Hitze etwa 40–45 Minuten lang – oder bis die Torte eine schöne, goldbraune Kruste bekommen hat. Garnieren Sie die Torte mit Mokka-Schlagsahne (Rezept 80).

Insgesamt 29,6 g KH (ohne Garnierung) Pro Stück 3,0 g KH

79 Makronen (Ergibt 25 Stück)

60 g Mandeln
1 Tasse (100 g) Kokosflocken (ungesüßt!)
1 Eßl. Vanille-Extrakt
1½ Teel. Bittermandel-Extrakt
3 Eßl. Rosenwasser
½ Teel. Salz
2 Eiweiß
Süßstoff nach Belieben

Heizen Sie den Backofen auf 170° vor. Lassen Sie die Mandeln vom Mixer etwa 1 Minute lang zerkleinern, bis sie eine mehlartige Konsistenz haben, aber nicht länger, da sie sonst eine fettige Paste werden!

Schütten Sie die Kokosflocken in eine mittelgroße Schüssel, und beträufeln Sie sie gleichmäßig mit dem Vanille- und Bittermandel-Extrakt, bevor Sie sie mit dem Mandelmehl, dem Salz und Rosenwasser vermischen. Süßen Sie die Nußmasse nach Belieben mit Süßstoff. Nachdem Sie das Eiweiß zu Eischnee geschlagen haben, süßen Sie dieses ebenfalls mit Süßstoff und ziehen es vorsichtig und schnell unter die Nußmasse. Setzen Sie nun mit einem Teelöffel 25 Makronen auf ein dünn eingefettetes Backblech, und achten Sie dabei darauf, daß Sie genügend Abstand zwischen den Makronen für ihr Aufgehen während des Backens lassen. Backen Sie die Makronen bei 170° etwa 20 Minuten lang oder bis sie goldbraun sind.

Da sich diese Makronen gut einfrieren lassen, können Sie die im Rezept angegebenen Zutatenmengen verdoppeln und einen Teil der Makronen für eine andere Gelegenheit aufbewahren. Doch Vorsicht: den Eischnee immer erst direkt vor dem Verteilen der Masse auf dem Backblech unter die jeweilige Menge unterziehen!

Insgesamt 20,9 g KH — Pro Makrone 0,8 g KH

80 **Mokka-Schlagsahne** (Für 12 Personen)

1 Tasse (¼ l) flüssige Schlagsahne
2 Teel. Vanille-Extrakt
½ Eßl. Instant-Kaffee
Süßstoff nach Belieben

Schlagen Sie die Sahne steif, ziehen Sie den Vanille-Extrakt und Instant-Kaffee unter, und süßen Sie nach Belieben mit Süßstoff.

Insgesamt 9,0 g KH — Pro Eßl. 0,8 g KH

81 **Mokka-Torte** (Für 10 Personen)

2 Tassen (½ l) flüssige Schlagsahne
1 Eßl. Instant-Kaffee
2 Eßl. Zitronensaft
1 Teel. Vanille-Extrakt
6 Blatt weiße Gelatine
½ Tasse (50 g) geröstete Kokosflocken (ungesüßt!)
Süßstoff nach Belieben
1 Tortenboden (Rezept 66)

Geben Sie die Sahne, den Instant-Kaffee und Vanille-Extrakt in die große Schüssel eines elektrischen Mixers – so Sie einen besitzen, sonst tut es auch ein elektrischer Schneebesen oder ein Schneerädchen –, und lassen Sie ihn die Sahne so lange schlagen, bis es schnittfeste Schlagsahne ist. Stellen Sie die Gelatine, nachdem Sie sie 10 Minuten lang in etwas kaltem Wasser haben quellen lassen, in ein heißes Wasserbad, und rühren Sie so lange um, bis sie sich vollständig aufgelöst hat. Fügen Sie den Zitronensaft hinzu, und lassen Sie die Flüssigkeit erkalten, bevor Sie sie unter die Schlagsahne ziehen und diese nach Belieben mit Süßstoff süßen. Verteilen Sie nun die Schlagsahnemasse gleichmäßig auf dem Tortenboden, streuen Sie die Kokosflocken darüber, und stellen Sie die Torte mindestens 1 Stunde lang in den Eisschrank.

Insgesamt 28,3 g KH Pro Stück 2,8 g KH

82 Mousse au Chocolat (Schokoladencreme)
(Für 8 Personen)

1 Eßl. (10 g) ungesüßtes Kakaopulver
2 Tassen (½ l) flüssige Schlagsahne
3 Blatt weiße Gelatine
1 Eßl. kaltes Wasser
1 Teel. Vanille-Extrakt
¼ Tasse (25 g) gehackte Walnüsse
2 zimmerwarme Eiweiß
Süßstoff nach Belieben

Verrühren Sie das Kakaopulver in ½ Tasse Sahne, und erhitzen Sie diese, bis der Kakao sich aufgelöst hat. Fügen Sie die in 1 Eßl. kaltem Wasser eingeweichte Gelatine hinzu, und rühren Sie so lange weiter, bis Sie die Flüssigkeit kurz vor dem Aufkochen von der Kochstelle nehmen. Nach dem Erkalten fügen Sie die Walnüsse hinzu und süßen nach Belieben mit Süßstoff.

Schlagen Sie nun die restliche Sahne mit dem Vanille-Extrakt steif und dann das Eiweiß zu Eischnee, und süßen Sie beides nach Belieben mit Süßstoff. Ziehen Sie dann die kalte Kakaomischung unter die Schlagsahne und diese wiederum unter den Eischnee. Füllen Sie die Schokoladencreme in eine hübsche Schüssel, und stellen Sie diese etwa 4 Stunden in den Eisschrank.

Insgesamt 23,3 g KH Pro Portion 2,9 g KH

83 Nußkuchen (Für 12 Personen)

7 Eier
1 Tasse (100 g) fein gehackte Walnüsse
1½ Teel. Bittermandel-Extrakt
Süßstoff nach Belieben

Heizen Sie den Backofen auf 160° vor. Geben Sie das Eigelb mit dem Bittermandel-Extrakt in die kleine Rührschüssel eines elektrischen Mixers – sofern Sie einen besitzen – und lassen Sie ihn die Eigelbmasse 10 Minuten lang bei mittlerer Geschwindigkeit mit dem Schneebesen schlagen, bevor Sie nach Belieben mit Süßstoff süßen. Nachdem Sie das Eiweiß zu schnittfestem Eischnee geschlagen und ebenfalls nach Belieben mit Süßstoff gesüßt haben, ziehen Sie 1/3 des Eischnees unter die Eigelbmasse und vermischen diese dann mit den Nüssen und dem restlichen Eischnee. Aber Vorsicht! Nicht zu lange umrühren, damit der Eischnee nicht zusammenfällt! Füllen Sie darauf sofort die Schaummasse in eine eingefettete Kranzform von etwa 25 cm Durchmesser.

Bei einem elektrischen Herd beträgt die Backzeit bei 160° etwa 45 Minuten, bei einem Gasherd 50 Minuten.

Lassen Sie den fertigen Kuchen 10 Minuten abkühlen, bevor Sie ihn zum Erkalten auf ein Drahtsieb oder aber gleich auf einen Kuchenteller stürzen.

Falls Sie den Kuchen aufheben wollen, legen Sie ihn nach dem Erkalten fest in Folie gewickelt in den Eisschrank.

Dieser Nußkuchen schmeckt besonders köstlich, wenn man ihn waagerecht in der Mitte durchschneidet und mit einer unserer Schlagsahne-Sorten füllt.

Insgesamt 18 g KH — Pro Stück 1,5 g KH

84 Punschspeise (Für 6 Personen)

6 Blatt weiße Gelatine
2 Eßl. kaltes Wasser
4 Eigelb
2 Tassen (1/2 l) flüssige Schlagsahne
2 Eßl. Crème de Cacao
Süßstoff nach Belieben

Lassen Sie die Gelatine 10 Minuten in dem kalten Wasser quellen. Nachdem Sie das Eigelb in einer Schüssel schaumig geschlagen haben, fügen Sie unter ständigem Umrühren 1 Tasse erhitzte – aber nicht aufgekochte! – Sahne in dünnem Strahl langsam hinzu. Stellen Sie nun die Eigelbmasse in ein kochendes Wasserbad, und lassen Sie sie so lange unter ständigem Umrühren darin, bis sie dick und sämig ist. Fügen Sie die Gelatine hinzu, und rühren Sie weiter, bis sich diese vollständig aufgelöst hat. Wenn die Masse unter gelegentlichem Umrühren erkaltet ist, rühren Sie den Likör und die andere Tasse Sahne, die Sie zu Schlagsahne geschlagen haben, hinein und süßen nach Belieben mit Süßstoff. Füllen Sie die Speise in 6 Puddingförmchen, und lassen Sie diese im Eisschrank gelieren.

Insgesamt 16,4 g KH Pro Portion 2,7 g KH

85 Schokoladen-Schlagsahne (Für 12 Personen)

1 Tasse (¼ l) flüssige Schlagsahne
2 Eßl. (20 g) ungesüßtes Kakaopulver
Süßstoff nach Belieben

Schlagen Sie die Sahne mit dem Kakaopulver steif, und süßen Sie nach Belieben mit Süßstoff.

Insgesamt 15,1 g KH Pro Portion 1,3 g KH

86 Vanilleeis (Für 7 Personen)

6 Blatt weiße Gelatine
⅓ l kaltes Wasser
2 Eßl. kaltes Wasser
2⅓ Tassen (580 g) flüssige Schlagsahne
1 Eßl. Vanille-Extrakt oder das ausgeschabte Innere von einer 5 cm langen Vanilleschote
1 Messerspitze Salz
Süßstoff nach Belieben

Lassen Sie die Gelatine 10 Minuten in 2 Eßl. kaltem Wasser quellen. Erhitzen Sie 1 Tasse Sahne mit ⅔ Tassen Wasser bis zum Sieden – aber nicht aufkochen lassen! – und rühren Sie die Gelatine hinein, bis sich diese völlig aufgelöst hat. Nachdem die Mischung erkaltet ist, fügen Sie das Salz, die restlichen 1⅓ Tassen Sahne, die ⅔ Tasse Wasser und die Vanille hinzu, süßen nach Belieben mit Süßstoff und lassen die Flüssigkeit in einem entsprechenden Gefäß im Gefrierfach hart frieren.

Insgesamt 18,0 g KH Pro Portion 2,6 g KH

87 Vanille-Schlagsahne (Für 12 Personen)

1 Tasse (¼ l) flüssige Schlagsahne
2 Teel. Vanille-Extrakt oder das ausgeschabte Innere von einer 5 cm langen Vanilleschote
Süßstoff nach Belieben

Schlagen Sie die Sahne mit der Vanille steif, und süßen Sie nach Belieben mit Süßstoff.
Insgesamt 7,5 g KH Pro Portion 0,6 g KH

88 Waldmeister-Gelee (Götterspeise) (Für 8 Personen)

2 Päckchen Waldmeister-Götterspeise
1 l Wasser
Süßstoff nach Belieben

Bereiten Sie die Götterspeise gemäß Vorschrift – nur süßen Sie selbstverständlich nicht mit Zucker, sondern nach Belieben mit Süßstoff.

Sie können die Speise mit Schlagsahne (1 Eßl. = 0,7 g KH) garnieren.
Insgesamt 4,2 g KH (ohne Garnierung) Pro Portion 0,5 g KH

89 Zitronen-Schlagsahne (Für 12 Personen)

2 Tassen (¼ l) flüssige Schlagsahne
1 Eßl. Zitronensaft
1 Prise abgeriebene, ungespritzte Zitronenschale
Süßstoff nach Belieben

Schlagen Sie die Sahne steif, fügen Sie den Zitronensaft und die Zitronenschale hinzu, und süßen Sie nach Belieben mit Süßstoff.
Insgesamt 9,1 g KH Pro Portion 0,8 g KH

90 Zitronen-Sorbett (Für 6 Personen)

1 Tasse (½ l) flüssige Schlagsahne
4 Eßl. Zitronensaft
1 Eßl. abgeriebene, ungespritzte Zitronenschale
Süßstoff nach Belieben

Stellen Sie die Sahne ins Gefrierfach, bis sie halbgefroren (also körnig) ist. Fügen Sie dann den Zitronensaft und die Zitronenschale hinzu, und schlagen Sie die Sahne, bis sie sämig ist, mit einem Schneebesen kräftig durch. Nachdem Sie sie nach Belieben mit Süßstoff gesüßt haben, stellen Sie sie für 2 Stunden wieder ins Gefrierfach, holen Sie dann noch einmal heraus, um sie wieder gut durchzuschlagen, bevor Sie die Masse in einer Eisform hart frieren lassen.
Köstlich und herb erfrischend!
Insgesamt 22,0 g KH Pro Portion 3,7 g KH

91 Zitronen-Torte (Für 10 Personen)

1 Päckchen Zitronen-Götterspeise
4 Eier, davon jedoch nur die 3 Eiweiß
2 Eßl. Zitronensaft (ca. Saft von 1 Zitrone)
1/4 Teel. Salz
Süßstoff nach Belieben
1/4 Tasse Wasser
1 Teel. abgeriebene, ungespritzte Zitronenschale
1 Tasse (1/4 l) flüssige Schlagsahne
1 Eßl. Vanille-Extrakt
1 Kokosnuß-Tortenboden (Rezept 66, geben Sie vor dem Backen an die Masse 1 Eßl. [15 g] Kokosflocken [ungesüßt])

Nachdem Sie das Eigelb mit dem Zitronensaft und Wasser 2 Minuten lang mit einem elektrischen Schneebesen mit höchster Geschwindigkeit geschlagen haben, bringen Sie die Eigelbmasse zusammen mit dem Geleepulver und Salz unter ständigem Umrühren in einem kleinen Kochtopf auf mittlerer Hitze zum Sieden – aber nicht aufkochen lassen! Nehmen Sie den Topf von der Kochstelle, geben Sie die Zitronenschale hinein, und lassen Sie die Masse unter gelegentlichem Umrühren erkalten, bevor Sie sie nach Belieben mit Süßstoff süßen.

Schlagen Sie die 3 Eiweiß zu schnittfestem Eischnee und die Sahne zu Schlagsahne, und süßen Sie beides nach Belieben mit Süßstoff. Dann ziehen Sie die Eigelbmasse unter den Eischnee und darauf die Schlagsahne. Vermischen Sie alles gut aber vorsichtig und schnell, damit Eischnee und Schlagsahne nicht zusammenfallen. Verteilen Sie die Schaummasse gleichmäßig auf dem Tortenboden, und stellen Sie die fertige Torte für 2 Stunden in den Eisschrank.

Insgesamt 19,0 g KH Pro Stück 1,9 g KH

Wenn Sie diese Torte mit Kirsch-, Erdbeer- oder einem anderen Fruchtaroma von Götterspeise variieren wollen, erhöht sich der Gesamt-KH-Gehalt dadurch auf 23,6 g KH.

Und in einer Sonderkategorie:
(Illegal, doch nicht unmoralisch oder dick machend!)

92 Unser Käsekuchen »spécial«

6 Eier
1 kg Quark (Magerstufe)
2 Eßl. Zitronensaft

2 Teel. Vanille-Extrakt
4 Teel. weiche Pflanzenmargarine oder Sonnenblumenöl
Cyclamat-Süßstoff, die 30 Teel. Zucker entsprechende Menge

Heizen Sie den Backofen auf 170° vor, und lassen Sie alle Zutaten Zimmertemperatur annehmen, bevor Sie sie gründlich miteinander vermischen im Mixer. Fügen Sie nach und nach den Quark hinzu, und lassen Sie den Mixer so lange laufen, bis alles eine ganz glatte, sämige Masse ist. Füllen Sie diese in eine lange, schmale Kastenform (sie verhindert ein Zusammenfallen des Kuchens), und stäuben Sie eventuell ein wenig Zimt darüber.

Backen Sie den Kuchen etwa 45 Minuten lang oder bis er fest ist. Stellen Sie dann den Backofen aus, doch lassen Sie den Kuchen bei geöffnetem Ofen noch 1 Stunde lang allmählich darin abkühlen, bevor Sie ihn in den Eisschrank stellen. Wenn Sie ihn eine Nacht darin lassen, schmeckt er noch besser.

Sie können das Aroma dieses wirklich köstlichen Kuchens beliebig mit Arrak-Aroma, Bittermandel-Aroma, Rum-Aroma oder anderen Aromastoffen – solange sie kohlehydratfrei sind! – variieren.

Wir verzichten ausnahmsweise auf eine Angabe des KH-Gehaltes und wünschen Ihnen guten Appetit! (Doch für ganz Gewissenhafte wollen wir zur Beruhigung verraten, daß er auch nicht mehr als insgesamt 26,2 g KH enthält.)

Süßigkeiten

93 **Pfefferminzwürfel** (Ergibt 16 Stück)

100 g Doppelrahm-Frischkäse
4 Eßl. Crème de Menthe, 21%
½ Teel. Vanille-Extrakt
¼ Tasse (50 g) Butter
Süßstoff nach Belieben

Vermischen Sie alle Zutaten mit einer Gabel gründlich zu einer sämigglatten Masse, und verteilen Sie diese gleichmäßig auf einer etwa 20×20 cm großen Platte, die Sie vorher leicht einfetten. Nachdem Sie diese mindestens für 1 Stunde in das Gefrierfach gestellt haben, schneiden Sie die erhärtete Masse in 5×5 cm große Würfel. Diese müssen Sie ebenfalls im Eisschrank aufbewahren, da sie bei Zimmertemperatur schmelzen.

Insgesamt 17,0 g KH Pro Würfel 1,1 g KH

94 Schokoladenkugeln (Ergibt 26 Stück)

1 Tasse (¼ l) flüssige Schlagsahne
2 Eßl. ungesüßtes Kakaopulver
1 Eßl. gemahlene weiße Gelatine
2 Eßl. Erdnußbutter
1 Eßl. Crème de Cacao
⅓ Tasse (40 g) fein gehackte Walnüsse

Geben Sie das Kakaopulver in die Sahne, und erhitzen Sie diese im Wasserbad, bis sich das Kakaopulver aufgelöst hat. Fügen Sie die in 1 Eßl. kaltem Wasser eingeweichte Gelatine hinzu sowie die Erdnußbutter, und erhitzen Sie die Mischung auf kleiner Hitze bis kurz vor dem Aufkochen, bevor Sie sie von der Kochstelle nehmen. Rühren Sie nun den Likör hinein, und lassen Sie die Masse abkühlen, um sie dann nach Belieben mit Süßstoff zu süßen. Stellen Sie sie so lange in den Eisschrank, bis sie sich formen läßt. Rollen Sie kleine Kugeln aus der Masse, panieren Sie diese mit den gehackten Walnüssen, und lassen Sie sie im Eisschrank vollends erhärten.

Insgesamt 25,4 g KH Pro Stück 1,0 g KH

Getränke

95 Capuccino Cooler

¼ l kalter Kaffee
½ Teel. Zimt
1 Eßl. flüssige Schlagsahne
Süßstoff nach Belieben

Verrühren Sie den Zimt und die Sahne im Kaffee, und süßen Sie diesen nach Belieben.

Insgesamt 1,5 g KH

96 Root Beer Float

1 Eßl. flüssige Schlagsahne
½ Flasche (⅙ l) Schneekoppe-Diät-Altbier
½ Portion unseres Vanilleeis (Rezept 86)

Insgesamt 2,8 g KH

97 Schokoladensahne »spéciale«

1 Ei
100 g flüssige Schlagsahne
1 Teel. (gehäuft) Kakaopulver, ungesüßt, aber bereits aufgeschlossen
100 g geschmacklich neutrales Mineralwasser (oder Menge nach Belieben)
Süßstoff nach Belieben

Vermischen Sie die Zutaten im Mixer zu einem köstlichen, schaumigen Getränk.
Insgesamt 4,7 g KH

Zwischenimbisse

98 Gefüllte Rauchfleischröllchen (Für 6 Personen)

½ Tasse Magerquark
1 Teel. gehackte Petersilie
1 Teel. geriebener Meerrettich
2 gefüllte, grüne Oliven, kleingehackt
1 Prise Paprika
6 Scheiben Rauchfleisch (Roastbeef, gekochter Schinken oder Putenbrust zum Variieren)
12 Zahnstocher

Vermischen Sie den Quark mit den Gewürzen, und verteilen Sie die Paste auf den Fleischscheiben. Nachdem Sie diese zusammengerollt haben, stecken Sie sie mit je 2 Zahnstochern fest und stellen Sie sie bis zum Servieren in den Eisschrank.
Insgesamt 3,5 g KH Pro Portion 0,6 g KH

99 Gefüllte Salatblätter

2 Salatblätter
¼ Dose Thunfisch-, Geflügel- oder Eisalat
4 Zahnstocher

Verteilen Sie den Thunfisch-, Geflügel- oder Eisalat auf beide Salatblätter, und stecken Sie die zusammengerollten Blätter mit den Zahnstochern fest. Kalt aus dem Eisschrank schmecken sie am besten!
Insgesamt 2,0 g KH

100 Gurkenkugeln (Für 2 Personen)

1 Gurke
French Dressing (Rezept 53)

Stechen Sie aus der geschälten Gurke kleine Kugeln aus, und lassen Sie diese mindestens 1 Stunde lang in einer French-Dressing-Marinade, bevor Sie sie abgetropft servieren.
Insgesamt 5,6 g KH Pro Portion 2,8 g KH

101 Cottage Cheese mit saurer Sahne

1 großer Löffel Cottage cheese
1 Eßl. saure Sahne
½ Teel. Zimt

Übergießen Sie den Cottage cheese mit der sauren Sahne, und stäuben Sie den Zimt darüber. Sie können die saure Sahne auch vorher mit Süßstoff süßen, falls es Ihnen so besser schmeckt.
Insgesamt 3,4 g KH

102 Käseböllchen

2 Eßl. geriebener Käse
½ Eßl. Mayonnaise oder Zitronen-Senf
3 Scheiben knusprig gebratener, zerbröselter Frühstücksspeck

Vermengen Sie den geriebenen Käse gut mit der Mayonnaise (oder dem Senf), formen Sie kleine Bällchen aus der Masse, und panieren Sie diese in den Speckbröseln.
Insgesamt 1,4 g KH

103 Lachs und Kräuter-Frischkäse

Bestreichen Sie eine Scheibe Lachs mit Kräuter-Frischkäse (Doppelrahmstufe), schlagen Sie die Scheibe zur Hälfte übereinander, und essen Sie sie wie ein Sandwich.
Insgesamt 0,5 g KH

104 Melone mit Prosciutto (Für 6 Personen)

1 mittelgroße Cantaloupe-Melone
500 g geräucherter Schinken, hauchdünn geschnittene, große Scheiben

Schneiden Sie die Melone in 6 Stücke, und lösen Sie von jedem die Schale. Umwickeln Sie nun jedes Melonenstück mit einer Schinkenscheibe (oder mehreren), und befestigen Sie diese mit einem Zahnstocher. Servieren Sie diesen Imbiß kalt aus dem Eisschrank.

Insgesamt 16,8 g KH | Pro Portion 2,8 g KH

105 Schinkenröllchen mit Käse

1 Scheibe Schweizer Käse
1 Scheibe gekochter Schinken

Legen Sie die Käsescheibe auf den Schinken, rollen Sie beides mit dem Käse nach innen zusammen, und stecken Sie einen Zahnstocher zur Befestigung hindurch.

Pro Röllchen 0,5 g KH

106 Selleriestangen mit Gorgonzola (Für 2 Personen)

1 Bund Selleriestangen
60 g Gorgonzola
2 Eßl. Butter
2 Eßl. Doppelrahm-Frischkäse

Vermengen Sie die beiden Käsesorten mit einer Gabel gut mit der Butter, und füllen Sie die Masse in die geputzten, etwa fingerlangen Selleriestangen.

Insgesamt 6,7 g KH | Pro Portion 3,4 g KH

107 Selleriestangen mit Kaviar (Für 3 Personen)

1 Bund Selleriestangen
75 g Frischkäse mit Kräutern (Doppelrahmstufe)
1 Glas roter oder schwarzer Kaviar
1 Eßl. Zitronensaft

Füllen Sie die Selleriestangen mit dem Käse, und schneiden Sie sie in mundgerechte Stücke, bevor Sie jedes mit Kaviar garnieren und mit Zitronensaft beträufeln.

Insgesamt 8,6 g KH | Pro Portion 2,8 g KH

108 Thunfisch-Sandwich

2 Scheiben Schnittkäse
1 Dose (200 g) Thunfisch
1 Eßl. Mayonnaise
Pfeffer und Salz nach Belieben
Zwiebelpulver

Vermengen Sie den Thunfisch mit der Mayonnaise, schmecken Sie mit Pfeffer, Salz und Zwiebelpulver ab, und füllen Sie die Masse zwischen die beiden Käsescheiben.
Insgesamt 1,8 g KH

Liste käuflicher Fertigsaucen

Für besondere Gelegenheiten, und wenn es mal ganz schnell gehen muß. Köstlich, aber bitte nur sparsam verwenden! Verlieren Sie den KH-Gehalt nicht aus dem Auge! Verlängern Sie die klaren Fertigsaucen phantasievoll und großzügig mit Sonnenblumen-Öl und die gebundenen mit Joghurt, Kefir oder saurer Sahne, und schmecken Sie eventuell mit Obst- oder Kräuteressig und Gewürzen ab.

	KH-Gramme pro 100 g Sauce	
– APPEL Barbecue-Steak-Sauce	7	
– APPEL Grill-Sauce	10	
– APPEL Schweizer Fondue-Sauce	12	
– KRAFT Catalina Dressing	5	1 Eßl. = ca. 20 g
– KRAFT Gartenkräuter Dressing	5	1 Eßl. = ca. 10 g
– KRAFT Italian Dressing	5	1 Eßl. = ca. 10 g
– KRAFT Meerrettich-Sauce	8	1 Eßl. = ca. 20 g
– KRAFT Kartoffelsalat-Sauce*	9	1 Eßl. = ca. 25 g
– KRAFT Mustard-Sauce	14	1 Eßl. = ca. 20 g

Weinlieferanten

Eine Auswahl von Firmen, von denen Sie Weine mit sehr niedrigem Gehalt an Kohlehydraten, d. h. sehr trockene Weine mit Diabetiker-Weinsiegel, beziehen können:

* Nehmen Sie diese Sauce nur zu kaltem Fleisch und natürlich NIE mit den streng verbotenen Kartoffeln!

- Weingut – Weingroßkellerei J. Bastian & Co, 5583 Zell/Mosel, Postfach 105, Tel. 06542/4055
- Weingroßkellerei Josef Brennfleck 8711 Sulzfeld/Main, Tel. 09321/4347
- Weingut Freiherr zu Knyphausen 6228 Eltville/Rheingau, Hof Drais, Tel. 06123/4177
- Weingut – Weinkellerei Franz Wilhelm Langguth Erben 558 Traben-Trabach/Mosel, Postfach 120, Tel. 06541/9631
- Weingut – Weinkellerei Heinrich Lenz-Dahn 5581 Pünderich/Mosel, Tel. 06542/2301

Liste empfehlenswerter Markenprodukte

APPEL Lea & Perrins Worcestershire Sauce
BASICA Mineralstoffpräparat
CAMPBELL Consommé
CENOVIS Würze (flüssig)
DEIT Diät-Getränke
DR. OETKER Götterspeise

– Himbeer	6,4 g KH pro Packung
– Kirsch	6,4 g KH pro Packung
– Zitrone	1,8 g KH pro Packung
– Waldmeister	2,1 g KH pro Packung

EDEN
-Pflanzen-Margarine
-Leinöl
-Sonnenblumen-Öl
-Frischkost-Sauerkraut
GRÖBI Diät-Getränke
HENSELS
Obstessig
Kräuter- und Gewürzessig
Sojamehl, vollfett, 18 g KH pro 100 g
HIPP diät

– Bouillon mit Leberspätzle	0,5 g KH pro Packung
– Geflügelcreme-Suppe	3,3 g KH pro Packung
– Geflügelleberpastete	1,9 g KH pro Packung
– Szegediner Gulasch	9,0 g KH pro Packung

KAJOS Diät-Getränke

KRAFT
- Jocca Cottage Cheese 3 g KH pro 100 g
- Doppelrahm-Frischkäse 1 g KH pro 100 g
- Doppelrahm-Kräuter-Frischkäse

LINOSAN Leinöl

OLIO SASSO Olivenöl

RIETENAUER Mineralwasser
- VORLO Getränke-GmbH Bad Rietenau (wird ins Haus geliefert; nicht im Handel erhältlich) 7150 Backnang, Postfach 156, Tel. 07191/8151

SAVITA Pilz-Soja Sauce

SCHNEEKOPPE
- Leinöl
- Obstessig
- Sauerkrautsaft
- Sonnenblumen-Öl
- Zitronen-Senf

SCHWEINESCHWARTEN-CHIPS
- Firma Snäcky, Reimer & Co., 625 Limburg/Lahn, Postfach.

VITAM
- R-Hefeextrakt 25 g KH pro 100 g
- Kräuter-Vitam-R
- Kräuter Würze (flüssig)
- Speisen Würze (flüssig)

VITAQUELL
- Diestel-Öl (Saflor-Öl)
- Extra Margarine
- Sonnenblumen-Öl
- Vitagen-Diät-Speisefett

VOGELEY Kristall-Gelee (Götterspeise)
- Ananas
- Apfelsine
- Aprikose
- Erdbeer
- Himbeer
- Johannisbeer, rot
- Johannisbeer, schwarz
- Kirsch
- Waldmeister
- Zitrone

16 Topfit und gesund durch Ihre Dauerernährung fürs Leben!

Sie haben es geschafft! Sie sind jetzt ein glücklicher und bedeutend gesünderer Mensch mit einer ganz neuen, guten Figur, und was Sie im Spiegel von sich erblicken, gefällt Ihnen, auch wenn es Ihnen anfangs schwerfällt zu glauben, daß dieses schlanke Spiegelbild Sie selbst sein sollen.

Vielleicht ergeht es Ihnen wie William Miller, der – 1,85 m groß – sein Gewicht durch diese Diät von 319 Pfund auf 173 Pfund reduzierte und überglücklich hervorsprudelte: »Mein ganzes Leben hat sich grundlegend verändert! Ich bin jetzt einer der glücklichsten Menschen auf diesem Erdboden! Alle, die mich vorher kannten, erkennen mich einfach nicht wieder!«

Oder wie Janet Macdonald, die statt 193 Pfund nur nur noch 109 wiegt. »Ich bin einfach *selig*, daß ich es tatsächlich geschafft habe! Noch kann ich es allerdings gar nicht so richtig glauben. Am liebsten würde ich die ganze Zeit laut losjubeln.«

Oder wie Sharon Weeks, die mit 163 Pfund diese Diät begann und jetzt gertenschlank ist. »Ich habe eine ganz andere Einstellung zu allem bekommen. Es ist ein absoluter Wendepunkt in meinem Leben! Es müßte jetzt schon eine ganze Menge passieren, bis ich wieder über etwas bedrückt oder niedergeschlagen wäre, wo ich jedes Mal, wenn ich mich im Spiegel sehe, so glücklich bin!«

Oder wie Laurie Meyer, die geradezu unförmig dick war und jetzt Kleidergröße 40 trägt. »Ich bin dauernd in Hochstimmung! Ich habe ein ganz neues Selbstbewußtsein bekommen.«

Oder wie Joan Farber, die sagt: »Mein Mann weiß sich vor Freude gar nicht zu lassen. Er findet, er habe eine völlig neue Frau bekommen, und das stimmt irgendwie, denn ich bin ein ganz anderer Mensch geworden. Keine Spur mehr von der alten quälenden Unsicherheit mit all ihren negativen Auswirkungen! Jetzt freue ich mich, wenn ich unter Menschen komme.«

Oder vielleicht sagen Sie wie Alice Lawrence, die mit 147 Pfund zu mir kam und jetzt 110 Pfund wiegt: »Ich bin jetzt kein häßliches Scheusal mehr und kann mein Leben endlich in vollen Zügen genießen.«

Alice Lawrence wiegt seit nunmehr fünf Jahren 110 Pfund. Ich nenne sie meine »Ex-Problempatientin«. Sie ist 1,58 m groß und eine schöne Frau, wog jedoch 147 Pfund, als sie am 10. Januar 1968 zu mir in die Praxis kam.

Am 1. August 1968 wog sie dann nur noch 110 Pfund – genau wie heute. Es gab Zeiten während jener ersten Monate, in denen sie nicht weiter abnahm. »Ich verlor aber nie den Mut, weil ich fest überzeugt war, es zu schaffen«, sagt sie. »Und es ist eine Art zu essen, mit der ich von Anfang an in Freuden leben konnte. Sie ist so vielseitig, und man kann dauernd neue Dinge der Diät hinzufügen.«

Schon als Backfisch wog Alice zwischen 123 und 136 Pfund. Sie lebte ständig diät und war ein Opfer des ewigen Auf und Nieders von Abnehmen und Zunehmen – und das meist mit Hilfe von Tabletten.

»Ich weinte mich abends in den Schlaf«, erzählt sie. »Diese Art der Ernährung hat mir das Leben neu geschenkt!«

Ihre Eltern hatten beträchtliches Übergewicht, und eine Großmutter war Diabetikerin gewesen. Bei jeder ihrer Schwangerschaften hatte Alice wieder 37 bis 45 Pfund zugenommen. Sie war außerdem ein Nachtesser und geradezu versessen auf Süßigkeiten; außerdem hatte sie einen niedrigen Blutzuckerspiegel. Ich hatte es also bei ihr mit all den erschwerenden Begleitumständen von Übergewicht zu tun, die bei einem Patienten überhaupt auftreten können. Und sie sind alle spurlos verschwunden!

Wie Alice ihr neues Gewicht von 110 Pfund hält. In den vergangenen fünf Jahren hat sie einige Male durch zu viel Obst bis zu 5 Pfund zugenommen, was sie auch ohne Waage merkte, da sie sich erneut ständig müde zu fühlen begann. Auch die alte Sucht nach Süßigkeiten überfiel sie wieder – ein Symptom dafür, daß ihr Hyperinsulinismus und, dadurch bedingt, ihr niedriger Blutzuckerspiegel ihrem Körper von neuem zu schaffen machten. Alice kehrt dann schnell zu Stufe 1 der Diät (also zur Grunddiät der ersten Woche) zurück, bis sie sich im ganzen wieder wohler fühlt und die paar Extra-Pfunde ebenso wie die Sucht nach Süßem verschwunden sind. Während jener Zeit ißt sie kein Frühstück, dafür mittags aber zwei große Frikadellen und einen Salat und abends einen ganzen Hummer und manchmal einen Cäsar-Salat mit Schweineschwarten-Chips garniert. Und als Nachspeise?

Sie mag am liebsten meinen Käsekuchen (s. Rezept 75), doch beendet sie auch oft ihre Mahlzeit mit einem köstlich süßen Kaffee unter einem Berg von Schlagsahne.

Bei dieser Ernährung ist es leichter als bei jeder anderen, Ihr Gewicht auch zu halten. Ich sage Ihnen nichts Neues mit der Tatsache, daß die meisten Diätarten kläglich versagen, wenn es darum geht, das mühsam errungene neue Gewicht nun auch zu halten. Bei jeder kalorienarmen Diät können Sie sich Ihr Idealgewicht nur erhungern; und es ist wahrlich keine Kleinigkeit, sich kaltblütig zu dieser Strapaze zu entschließen! Und es ist noch um einiges schwerer, diesen Entschluß dann auch in die Tat umzusetzen und sich wochen- und monatelang freiwillig einer harten Hungerkur zu unterziehen!

Bei dieser Ernährungsweise können Sie jene wenigen Extra-Pfunde, die sich vielleicht einmal einschleichen sollten, mühelos und ohne jemals unter Hunger leiden zu müssen, schnell wieder loswerden. Es ist nicht weiter schwierig, zu der biologisch kohlehydratfreien Grunddiät der ersten Woche auf Stufe 1 zurückzukehren.

Von einer Vorstellung müssen Sie sich allerdings restlos und für immer trennen, und zwar von der naiven Annahme, daß Sie jetzt, wo Sie Ihr Idealgewicht erreicht haben, »endlich wieder so essen könnten wie andere Menschen«. Wenn Sie mit Hilfe von Tabletten, Spritzen und/oder Hungerkuren abgenommen haben, lechzt Ihr armer Körper wie auch Ihre gepeinigte Seele nach einer Rückkehr zu »normaler« Nahrung; durch die sind Sie aber vorher dick geworden und würden durch sie jedes Mal noch dicker. Wenn Sie sich dagegen durch eine verminderte Kohlehydratzufuhr unterhalb Ihrer KKS von Ihrem Übergewicht befreit haben, besteht für das Gefühl eines Verzichtes oder einer erlittenen Entbehrung kein Grund, weder körperlich noch seelisch. Sie müssen sich nur gedanklich ganz klar hierüber sein – über sich selbst und das, was *Ihnen am wichtigsten ist!* Und die Voraussetzung dafür ist, daß Sie das volle Ausmaß Ihres Gewichtsproblems mit allen seinen vielfältigen Aspekten und möglichen Konsequenzen ganz klar und realistisch erkennen!

Die grundlegende Veränderung muß sich in Ihrem Denken vollziehen! Sie werden Ihre gute Figur, Ihren Schwung und Ihre Lebensfreude zeit Ihres Lebens behalten, wenn es Ihnen gelingt, diese grundlegende Veränderung in Ihrem Denken zu vollziehen.

Wenn Sie ein chronisches Gewichtsproblem haben, ist es entscheidend wichtig, daß Sie sich rückhaltlos damit abfinden und ein für allemal begreifen, daß Ihr Speck nur *ein* Symptom eines lebenslänglichen Leidens ist. Ihr Stoffwechsel wird *immer* die Tendenz zu einer anormalen Funktion behalten! Auch wenn Sie dünn sind und dünn bleiben!

Wie viele medizinische Untersuchungen gezeigt haben, sind die biochemischen Reaktionen (wie zu hohe Insulinausschüttung bei Kohlehydratzufuhr) bei vormals übergewichtigen Personen auch dann, wenn sie Normalgewicht haben, anders als bei solchen, die niemals Übergewicht hatten. Das heißt mit anderen Worten: *Sie können nicht erwarten, dünn und damit gesund zu bleiben, wenn Sie wahllos und gedankenlos wie andere Menschen essen!* Sagen Sie sich immer wieder mit unerbittlicher Eindringlichkeit, bis Sie es sich in Ihren Dickschädel eingehämmert haben: »Meine Veranlagung zu Übergewicht ist ein Symptom einer chronischen Stoffwechselstörung. Mein Organismus *kann* mit bestimmten Nahrungsstoffen nicht wie derjenige schlanker Menschen fertig werden. Ich darf meine Ernährung deshalb nicht mit der von Menschen vergleichen, die nie ein Gewichtsproblem gekannt haben! Weder jetzt noch irgendwann! Es handelt sich bei mir um eine Krankheit – und zwar um eine lebenslängliche Krankheit. Weder ein Arzt noch ich selbst kann sie heilen, aber ich kann sie unter Kontrolle halten.«

Und um sie erfolgreich unter Kontrolle zu halten, ist es von entscheidender Wichtigkeit, ganz klar zu begreifen und innerlich zu akzeptieren, daß diese Krankheit chronisch und ein Dauerzustand ist und daß es in Ihrer und nur in Ihrer Macht liegt, sie so in die Schranken zu verweisen, daß Sie nicht unter ihr zu leiden haben! Und das ist gar nicht schwierig. Meine glücklichen Patienten – und sie gehen in die Zehntausende! – sind der beste und überzeugendste Beweis dafür. Beweisen Sie es sich jedoch am besten selbst!

Und nun zu der praktischen Seite! Wenn Sie Ihr Idealgewicht erreicht haben (und ich hoffe, Sie haben sich recht langsam von den letzten 5–6 Pfund getrennt!), kommt es nun auf folgendes an: *Dieses Idealgewicht auch zu halten!*

Hunderte meiner Patienten scheinen damit überhaupt keine Schwierigkeiten zu haben; ihr Körper hat sich auf das neue Idealgewicht eingestellt und es dadurch stabilisiert. Das Weglassen der Kohlehydrate ist ihnen zur zweiten Natur geworden.

Es kann natürlich durchaus vorkommen, daß man einmal unversehens einige Pfunde zunimmt. Die KKS jedes Menschen kann zu verschiedenen Zeitpunkten in seinem Leben durch eine Vielzahl von Faktoren Schwankungen unterworfen sein. So mag auch Ihre sinken, ohne daß Sie es merken. Wenn Sie dann aber nicht die Kohlehydratzufuhr entsprechend drosseln, nehmen Sie unweigerlich zu.

Normalerweise ist es jedoch so, daß Sie ungewollt und ganz allmählich wieder zu viele Kohlehydrate essen. Und plötzlich merken Sie, daß Sie mächtigen Appetit auf Kohlehydrathaltiges entwickeln – auf Brot, Obst, gezuckerte Mehlsüßspeisen oder Kartoffeln, und Sie gieren nach mehr und mehr und mehr! Diese Gier auf Kohlehydrate verschwindet, sowie Sie einige Tage lang wieder zu der Grunddiät von Stufe 1 zurückkehren und Ihrem Körper ausschließlich Proteine und Fette anbieten – aber warten Sie nicht damit! Tun Sie es sofort!

Und was ist nun Ihr Ziel? Die Regel Nr. 1: Überlegen Sie sich genau, wieviel Sie von jetzt ab *zeit Ihres Lebens* wiegen wollen! Machen Sie es sich nicht zu leicht! Geben Sie sich nur mit dem Gewicht zufrieden, bei dem Sie sich am besten, gesündesten und jüngsten fühlen – und es auch aussehen!

Wenn sie mit zwanzig Jahren sehr schlank waren, ist Ihr damaliges Gewicht vielleicht Ihr Idealgewicht; waren Sie aber als junges Mädchen eher pummelig, dann schauen Sie in der Gewichtstabelle nach, um eine ungefähre Vorstellung darüber zu bekommen, welches Ihr Idealgewicht ist. Und schauen Sie nicht einfach in der Spalte für einen schweren Körperbau nach mit entsprechend höherem Gewicht!

Wie ich festgestellt habe, betrachten sich die meisten Menschen durch eine rosarote Brille – auch wenn es darum geht, ihr Idealgewicht festzusetzen und damit die Anzahl der Pfunde, die verschwinden müssen. Meine Vorstellungen sind da meistens sehr viel rigoroser, d. h. realistischer!

Regeln Nr. 2 und 3: Billigen Sie sich einen Spielraum von etwa 4–5 Pfund zu, und wiegen Sie sich jeden Tag! Als nächstes müssen Sie sich vornehmen, Ihr Idealgewicht nie um mehr als höchstens 5 Pfund zu überschreiten. Wenn Ihr Gewissen bezüglich der Kohlehydratzufuhr rein ist, können Sie sich diesen Spielraum bewilligen. Aber vergessen Sie nicht: 5 Pfund mehr ist die oberste Grenze!

Sie müssen es sich zur festen Gewohnheit machen, sich jeden Morgen auf die Waage zu stellen, und das mit der gleichen unfehlbaren Regelmäßigkeit, mit der Sie Ihre Zähne putzen. Und richten Sie sich dann mit dem Speisezettel für jeden Tag nach dem, was die Waage Ihnen anzeigt. Ist Ihr Gewicht an der obersten Grenze angelangt? Nun, dann müssen Sie *sofort* und gleich an diesem Tag mit einer kohlehydratärmeren Ernährung beginnen – für die meisten Menschen genügt Stufe 2.

Sie müssen bei dieser Stufe bleiben, bis Sie um diese 5 Pfund leichter sind und die *untere* Grenze Ihres Idealgewichts erreicht haben.

Dann, und nur dann dürfen Sie wieder den Kohlehydrat-Verzehr erhöhen, aber bitte nicht vergessen: nur allmählich und in den bekannten kleinen Mengen! Und sollte es sich herausstellen, daß Sie nach einigen Monaten wieder 5 Pfund mehr wiegen, wiederholen Sie einfach diesen Zyklus und kehren erneut für eine Zeitlang zu Stufe 2 zurück.

Sie sehen also, wie entscheidend wichtig es ist, daß Sie sich jeden Tag wiegen und es sich zur absolut eisernen Regel machen, sofort zu Stufe 1 oder 2 zurückzukehren, wenn Sie sich der oberen Grenze Ihres 5-Pfund-Spielraumes nähern. Auf diese Weise können Sie Ihr Idealgewicht mit einer Abweichung von maximal 5 Pfund für immer und ohne daß Sie sich Entbehrungen auferlegen müßten, halten – denn die Grunddiät von Stufe 1 bringt jedes lästige Hungergefühl zum Verschwinden und erlaubt Ihnen köstliche Schlemmereien.

Regel Nr. 4: Wählen Sie Ihre Kohlehydrate! Wenn Sie Ihr Idealgewicht erreicht haben, entscheiden Sie sich endgültig dafür, was für Kohlehydrate Sie von nun an in Ihre lebenslängliche Ernährungsweise aufnehmen wollen – denn darum handelt es sich: um Ihre Dauerernährung fürs Leben!

Auf Grund Ihrer konstitutionellen Stoffwechselstörung können Sie sich in Ihrer Ernährung niemals gedankenlos nach irgendwelchen momentanen Launen richten. Tun Sie es dennoch, so stellen sich in Windeseile wieder jene häßlichen Speckpolster ein, begleitet von der ständigen Müdigkeit, der Niedergeschlagenheit, dem vorzeitigen Altern, dem quälenden Hunger, der Sucht nach Süßigkeiten sowie dem hohen Triglyzerid- und Cholesterinspiegel – also all diesen sieben apokalyptischen Reitern.

Am besten ist es wahrscheinlich, Sie entschließen sich, so ziemlich bei der streng kohlehydratarmen Ernährungsweise zu bleiben, die Sie von Ihrem Übergewicht befreite: Sie dürfen sich jetzt jedoch kleine Extrafreuden gönnen. Falls für Sie z. B. ein Gläschen Wein oder ein Drink vor dem Abendessen – oder zu einer sonstigen Tages- oder Nachtstunde – zur Gemütlichkeit gehört, so lassen Sie die Zügel ein wenig locker.

Die zweitbeste Lösung wäre es, wenn Sie sich für kleine Mengen von Stärkeprodukten entschließen, z. B. für eine Scheibe Toast oder eine kleine Portion der Gemüse mit hohem Stärkegehalt. *Das Allerdümmste wäre jedoch, Zucker in welcher Form auch immer zu essen!*

Das *Brookhaven National Laboratory* gab kürzlich einen Bericht über einige hochinteressante vergleichende Untersuchungen über die dickmachende Wirkung von Stärke und Zukker heraus. Die Ergebnisse dieser Untersuchungen stützen sich auf verschiedene Versuchsserien, die während der letzten zwei Jahre von einem Ärzte-Team unter Leitung von Dr. Walton W. Shreeve durchgeführt wurden.

Eine Kalorie Zucker bildet offensichtlich mehr Körperfett als eine Kalorie Stärke. Als die Ärzte vom *Brookhaven National Laboratory* ihren Patienten abwechselnd eine zuckerreichende und stärkereiche Diät verabfolgten, stellten sie fest, daß bei der zuckerreichen Diät der Prozentsatz des in Blutfett umgesetzten Zuckers 2–5 mal so hoch war wie der Prozentsatz von Stärke, der bei der stärkereichen Diät in Blutfett umgewandelt wurde.

Die fettbildende Wirkung von Zucker war übrigens bei diesen Versuchen bei Frauen, die die Pille nahmen, noch ausgeprägter, was meine Erfahrungen bestätigt, nach denen Frauen durch Einnahme von empfängnisverhütenden Mitteln besonders anfällig für die dickmachende Wirkung von Zucker werden.

Die Versuchsergebnisse des Ärzte-Teams von Brookhaven lassen folglich die verblüffende Schlußfolgerung zu, daß eine Praline von 30 Gramm (113 Kalorien) eine 2–5mal so dickmachende Wirkung hat wie ein Brötchen, das 116 Kalorien enthält. Und es bedeutet ebenfalls, daß ein Stück Obst, das aus einfachen Kohlehydraten (also Zucker) besteht, für Ihre Ernährung unerwünschter ist als eine Pellkartoffel, die lediglich Stärke enthält.

Ob dieses von den Ärzten in Brookhaven festgestellte prozentuale Verhältnis zwischen der dickmachenden Wirkung von Zucker und Stärke nun durch weitere Forschungsergebnisse bestätigt wird oder nicht, so steht bereits durch klinische Versuche fest, daß bei einer zuckerfreien Ernährung ganz allgemein der Triglyzeridspiegel (also der Blutfettgehalt) sinkt. Bei 90 Prozent der von mir behandelten Patienten war sogar eine *ganz erhebliche* Senkung des Triglyzeridspiegels zu verzeichnen.

Der Suchtfaktor: noch ein entscheidender Grund, sich ausschließlich an die Süßspeisen, Kuchen und Süßigkeiten nach den Rezepten dieses Buches zu halten und alle anderen zu meiden! Ich kann Ihnen wirklich nicht raten, wann auch immer und in welcher Form auch immer Zucker in Ihre Ernährungsweise aufzunehmen! Ich denke dabei nicht so sehr an ein wenig frisches Obst wie Beeren oder vor allem Melone, sondern vielmehr an alle üblichen Süßwaren wie Bonbons, Pralinen, Schokolade, Kekse, Kuchen, Gebäck und Süßspeisen. Denn Sie müssen wissen, daß alle diese Dinge für Menschen mit einem gestörten Kohlehydrat-Stoffwechsel genauso gefährlich sind wie Alkohol für einen Alkoholiker, Heroin für einen Drogensüchtigen, eine Zigarette für einen ehemaligen Kettenraucher oder Las Vegas für einen Spieler. Am sichersten schützt man sich davor, dieser Suchtabhängigkeit erneut zu verfallen, indem man *alle* diese Süßwaren *strikt* meidet! Es kann nämlich sehr gut sein, daß Sie es nicht schaffen, *nur gelegentlich ein wenig* zu sündigen, weil Ihre Stoffwechsel-Krankheit das einfach nicht zuläßt.

Bei fast allen Patienten, bei denen wir mit unserer Diät und unseren sonstigen ärztlichen Bemühungen scheiterten, handelte es sich um Kuchen- und Bonbonsüchtige. Man hat es bei diesen Patienten mit genau den gleichen Problemen zu tun wie bei unheilbaren Alkoholikern, nämlich mit einer biochemischen Körperkonstitution, deren unglückliche Opfer diese Menschen sind.

Ein Quartalsfresser ist ebenfalls ein Süchtiger. Michael S. stürzt sich mit der periodischen Regelmäßigkeit eines Quartalssäufers auf Kuchen und Eiscreme. Zwischen 4 und 6 Uhr nachmittags pflegt er dann vor dem Abendessen fast 2 Liter Eiscreme und eine ganze Torte in sich hineinzustopfen. Durch die großen Zuckermengen wird natürlich die Bauchspeicheldrüse veranlaßt, den Blutkreislauf mit einer gewaltigen Insulinausschüttung zu überfluten. Und das Insulin senkt dann auf drastische Weise den Blutzuckerspiegel weit unter das anfängliche Ausgangsniveau. Ergebnis: Michael wird nervös, unruhig, gereizt, erschöpft und deprimiert – und hungrig! Und mehr denn je packt ihn die

Sucht nach Süßem. Er muß seinen »Joint« haben – sprich: mehr Zucker. Zucker als solcher könnte nicht zur Suchtabhängigkeit führen, wenn er nicht diese spezifische Wirkung auf den Organismus hätte, die zu niedrigem Blutzuckerspiegel und damit zu Hypoglykämie führt, also dem Zustand, in dem ein Zuckersüchtiger sich befindet, wenn er gerade nicht »high« ist.

Da Zucker billig ist, braucht Michael nicht zu stehlen, um seiner Sucht frönen zu können, doch ist diese Sucht genauso verhängnisvoll wie jede andere Drogen-, Alkohol- oder Nikotinsucht.

Michael widert seine hemmungslose Freßsucht dann schließlich so an, daß er heilige Eide schwört, sich »zu bessern«. Aber die nächste Party mit einer großen Torte oder auch nur eine Tüte Bonbons als »Seelentröster« in einem Augenblick besonderer Belastung – was auch immer an Zuckerzeug es gerade sein mag, es zieht ihn erbarmungslos in den alten Teufelskreis zurück.

Einem Zuckerholiker kann schon ein einziger Happen zum erneuten Verhängnis werden. Es kommt darauf an, es gar nicht erst so weit kommen zu lassen und Zucker *in jeder Form und in jeder Menge* zu meiden! Ein Alkoholiker wird vor dem ersten verhängnisvollen Schluck Alkohol hinreichend gewarnt – sogar vor Vanille-Extrakt, da dieser Alkohol enthält. Einem Zuckerholiker müßte mit aller Eindringlichkeit gesagt werden, daß er es sich nicht leisten kann, irgend etwas zu essen oder zu trinken, was Zucker enthält, auch keine Salatsaucen oder Suppen. Die kleinste Menge an Zucker kann ihn in den Teufelskreis zurückstoßen. Dies gilt für eine beträchtliche Anzahl von zu Übergewicht neigenden Menschen, wenn auch nicht für die Mehrzahl.

Alle Suchtkranken scheinen eines gemeinsam zu haben: eine latente Hypoglykämie. Bei Zuckersüchtigen, Alkoholikern und Koffeinsüchtigen handelt es sich einwandfrei um Hypoglykämiker. Untersuchungen an Hartdrogen-Süchtigen haben gezeigt, daß in den meisten Fällen eine Hypoglykämie vorliegt. Auch Cola-Getränke sind seit langem zu einer echten Sucht in medizinischem Sinne bei vielen Menschen geworden.

Stärkeprodukte können ebenfalls zu einer Suchtabhängigkeit führen. Viele Arten von Stärkeprodukten können desgleichen zu einer Sucht führen, obwohl dies weniger häufig vorkommt, so z. B. Kartoffelchips, Brot, Kekse, Crackers, Pizzas, Spaghetti u. ä. m. Und wenn denaturiertes Weißmehl in Verbindung mit raffiniertem Zucker wie in allen Backwaren, Puddingen und süßen Mehlspeisen gegessen wird, genügt schon eine winzige Menge, um den ganzen alten Teufelskreis wieder in Gang zu setzen.

Hüten Sie sich also aus reinem Selbsterhaltungswillen mit all Ihrer Intelligenz vor diesen tückischen Fallgruben!

Bei dieser Diät kann sogar ein Quartalsfresser abnehmen!
Manchmal sagt eine Patientin schuldbewußt zu mir: »Um die Wahrheit zu gestehen, Doktor, ich habe das ganze Wochenende pausenlos gefressen! Warum? Weil ich mich langweilte!« (oder »weil ich Kummer hatte« oder »weil ich Ärger hatte«.)

Und wenn ich dann frage: »Haben Sie sich aber wenigstens an die Diätvorschriften gehalten?« »Ja, aber ich habe so entsetzlich *viel* gefressen! Es war eine richtige Freßorgie! Ich bin sogar frühmorgens um 4 Uhr aufgestanden und in die Küche geschlichen, um etwas zu essen. Wirklich, ich bin ganz zerknirscht, Doktor!«

Doch dann kommt die große Überraschung: Die Waage zeigt, daß die Patientin 3 Pfund abgenommen hat!

Wenn diese Art Völlerei sich über einen längeren Zeitraum erstreckt, kann man natürlich einige Pfunde zunehmen, aber ich habe nie einen Fall erlebt, wo derartige Freßorgien einen nennenswerten Gewichtsanstieg verursacht hätten, vorausgesetzt, es werden ausschließlich Proteine und Fette dabei gegessen. Proteine schieben solchen Freßorgien nämlich von selbst einen Riegel vor, wenn keine gleichzeitige Kohlehydratzufuhr erfolgt. Je mehr Protein und Fett Sie in welcher Kombination auch immer essen, um so größer wird das hierdurch ausgelöste Sättigungsgefühl, wodurch diese Freßorgien letzten Endes nicht so sehr ins Gewicht fallen – und das im wahrsten Sinne des Wortes. Sie gehören zu den läßlichen Sünden. Ich weiß, es fällt Ihnen schwer, mir das zu glauben, aber durch meine Erfahrungen mit Tausenden von Patienten kann ich es Ihnen zuverlässig versichern.

Und deshalb kann ich auch zu Ihnen sagen: »Essen Sie zu allen eigentlich verpönten Zeiten zwischen den Mahlzeiten? Nun, dann machen Sie sich deshalb keine Gedanken, und bleiben Sie ruhig dabei. Solange Sie sich an Proteine und Fette halten und *alle* Kohlehydrate meiden, werden Sie nicht nennenswert dadurch zunehmen.«

Eine Warnung: Je mehr Sie abgenommen haben, um so leichter und schneller nehmen Sie auch wieder zu. Wenn Sie nur 10 Pfund durch diese Diät abnehmen wollten und brauchten, wird es Ihnen leichter fallen, Ihr neues Idealgewicht zu halten, als wenn es sich um 50 oder gar 100 Pfund handelte. Wenn der Körper einmal seine Fettreserven bis zu einer gewissen maximalen Übergewichtsgrenze aufgefüllt hatte, wird er dieses Gewicht bei gedankenlosem Essen relativ schnell wieder erreichen.

Andererseits wird ein Mensch, der 50 Pfund oder 100 Pfund losgeworden ist, sehr viel entschlossener sein, nicht wieder zuzunehmen, und sich deshalb gewissenhafter und freudiger an seine neue Ernährungsweise halten. Er verdankt ihr ja die große Veränderung seines gesamten Lebens! Es ist doch so herrlich, in jedes Geschäft gehen zu können und hübsche Kleider anzuprobieren und zu kaufen, nette Komplimente zu bekommen, so elegant, sportlich und gesund wie andere Menschen zu sein und sich nicht mehr bemitleidet, häßlich und abstoßend zu fühlen!

Und es ist ja nicht so, als müßte man bei dieser Ernährung, durch die Sie immer topfit bleiben, hungrig von den Mahlzeiten aufstehen oder auf genußvolles Essen verzichten! Es ist eben im Grunde gar keine Diät, sondern nur eine *andere, neue* Ernährungsweise nach ganz bestimmten selektiven Grundsätzen.

Und so werden Sie nun Ihr ganzes Leben lang essen. Sie können in jedem beliebigen Restaurant in jedem Land der Welt essen, und niemand braucht zu erfahren, daß Sie sich anders ernähren und sich das, was Sie essen, sehr wählerisch aussuchen. Auf diese Weise behalten Sie auch Ihr ganzes Leben Ihre *bella figura*.

Sie bekommen in jedem Restaurant und jedem Land das, was Sie haben möchten. Ob Sie sich nun so ernähren, um abzunehmen oder um Ihr Idealgewicht zu halten, Sie werden in beiden Fällen alles tun, um Kohlehydrate zu meiden. Und mit ihnen ist leider jede Küche in jedem Land verseucht.

Es ist jedoch möglich, diese Klippe zu umschiffen. Sie müssen nur genau sagen, was Sie haben möchten. Bestellen Sie kohlehydratfreie Gerichte. Wie ich schon sagte, geht man in den meisten guten Restaurants auf Ihre Wünsche ein – es gehört zum Beruf und macht nicht mehr Arbeit; außerdem ist man an Gäste mit geheimnisvollen Krankheiten gewöhnt. Sagen Sie also: »Wird diese Salatsauce auch nicht mit Zucker gemacht? Ich darf nämlich keinen Zucker essen.« Oder: »Ich bin allergisch gegen Mehl. Wird dieses Fleischgericht mit Mehl zubereitet? Ich hätte es gern ganz ohne Mehl. Oder was würden Sie mir sonst empfehlen?«

Die italienische Küche kann durchaus kohlehydratarm sein, wenn . . . Sie es so wie ich in jedem Restaurant machen. Da ich Junggeselle bin, gehe ich sehr viel zum Essen aus und habe folglich eine recht nette Auswahl an Restaurants, die an meine »Marotten« gewöhnt sind und mir die gewünschten Gerichte ohne Kohlehydrate zubereiten.

Ich finde, dies ist recht leicht in einem italienischen Restaurant zu erreichen. Ich kann z. B. die meisten Dinge vom Antipasto essen – den Thunfisch, die Sardinen, den Prosciutto, die Salami, die hartgekochten Eier, die grünen Oliven, Sardellen, Pimientos, Selleriestangen und grünen Salate. Lediglich die Fava-Bohnen brauche ich liegenzulassen. Anschließend esse ich eine Stracciatella-Suppe oder eine klare Fleischbouillon mit gehackten, grünen Spinatblättern darin, gehacktem Ei und einem großen Löffel Parmesankäse. Beim Hauptgericht fällt es mir schwer, zwischen Scampi oder Rollatini mit dem herrlichen Geschmack nach Kalbfleisch, Schinken und Käse zu wählen oder Saltimbocca oder Kalbsmedaillon Piccata. »Ohne Mehl!« sage ich, und so wird mir dieses köstliche Kalbfleisch in zarten, dünnen, nach Zitronensaft duftenden Scheiben mit einem Hauch von Knoblauch serviert. Mein Lieblingsgericht ist jedoch Huhn Scarpariello; das sind kleine, nach Knoblauch duftende Stückchen gebratenen Hühnerfleischs.

Wenn ich mit Freunden esse, die Pasta bestellen, lasse ich mir in reichlich Olivenöl geschmorten Spinat oder Eskarol mit Knoblauch schmecken, und es macht mir Spaß, wenn die Kalorienzähler mir dabei neiderfüllt zuschauen.

Nach all diesen Köstlichkeiten habe ich keinen Platz mehr für eine Nachspeise, doch gelegentlich bereitet man mir an meinem Tisch mit dem von mir dafür mitgebrachten Süßstoff auf einem Spirituskocher eine Portion Zabaglione.

Die chinesische Küche ist von Natur aus arm an Kohlehydraten. In einem chinesischen oder japanischen Restaurant ist es gar nicht so leicht, in Schwierigkeiten zu geraten, wenn Sie erst einmal Ihre Kohlehydratbrille fest auf der Nase tragen. Es beginnt damit, daß Sie kein Brot zum Essen knabbern und natürlich auch keinen Reis zu Ihrem Gericht bestellen.

In einem chinesischen Restaurant esse ich gern Pökelfleisch. (Obwohl in einer süßen Marinade eingelegt, wird diese durch das Grillen vom Barbecue-Feuer weitgehend weggebrannt.) Man darf nur nicht vergessen, sich an die scharfe Senfsauce zu halten und die süßen Saucen nicht anzurühren! Von den Suppen kann man Schwalbennestersuppe oder Haifischflossensuppe oder eine klare Bouillon mit Eieinlauf wählen. Chinesische Gemüse haben alle einen niedrigen Kohlehydratgehalt und ergeben schmackhafte Beilagen zu Hummer, Krabben, Langusten, Hühner-, Enten-, Rind- oder Schweinefleisch. Aber Sie müssen laut und deutlich sagen, daß Sie die Sauce nicht angedickt haben wollen! Sie können auch Eierspeisen bestellen, wenn sie kein Mehl enthalten! Und die Küchelchen mit den eingebackenen Glücksprognosen sind bei unserer Ernährungsweise zum Lesen und nicht zum Essen da!

In einem japanischen Restaurant ist die Auswahl ebenso groß. Besonders gern esse ich rohen marinierten Fisch oder Sukiyaki (s. unser Rezept für Tempura).

Oft gehe ich auch in ein jugoslawisches Restaurant. Ich bestelle dann eine doppelte Portion Shish kebab und vergesse alles andere, wenn ich mir die gegrillten Fleischstücke, Paprikaschoten, Zwiebeln und Tomaten an den zwei langen Spießchen schmecken lasse.

In einem französischen Restaurant ist es sehr leicht. In einem französischen Restaurant beginne ich häufig mit Escargots, die ein wundervolles Gericht nach den Grundsätzen unserer neuen Ernährungsweise sind! Oder mit einer Pâté oder Coquilles St. Jacques. Ich bestelle alles, wenn »sauté meunière« – also in Fett gebraten – dahinter steht. Außer bei Stufe 1 der Diät können Sie auch jede Art von Fisch oder Meerestieren essen, die »aux amandes« – also mit Mandeln – zubereitet werden. Oft bestelle ich unpaniertes Kalbsschnitzel mit Kräuterbutter oder Coq au Vin oder Ente – aber bitte ohne die Sauce! Ich finde die knusprige Haut und das saftige Fleisch eines Entenbratens einfach köstlich! (In einem ungarischen oder tschechischen Restaurant esse ich ebenfalls gern Ente, weil man sie dort so gut zuzubereiten versteht.) Auch eine Quiche Lorraine gehört zu meinem Speisezettel in französischen Restaurants, nur lasse ich die Kruste selbstverständlich liegen, als wäre sie aus Pappmaché.

Grüne Salate sind natürlich meistens sehr schmackhaft.

Doch noch ein Wort zu den Salatsaucen: Einige typisch französische enthalten Zucker – wie besonders das orangefarbene French Dressing, das Sie als Fertigsauce kaufen können. Einige der Roquefort Dressings haben einen niedrigen Kohlehydratgehalt, doch andere enthalten Bindemittel. Erkundigen Sie sich daher lieber jedes Mal genau! Jedes Russian Dressing enthält Zucker wie auch manchmal die Sauce Vinaigrette. Also auch da fragen! Und im übrigen – man schmeckt Zucker ganz deutlich heraus, wie Sie sich erinnern werden! Er kann Ihnen gar nicht so ohne weiteres heimlich, still und leise die ahnungslose Kehle hinunterschlüpfen! Anders dagegen Stärke, Mehl und Kartoffelmehl, deren Geschmack in den Gewürzen und dem spezifischen Aroma eines Gerichtes leicht untergehen kann. Fragen Sie deshalb immer, wenn Sie Zweifel haben.

Zum Nachtisch esse ich mit Genuß guten französischen Käse.

In einem russischen Restaurant bestelle ich mit Vorliebe Huhn nach Kiewer Art oder Filetgulasch Stroganoff, doch lasse ich mir statt der Nudeln Spinat dazu bringen.

Versuchen Sie, in den Restaurants, in denen Sie öfters essen, Ihre Wünsche durchzusetzen. Es sollte Ihnen nicht schwerfallen. Ansonsten wechseln Sie einfach das Restaurant!

In Delikatessengeschäften kaufe ich gern geräucherten oder gekochten Lachs, Eier in Aspik, kalten Fleischaufschnitt, Corned beef, Zunge, Putenbrust, Rauchfleisch, Roastbeef, Schinken und gute Wurstwaren ohne Füllzusätze. Krautsalate meide ich, da sie Zucker enthalten, und nehme dafür einige saure Dillgurken mit (aber *nicht* süß-saure!).

Vor einem Gefühl müssen Sie sich hüten, wenn Sie in Topform bleiben wollen! Da wir ständig von einem Meer von Kohlehydratprodukten umgeben sind, besteht abgesehen von allen anderen Möglichkeiten, die obere 5-Pfund-Grenze zu überschreiten, schon allein dadurch die Gefahr, gelegentlich rückfällig zu werden. Verlieren Sie aber auch dann nicht den Mut, wenn Ihnen das passiert! Auch auf dem Gebiet der Ernährung ist das Leben ein ständiges Wagnis, das bestanden werden will!

Nach meinen Erfahrungen wird ein Mißerfolg bei der Gewichtskontrolle am häufigsten durch eine eigenartig typische, rein gefühlsmäßige Reaktion herbeigeführt, die etwa folgendermaßen in Worten auszudrücken ist: »Jetzt habe ich meine Diät gebrochen! Und nun nehme ich wieder zu! Es ist einfach furchtbar, und ich schäme mich ja so!« Und diese Scham über sich selbst hält den Betreffenden dann davon ab, einen neuen Anfang zu machen.

Wenn Sie bei Ihren früheren Diätversuchen einmal ähnliche Erfahrungen und Empfindungen gehabt haben, wissen Sie, was gemeint ist. *Und dies ist das EINE Gefühl, das Sie überhaupt nicht und um keinen Preis aufkommen lassen dürfen! Ein Gefühl der Scham oder der Beschämung! Es gibt einfach keinen Grund, sich jemals über eine falsche Nahrungsauswahl zu schämen! Was vergangen ist, ist vorbei und tatsächlich vergangen! Lassen also auch Sie es ruhen, und wenden Sie sich dem Heute zu!* Nur im Heute können wir handeln! Keiner von uns kann Vergangenes ändern. Vergessen Sie das nie! Aber lernen Sie aus Ihren Erfahrungen! Erkennen Sie, was für geistige Blockierungen Ihnen im Wege standen bei Ihrem Bemühen, Ihr Gewicht erfolgreich im Griff zu behalten, um diese heute und morgen überwinden zu lernen! Und denken Sie daran, wie leicht und mühelos es ist, jene paar Extra-Pfunde, die sich eingeschlichen haben, durch die Grunddiät von Stufe 1 wieder zu vertreiben! Überlegen Sie sich gleich, auf was für kohlehydratfreie Schlemmereien Sie heute und in den nächsten Tagen Appetit haben! Leisten Sie sich etwas ganz besonders Luxuriöses – vielleicht gekochten oder geräucherten Lachs oder Kaviar als Vorspeise, ein Kalbsmedaillon auf gegrilltem Schinken mit Käse überbacken oder einen schönen, großen Hummer, von dem Sie jeden Bissen in goldgelbe, zerlassene Butter tauchen. Zum Mittagessen entscheiden Sie sich vielleicht für eine Platte mit kaltem Fleisch und Fleischaufschnitt oder für eine große Frikadelle mit Käse überbacken und für einen Kaffee mit einem Klecks Schlagsahne darauf. Und verwöhnen Sie sich selbst, indem Sie es sich zum Essen so gemütlich wie nur möglich an Ihrem Lieblingsplatz machen!
Und nun in diesem Sinne:

Bon appetit!

17 Meine Antworten auf die häufigsten Fragen meiner Patienten

Wie ich festgestellt habe, lassen sich die Fragen, die mir meine 10 000 Patienten im Laufe der Jahre stellten, in einige typische Grundfragen zusammenfassen. Deshalb führe ich im Folgenden diese Grundfragen, die sich auf die typischen Themengebiete beziehen, zusammen mit meinen Antworten auf. Der besseren Übersicht wegen sind sie alphabetisch geordnet.

A = Abwechseln zwischen verschiedenen Diätarten

F.: Kann ich zwischen dieser Diät und einer anderen abwechseln?

A.: Viele haben diese Technik mit Erfolg angewandt, doch manchen ist ein derartiger Versuch äußerst schlecht bekommen. Zweifellos können Sie auch durch eine kalorienarme Diät abnehmen. Das Problem besteht nur darin, daß es Ihnen schwerfallen wird, eine kalorienarme Diät einzuhalten, da durch die erhöhte Kohlehydratzufuhr Ihr Hunger stimuliert wird; hinzu kommt außerdem die Tatsache, daß Sie es durch meine Diät nicht mehr gewohnt sind, ständig mit diesem Hungergefühl zu leben. Sollten Sie sich jedoch dazu entschließen, zwischen verschiedenen Diätarten abzuwechseln, so rate ich Ihnen, aus Gesundheitsgründen isolierte, denaturierte Kohlehydrate zu meiden und nicht zu häufig zu wechseln, denn an den Tagen, an denen Sie von einer Diät zur anderen umsteigen, essen Sie eine Mischkost und gar keine Diät.

A = Alkohol und seine Kalorien und Kohlehydrate

F.: Enthält Alkohol Kalorien? Und falls ja, unterscheiden sich diese irgendwie von anderen Kalorien? Enthält Alkohol ferner Kohlehydrate?

A.: Die Mehrzahl der Ernährungswissenschaftler ist sich darüber einig, daß Alkohol ein Energiespender ist. Als Daumenregel für die Umrechnung gilt: Der Prozentsatz an reinem Alkohol gibt Ihnen bei einem alkoholischen Getränk gleichzeitig die Kalorienzahl für 15 Gramm des betreffenden Getränkes an. Aber es geht hier nicht um die im

Alkohol enthaltenen Kalorien, sondern vielmehr darum, daß die Alkoholkalorien als solche den Kohlehydratkalorien sehr ähnlich sind, insofern, als Alkohol ebenfalls die Sekretion des fettmobilisierenden Hormons stoppt und eine starke, den Blutzucker senkende Wirkung hat.

Es liegen noch keine Untersuchungen darüber vor, in welchem Ausmaß Alkohol den Erfolg einer streng kohlehydratarmen Diät gefährdet oder unterbindet, doch meine klinischen Beobachtungen lassen vermuten, daß Alkohol die Bildung des FMH genauso verhindert wie Stärke. Deshalb kann ich erst nach den ersten Wochen dieser Diät meinen Patienten erlauben, alkoholische Getränke in *sehr bescheidenen Mengen* zu trinken. Wenn jemand jedoch an den Konsum großer Alkoholmengen gewöhnt ist, kann es schwieriger für ihn sein, nur wenig zu trinken als überhaupt nichts.

A = Alkohol – und wie schwer es ist, das Trinken zu lassen

F.: Ich bin kein Alkoholiker, aber ich *kann* das Trinken nicht völlig lassen. Was soll ich machen?

A.: Wenn Sie das Trinken, wie Sie sagen, nicht lassen *können,* wäre es in vieler Hinsicht sehr viel besser für Sie, wenn Sie erkennen und zugeben würden, daß Alkohol ein echtes Problem für Sie ist. Und wenn es Ihnen nicht gelingt, dieses Problem zu bewältigen, besteht wenig Aussicht für Sie, Ihr Übergewicht in den Griff zu bekommen. Die Erfahrung hat gezeigt, daß ein Alkoholiker meistens den Alkohol durch Süßigkeiten ersetzt, wenn es ihm gelingt, das Trinken aufzugeben. Dies hat seinen Grund in der Tatsache, daß beinahe alle Alkoholiker Hypoglykämiker sind und Zucker, genau wie vorher der Alkohol, ihren Blutzuckerspiegel kurzfristig anhebt.

A = Altern, vorzeitiges

F.: Besteht irgendein Zusammenhang zwischen einem gestörten Kohlehydrat-Stoffwechsel und vorzeitigem Altern?

A.: Und ob! Vorzeitiges Altern ist – ebenso wie die meistens damit auftretende ständige Müdigkeit – genau wie Fettsucht ein Symptom eines gestörten Kohlehydrat-Stoffwechsels. Wenn ich daher diese Stoffwechselstörung behandle, weiß ich daß ich damit gleichzeitig den Alterungsprozeß wie auch die Fettsucht bekämpfe. Dr. Irving Perlstein von der *Louisville School of Medicine* bewies an Hand von Untersuchungen, daß bei einem hohen Prozentsatz übergewichtiger Menschen bereits im Alter von 20 Jahren die gleiche Verdickung der Blutgefäßwände festzustellen ist, wie sie normalerweise erst bei alten Menschen über 70 auftritt.

Ä = Ärzte

F.: Woran erkenne ich, ob ich wegen meines Übergewichts einen Arzt konsultieren sollte?

A.: Es ist immer ratsam, einen Arzt aufzusuchen, wenn Ihr Gewicht Ihnen Anlaß zu berechtigter Sorge gibt, denn wahrscheinlich ist dann etwas anderes bei Ihnen nicht in Ordnung. Falls Sie einige der in diesem Buch beschriebenen Symptome an sich beobachtet haben, könnten diese durch eine gründliche ärztliche Untersuchung bestimmt besser diagnostiziert werden. Und wenn Sie diese Diät befolgen und trotzdem nicht abnehmen, wird ein Arzt Ihnen ebenfalls weiterhelfen. Selbstverständlich sollten Sie auf jeden Fall einen Arzt aufsuchen, wenn Sie sich bei dieser Ernährungsweise nicht topfit fühlen!

Ä = Ärzte, gute

F.: Wie finde ich einen *guten* Arzt?

A.: Das ist, wie Sie sich denken können, die schwierigste Frage von allen. Es gibt jedoch einige Anhaltspunkte, auf die Sie achten sollten, wenn Sie zum ersten Mal einem neuen, Ihnen unbekannten Arzt gegenübersitzen. Der Arzt muß als erstes *Interesse* für Ihr Gewichtsproblem aufbringen und Fettsucht ganz allgemein als eine Krankheit ernst nehmen. Er sollte von sich aus vorschlagen, eine Reihe von Untersuchungen durchzuführen, um den *Gründen* Ihres Übergewichts auf die Spur zu kommen. Auf *keinen* Fall bleiben Sie bei einem Arzt, der Ihnen lediglich Tabletten (Appetitzügler) oder Spritzen verschreibt! Auch seine Diät-Vorschriften sollten so sein, *daß Sie sie befolgen können!* Es sollte ein Arzt sein, der Ihnen durch seine Fragen und Vorschläge das Gefühl gibt, ihm bei der Behandlung einer so ernsten chronischen Erkrankung vertrauen zu können; zumindest sollte er Sie davon überzeugen, daß er Ihnen, die Sie ihm Ihre Gesundheit anvertrauen, den schuldigen Respekt eines verantwortungsvollen Arztes entgegenbringt.

A = Atem, schlechter (Mundgeruch)

F.: Stimmt es, daß man bei Ketonämie einen schlechten Mundgeruch durch die mit dem Atem ausgeschiedenen Ketonkörper hat?

A.: Ja, wenn Ihr Körper sein Speicherfett sehr schnell verbrennt. Es ist dies eine kleine Beeinträchtigung dieses sonst für Sie nur segensreichen Zustandes. Viel Trinken (Wasser) hilft dagegen, auch Chlorophyll-Tabletten oder ein Mundspray, das Sie immer bei sich tragen können, um stets einen frischen Atem zu haben und doch gleichzeitig Ihre Fettreserven loszuwerden.

A = Augen, gute (Sehkraft)

F.: Ich habe gelesen, daß Zucker unerläßlich für die gute Sehkraft, d. h. die sogenannte »normale Retinafunktion« wie auch für die Ernährung des Gehirns und der Nerven sein soll.

A.: Hierauf möchte ich Ihnen mit einer Gegenfrage antworten. Wenn Zucker tatsächlich für die Funktion von Augen, Nerven und Gehirn unerläßlich wäre, wie hat dann die Menschheit in den Millionen Jahren bis zum Jahre 1800 überlebt, als der Zucker schließlich Bestandteil ihrer Ernährung wurde? Wie ich bereits an anderer Stelle sagte, benötigen Gehirn, Nervensystem und die Augen keine Zuckerzufuhr in der Nahrung, sondern eine geringe Zuckermenge im Blutkreislauf. Und der menschliche Körper verfügt über eine mehr als nur ausreichende Fähigkeit, gespeichertes Fett in Glukose umzusetzen.

B = Bier

F.: Wie ist es mit Diät-Bier, das einen reduzierten Kohlehydrat-Gehalt aufweist? Gelten dafür auch irgendwelche Beschränkungen?

A.: Eine Dose Diät-Bier zählt wie 1 Glas (118 g) trockener Wein. Es sind nicht nur die im Bier enthaltenen Kohlehydrate, die die Verbrennung des körpereigenen Fettes verlangsamen, sondern der Alkohol, der dem Körper den für ihn bequemsten Brennstoff überhaupt liefert.

B = Bitter Lemon

F.: Warum darf ich nicht Bitter Lemon trinken? Auf dem Etikett steht, daß es nur Chinin und Zitronenaroma enthält – kein Wort von Zucker!

A.: Und doch enthält Bitter Lemon Zucker, auch wenn das Etikett nichts davon verrät. In Quinnie Water ist ebenfalls Zucker. Wegen dieser leider durchaus legalen Täuschungsmanöver müssen Sie bei allen Getränken besonders auf der Hut sein!

B = Brot

F.: Enthält Diät-Brot weniger Kohlehydrate als andere Brotsorten?

A.: Zur Zeit gibt es noch kein Diät-Brot, das wesentlich weniger Kohlehydrate als normale Brotsorten enthält. Man hat allerdings schon ein praktisch kohlehydratfreies Brot entwikkelt, doch ist es noch nicht im Handel erhältlich. Bis es soweit ist, enthält Glutenbrot (Kleber-) noch am wenigsten Kohlehydrate, und zwar 5,6 pro Scheibe.

C = Catchup

F.: Weshalb kann ich nicht Tomaten-Catchup essen? Es ist doch nur ein Würzmittel.

A.: Ja, aber ein Würzmittel, das 17 g Kohlehydrate in einer normalen Beigabe von 3 Eßlöffeln (60 g) enthält. Versuchen Sie statt dessen einen Schuß Worcesterhire Sauce mit einigen Tropfen Tabasco oder zu Fisch Mayonnaise mit geriebenem Meerrettich oder Zitronensenf.

D = Dauerernährung

F.: Warum kann ich, wenn ich einmal mein Übergewicht los bin und wieder ein normaler Mensch bin, nicht mein neues Idealgewicht dadurch halten, daß ich ganz einfach normal esse?

A.: Sie können es nicht, weil Sie dann nur normal *aussehen,* während die chronische Stoffwechselstörung Ihres Körpers mit der Tendenz zu krankhaftem Übergewicht unverändert bestehenbleibt. Diese Tatsache bildet übrigens einen der zentralen Punkte dieses Buches und ist damit auch einer der Gründe für die Notwendigkeit dieser Ernährungsweise.

D = Diabetes

F.: Ist ein niedriger Blutzuckerspiegel das Gegenteil eines hohen? Oder mit anderen Worten: das Gegenteil von Diabetes?

A.: Keineswegs! Das Gegenteil eines zu hohen Blutzuckerspiegels – wie er bei Diabetes vorhanden ist – ist ein *normaler!* Ein niedriger Blutzuckergehalt ist sogar wahrscheinlich das erste Anzeichen eines Prädiabetes. Meiner Ansicht nach handelt es sich bei beidem – also sowohl beim zu hohen wie beim zu niedrigen Blutzuckerspiegel – nur um zwei verschiedene Stadien dieser Erkrankung, und beide Stadien haben viele gleichartige Symptome gemeinsam. Die Symptome eines Prädiabetes werden durch den niedrigen Blutzuckergehalt verursacht, wie er bei den meisten Fällen eines Prädiabetes festgestellt wird.

D = Diät-Clubs

F.: Gibt es denn keine Diät-Clubs, in denen man nicht die Kalorien zählt?

A.: Es gibt Clubs, in denen *Sie* sie nicht zu zählen brauchen, weil jemand anders es für Sie erledigt. Sie brauchen nur Ihre Portionen zu *wiegen.* Es gibt jedoch momentan noch keine Clubs, die für eine streng kohlehydratarme Diät eintreten, aber nach Verbreitung der Diät-Revolution sollten genügend viele gegründet werden.

D = Diät-Getränke

F.: Sind Diät-Getränke, die man in Flaschen kauft, irgendwie schädlich?

A.: Nicht, wenn sie *wirklich keinerlei Zucker enthalten.* Bei vielen ist das jedoch keineswegs der Fall. (Vergessen Sie nicht, daß Zuckeraustauschstoffe wie Sorbit, Manit, Xylit, Trauben- und Fruchtzucker für Sie genauso schädlich sind wie Zucker!) Lesen Sie deshalb sorgfältig die Etiketten! Bei einem Zuckerholiker kann schon die geringste Menge an Zucker die gleiche verhängnisvolle Wirkung haben wie ein kleiner Martini bei einem Alkoholiker.

D = Diuretika

F.: Ist es irgendwie schädlich, Diuretika zur vermehrten Wasserausscheidung einzunehmen?

A.: Nun, die Einnahme von Diuretika scheint eine beliebte Art des Mogelns bei Leuten mit Übergewicht zu sein. Sie wissen doch, nur das Wasser wird dadurch ausgeschieden, doch der Speck bleibt. Die streng kohlehydratarme Diät hat ja als solche eine starke *natürliche* diuretische Wirkung. Ich bin keineswegs für eine längere Einnahme von Diuretika. Patienten, die es dennoch tun, klagen häufig über Beinkrämpfe, Magenschmerzen und ein Gefühl allgemeiner Erschöpfung. Und sie sind auch tatsächlich er-schöpft! Und zwar ihre Mineralstoff- und Vitaminreserven! Das erreicht man nämlich garantiert mit einer längeren Einnahme von Diuretika. Und was noch bedenklicher ist: Die gebräuchlichste Sorte der diuretischen Medikamente verschlimmert noch einen Diabetes und die bei einem Prädiabetes auftretende Kohlehydrat-Unverträglichkeit, unter der die meisten übergewichtigen Menschen leiden. Der Wasserverlust macht sich außerdem auf der Waage nur 2–3 Tage bemerkbar; danach wiegen Sie wieder genausoviel wie vorher.

D = Doppelrahm-Frischkäse

F.: Darf ich die verschiedenen Arten von Doppelrahm-Frischkäse mit Kräutern und Gewürzen essen?

A.: Ja, in den gleichen Mengen, die auch für Schnittkäse gelten, und wenn Sie sich vergewissert haben, daß sie *keinerlei* kohlehydrathaltige Zusätze enthalten.

D = Drinks (alkoholische)

F.: Wie soll ich bloß ohne meinen allabendlichen Drink auskommen!? Ich brauche ihn einfach!

A.: Viele Menschen haben sich an ihren allabendlichen Drink vor dem Essen gewöhnt, weil er ihnen eine vorübergehende Erleichterung von den Symptomen eines niedrigen Blutzuckerspiegels verschafft. Seine wohltuende Wirkung ist so groß, da er schlagartig ihre Nervosität und gereizte Abgespanntheit besänftigt, so daß sie diesen Drink nicht mehr missen wollen. Da aber der Blutzuckerspiegel durch diese neue Ernährungsweise normalisiert wird, brauchen sie diese Wirkung des Alkohols gar nicht mehr. Manche Menschen, die durch einen vollkommen normalen Blutzuckergehalt dieses biologisch bedingte Bedürfnis nach Alkohol gar nicht haben und die lediglich aus Gründen der gemütlichen Geselligkeit – oder *ihrer* Vorstellung davon! – trinken, stoßen sich vor allem an dem Gedanken, sich von einer alten, liebgewordenen Gewohnheit trennen bzw. diese einschränken zu müssen. Aber auch sie gewöhnen sich erstaunlich schnell daran, weil sie nur allzu bald merken, daß es mit einem alkoholfreien Drink genauso gemütlich ist, vorausgesetzt, es *ist überhaupt gemütlich!* (Falls es das nicht ist, wird es das auch nicht durch noch so viele Drinks!) Übrigens sind alkoholfreie Getränke in zunehmendem Maße »in«, wie gerade die Jugend uns beweist.

E = Eier

F.: Wird mein Cholesterinspiegel nicht steigen, wenn ich jeden Tag Eier esse?

A.: Ich sage meinen Patienten immer: »Essen Sie so viele Eier, wie Sie wollen.« Und das aus folgendem Grund: Während Eier theoretisch den Cholesterinspiegel erhöhen mögen, würde dieser doch nur wenige Punkte steigen, auch wenn jemand tatsächlich an sieben Tagen der Woche täglich zwei Eier essen würde. Wie Untersuchungen gezeigt haben, kann der menschliche Körper nicht mehr Cholesterin absorbieren als die in zwei Eiern pro Tag enthaltene Menge. Darüber hinaus, und das ist noch viel wichtiger, verfügt der Organismus über einen Rückfütterungs-Kontrollmechanismus, der dafür sorgt, daß bei größerer Cholesterinzufuhr entsprechend weniger körpereigenes Cholesterin gebildet wird. Drei Viertel des Körpercholesterins werden nämlich vom Organismus selbst gebildet, und das meistens aus *diätetischen* Kohlehydraten!

Die Praxis hat dagegen bewiesen, daß bei einer praktisch kohlehydratfreien Diät der Cholesterinspiegel manchmal bis zu 200 Punkten sinkt. Wir haben es immer wieder erlebt, daß er bei Patienten nur durch diese Diät und ohne irgendwelche sonstigen Medikamente innerhalb weniger Wochen um 100 Punkte und mehr sank. Auf Grund meiner Erfahrung würde ich sagen, daß bei 8 von 10 Menschen der Cholesterinspiegel unverändert bleibt oder sogar sinkt. Medikamente zur Senkung des Cholesterinspiegels sind nur bei 1 Patienten von 10 angebracht. Man kann außerdem nicht die Veränderungen des Blutcholesteringehalts isoliert betrachten und auswerten, ohne zu verfolgen, wie sich der Triglyzeridspiegel verhält. Wenn der Cholesterinspiegel ansteigt, sinkt bei mehr als der Hälfte der Patienten gleichzeitig der Triglyzeridspiegel.

F = Fasten

F.: Was halten Sie vom Fasten als Abmagerungsmethode?

A.: Das Gute beim Fasten ist, daß Sie nach den ersten 48 Stunden nicht mehr hungrig sind. Fasten ist jedoch kaum eine Dauerlösung und sollte sich nur auf ärztlich beaufsichtigte und zeitlich begrenzte Fastenkuren beschränken. Wie außerdem aus drei kürzlich durchgeführten Untersuchungen hervorgeht, handelt es sich bei dem durch Fastenkuren erreichten Gewichtsschwund bei 59–66 Prozent nicht um Fettgewebe, sondern um lebensnotwendiges schieres Muskel- und Organgewebe.

F = Fette, hochungesättigte

F.: Sind hochungesättigte Fette bei dieser Ernährungsweise besser als gesättigte?

A.: Ich bin nicht weiter auf diesen Punkt in meinem Buch eingegangen, doch können hochungesättigte Fette bei manchen Menschen zur Kontrolle des Cholesterinspiegels von Vorteil sein. Sie sind jedoch nicht für jedermann brauchbar, denn der größte Teil des Nahrungsproteins kommt in natürlichen Verbindungen mit gesättigten Fetten vor, und eine Ernährung ohne diese könnte leicht monoton und unzumutbar sein.

F = Freßsucht (zwanghaftes Essen)

F.: Ich esse auch dann, wenn ich unmöglich hungrig sein kann, also sofort nach den Mahlzeiten. Bedeutet das nicht, daß ich ein zwanghafter Esser bin?

A.: Im Gegenteil! Es ist eindeutig der Beweis für eine bei übergewichtigen Menschen sehr häufig auftretende Stoffwechselstörung. Durch die Nahrungsaufnahme bei den Mahlzeiten kommt es zu einer exzessiven Insulinausschüttung, wodurch wiederum der Blutzuckerspiegel bei manchen Menschen schlagartig absinkt, bevor sie noch vom Essen aufgestanden sind.

F.: Immer, wenn mich etwas aufregt oder bedrückt, gehe ich zum Eisschrank und esse. Wie sollen Sie bloß einem so neurotischen Esser wie mir helfen!?

A.: Bleiben Sie nur bei dieser Angewohnheit! Sie ist genau richtig! Ich will sogar, daß Sie immer etwas essen, wenn Sie Lust dazu haben, allerdings nichts Kohlehydrathaltiges! Ich will nicht die Rolle beschneiden, die Essen als Trost und Aufmunterung für Sie spielt. Ich bestehe nur darauf, daß Sie auch bei diesen Gelegenheiten *keine* Kohlehydrate essen! Futtern Sie ruhig ein Stück kaltes Hühnerfleisch oder eine Scheibe des gestrigen Bratens, etwas Käse oder eine Scheibe

Ihres selbstgebackenen Käsekuchens oder einige Schweineschwarten-Chips. Proteine und Fette haben einen hohen Sättigungswert, was so viele Menschen vergessen, während Kohlehydrate nach kürzester Zeit nur um so hungriger machen. Wenn Sie also zwischendurch als kleinen »Seelentröster« Dinge essen, die nur Proteine und/oder Fette enthalten, werden Sie dadurch so gesättigt, daß Sie bei der folgenden Mahlzeit entsprechend weniger Appetit haben und demzufolge weniger essen. Und wenn Sie sogar nachts essen, sind Sie beim Frühstück weniger hungrig, denn die durch Proteine und Fette erzielte Sättigung erstreckt sich über einen Zeitraum von 24 bis sogar 48 Stunden. Folglich ist es bei dieser Diät nicht einmal so schlimm, wenn Sie an einem Tag zuviel essen, weil Ihr Appetit dann fast unweigerlich am folgenden Tag sehr viel bescheidener ist.

G = Getreideflocken

F.: Welche Art von Getreideflocken kann ich der Grunddiät während der Abmagerungsperiode hinzufügen?

A.: Im Grunde gar keine! 1 Tasse (28 g) Corn-flakes enthält z. B. zusammen mit einer $^3/_4$ Tasse Milch und *ohne* Zucker etwa 32 g Kohlehydrate. Das ist wirklich mehr, als Sie mit einer Mahlzeit essen sollten, sogar wenn die Abmagerungsperiode zu Ende ist und Sie »nur mehr« Ihr Gewicht halten wollen! Es kann sogar sein, daß 32 g Kohlehydrate mehr ist, als überhaupt an einem Tag gut für Sie ist! Vergessen Sie nicht, daß Sie bei einem gestörten Kohlehydrat-Stoffwechsel nicht so essen können, als wären Sie völlig gesund! Sie können es ebensowenig wie ein Diabetiker.

G = Gewichtskontrolle

F.: Wie oft soll ich mich wiegen?

A.: Jeden Tag! Es schadet nie, wenn Sie genau wissen, wie es um Ihr Gewicht steht. Sie sollten es sich zur täglichen Gewohnheit machen, zumindest so lange, bis Sie Ihr Idealgewicht erreicht haben, denn falls Sie auf diese Weise eine geringfügige Gewichtszunahme bemerken, können Sie sofort Gegenmaßnahmen ergreifen, d. h. den Kohlehydratverzehr einschränken, was die einzig richtige Methode ist.

G = Grapefruit

F.: Weshalb keine Grapefruit? Die Grapefruit-Diät ist doch so wirksam.

A.: Trotz des Erfolges einer 35-Gramm-Diät (jede halbe Grapefruit enthält 15 g Kohlehydrate) sind niemals irgendwelche spezifisch gewichtsreduzierende Eigenschaften der Grapefruit wissenschaftlich nachgewiesen worden. Die Möglichkeit, sich auf ausschließlich 45 g Kohlehydrate pro Tag als *einzige* Nahrung zu beschränken und dadurch eine Gewichtszunahme lediglich hinauszuzögern, ist jedoch immer wieder bewiesen worden.

H = Heilung

F.: Wann werden Sie mich als geheilt erklären? Nach fünf Jahren, wie man es bei Krebskranken tut?

A.: Krankhafte Neigung zu Übergewicht kann *niemals* als geheilt erklärt werden. Auch wenn nach Ablauf von fünf Jahren sich das Übergewicht nicht wieder einstellt, wissen wir doch, daß die pathologische Stoffwechselschwäche die gleiche geblieben ist und sich auch nicht ändern wird.

H = Hypoglykämie und andere Diätarten

F.: Ich habe von anderen bei Hypoglykämie wirksamen Diätarten gelesen, u. a. auch über die ursprüngliche Seale-Harris-Diät und andere jüngeren Datums. Bei allen scheint man viel mehr Kohlehydrate essen zu dürfen als bei Ihrer Diät. Sind diese anderen Diätarten ebenso wirksam bei der Behandlung von Hypoglykämie?

A.: Es hängt davon ab, ob es sich um übergewichtige Hypoglykämiker oder um solche mit Normalgewicht handelt. Diese Diät unterscheidet sich von den anderen dadurch, daß sie die Ausscheidung von Ketonkörpern, also eine Ketonämie, bewirkt, was bei der Harris-Diät nicht der Fall ist. Deshalb ist die Seale-Harris-Diät geeigneter für jene weniger häufigen Fälle von Hypoglykämie mit Untergewicht, d. h. für zu dünne Menschen mit einem zu niedrigen Blutzuckerspiegel.

Wenn Sie jedoch Übergewicht haben, bedeutet die in diesem Buch beschriebene Diät für Hypoglykämiker auch für Sie den freudigen Wendepunkt. Die Seale-Harris-Diät enthält zu viele Kohlehydrate, wodurch das FMH nicht aktiv werden kann. Folglich bildet bei dünnen Hypoglykämikern die geringe Kohlehydratzufuhr mit der Nahrung die einzige und als solche nicht ausreichende Energiequelle, die Ihrem Körper zur Verfügung steht.

Bei dieser Diät bewirkt der Mangel an Kohlehydraten eine permanente Mobilisierung des FMH, wodurch dem Körper die in seinen Fettdepots gespeicherte Energie zugänglich wird. Und durch diese ständige, den Bedürfnissen des Organismus angepaßte, gleichmäßige Energiezufuhr wird ein Absinken des Blutzuckergehalts verhindert und der Blutzuckerspiegel auf einer fast normalen Höhe stabilisiert.

K = Kaffee

F.: Verschlimmert Koffein einen niedrigen Blutzuckerspiegel und damit Hypoglykämie?

A.: Zweifellos! Menschen, die ihrem Körper viel Koffein zuführen, haben fast immer einen zu niedrigen Blutzuckerspiegel. Die Frage ist nur, wie steht es um den Kausalzusammenhang? Nur wenige Menschen zeigen bei einem täglichen Kaffeekonsum von nicht mehr als 3 Tassen klinische Symptome, und bei denjenigen, die eine Koffeinsucht haben, dann das Koffein dem Körper die für die Verdauung notwendige Energie liefern.

K = Kalorien

F.: Spielen Kalorien gar keine Rolle?

A.: Selbstverständlich tun sie das! Bei einer 1500-Kalorien-Diät nimmt man bei 10 g Kohlehydraten mehr und schneller ab als bei einer von 2000 Kalorien und 10 g Kohlehydraten. Wenn die Kohlehydratzufuhr gleich bleibt, spielt die zusätzliche Kalorienaufnahme durchaus eine Rolle. Diejenigen, die aus Gewohnheit viel essen und sich nicht auf kleinere Portionen umstellen, nehmen wegen ihrer hohen Kalorienzufuhr langsamer ab.

Wenn Sie Ihre Portionen verkleinern können, sollten Sie das tun – nicht aber, wenn dadurch Ihr Wohlbefinden beeinträchtigt wird oder Sie ständig hungrig sind. Das ist es keineswegs wert! Allerdings kann es sein, daß Sie durch gewohnheitsmäßige zu große Portionen eine falsche Vorstellung davon bekommen haben, wieviel Nahrung Sie brauchen, um zufrieden und gesättigt zu sein. Bei dieser Ernährungsweise sollten Sie sich an eine neue Sättigungsschwelle gewöhnen. Versuchen Sie, weniger zu essen, und Sie werden merken, daß Sie sich genauso wohl fühlen wie früher, als Sie größere Portionen bei einer kohlehydratreichen Ernährung aßen.

Ich sage also nicht, »die Kalorien zählen nicht«. Ich sage lediglich, daß eine kalorienarme Diät nur die zweitbeste Ernährungsweise ist.

K = Kohlehydrate

F.: Was enthält nun Kohlehydrate?

A.: Alles Obst, Gemüse und alle Getreideprodukte – alle Nahrungsmittel aus dem Pflanzenbereich. Die höchste Konzentration raffinierter, isolierter Kohlehydrate enthalten Zukker und Mehl; sie sind unsere schlimmsten Gifte, unsere grausamsten Mörder! Milch enthält jedoch Milchzucker, und Zitronen und Limonen weisen ebenfalls Kohlehydrate auf, obwohl sie nicht süß schmecken. Schauen Sie in der Nährwerttabelle nach, die wir Ihnen auf Seite 106 empfohlen haben.

F.: Sind alle Kohlehydrate Gramm für Gramm gleich?

A.: Nach den jüngsten Forschungsergebnissen von Dr. Walton Shreeve und seinen Kollegen in Brookhaven sind sie es offensichtlich nicht. Ein Einfach-Zucker hat eine stärkere langfristig dickmachende Wirkung als ein Kohlehydrat-Komplex wie z. B. Stärke. Da alles Obst Einfach-Zucker enthält, kann man es nur mit großer Vorsicht und in *äußerst* kleinen Mengen dieser Ernährungsweise hinzufügen.

K = Kohlehydratmangel

F.: Braucht der Körper nicht eine gewisse Menge an Kohlehydraten? Treten ohne diese keine Mangelerscheinungen auf?

A.: Durchaus nicht! Ich habe das bereits ausführlich erklärt, werde es jedoch noch einmal wiederholen. Nur ein Mensch mit Untergewicht muß Kohlehydrate essen. Wenn sich Ihr Körper dagegen Fettspeicher angelegt hat, kann er dieses Fett in Zucker umsetzen. Insgesamt werden 58 Prozent des Nahrungseiweißes vom Körper in Zucker umgesetzt. Fett und Protein haben den großen Vorteil, daß sie vom Organismus langsamer in Zuckerbrennstoffe umgesetzt werden als Kohlehydrate. Sie haben daher bei gleicher Kalorienzahl einen höheren Sättigungswert und verhindern für längere Zeit das Aufkommen eines Hungergefühls. Und hiervon einmal ganz abgesehen brauchen Menschen mit einem gestörten Kohlehydrat-Stoffwechsel (und das sind etwa 80–90 Prozent meiner Patienten) nicht nur *keine* Kohlehydrate zu essen, um Mangelerscheinungen vorzubeugen, *sondern* müssen ganz im Gegenteil Kohlehydrate soweit als irgend möglich meiden! Zucker, Mehl und auch die unraffinierten Kohlehydrate, also die naturbelassenen, nicht isolierten, sind für sie *reines Gift!*

Eine Ausnahme hiervon bilden einige Menschen, deren Organismus bei der Ausübung eines Leistungssports oder bei sonstigen körperlichen Anstrengungen ohne eine gewisse Kohlehydratmenge Fett nicht *schnell genug* in Energie umwandeln kann, um den an ihn gestellten Anforderungen zu entsprechen.

K = Krämpfe (in den Beinen)

F.: Was soll ich machen, wenn ich bei dieser Ernährungsweise Krämpfe in den Beinen bekomme?

A.: Diese meistens nachts auftretenden Krämpfe sind wahrscheinlich ein Anzeichen für einen Kalziummangel. Ich verschreibe dagegen Kalziumpräparate und Vitamin E und C, manchmal auch noch zusätzlich Magnesium und Kalium. Lily Daché, die diese Diät zu ihrer Dauerernährungsweise fürs Leben gemacht hat und dadurch 20 Jahre jünger aussieht, als sie in Wirklichkeit ist, sagt mir immer wieder, daß sie am glücklichsten darüber sei, daß ich sie von ihren Beinkrämpfen befreit hätte.

L = Langsames Abnehmen

F.: Ich nehme nur sehr langsam ab. Kann es sein, daß diese Ernährungsweise für mich falsch ist?

A.: Meistens nimmt jemand, dessen Gewicht bei dieser Diät nur langsam zurückgeht, auch bei *jeder anderen* Diät nur langsam ab. Das bedeutet aber nicht, daß Sie es nicht schaffen werden. Es dauert eben nur etwas länger, bis Sie Ihr Idealgewicht erreicht haben. Schließlich kann auch nicht jeder von uns 100 Meter *in Rekordzeit* laufen – aber die meisten von uns *können* 100 Meter laufen!

L = Letzte Pfunde

F.: Warum ist es so viel schwieriger, diese letzten Pfunde loszuwerden?

A.: Dafür gibt es mehrere Gründe. Ihre Diät ist gelockerter geworden und nicht mehr so streng wie am Anfang. Vielleicht sind Sie jetzt auch unbekümmerter und/oder zumindest weniger vorsichtig und erlauben sich mehr kleine Freiheiten bei der Zusammenstellung Ihres Speisezettels. Der Hauptgrund ist jedoch folgender: Je weiter Sie sich von Ihrem ehemaligen Höchstgewicht entfernen, um so weiter entfernen Sie sich auch von dem Gewicht, das für Ihren anormalen Stoffwechsel das Normalgewicht geworden war. Außerdem stehen Ihrem Körper nun weniger eigene Fettreserven zur Verfügung.

M = Magen

F.: Wäre es nicht eine gute Idee, wenn ich weiter viel Salat und Gemüse essen würde, damit mein Magen nie vollkommen leer ist? Würde ich dadurch nicht jedes Aufkommen von Hunger vermeiden?

A.: Nein, denn Sie müssen sich darüber im klaren sein, daß nicht Ihr Magen, sondern Ihr Blutkreislauf die Hunger auslösenden Impulse aussendet.

M = Medikamente

F.: Wie können Sie erreichen, daß ich ohne Medikamente abnehme?

A.: (Diese Frage stellen meine Patienten mir am allerhäufigsten.) *Ich kann nicht erreichen,* daß Sie abnehmen! Ich kann Ihnen nur *sagen*, wie *Sie* es machen müssen! Kein Medikament (zumindest nach dem heutigen Stand der Wissenschaft) kann bewirken, daß Sie abnehmen – außer vorübergehend –, und auch dieser vorübergehende Gewichtsverlust kann nicht gehalten werden ohne weitere Einnahme dieser Medikamente, die sich als äußerst gefährliche Drogen erwiesen haben.

M = Milch

F.: Weshalb darf ich keine Milch trinken, wo doch Käse und Quark bei dieser Ernährungsweise erlaubt sind?

A.: Milch enthält Milchzucker (Laktose). Im Verlauf der Umwandlung in Käse wird der größte Teil des Milchzuckers fermentiert, und es bleiben hauptsächlich Protein und Fett übrig.

M = Mogeln

F.: Weshalb kann man bei dieser Diät nicht mogeln?

A.: Weil Mogeln bei dieser Diät darin besteht, Kohlehydrate zu essen, und die stimulieren wiederum Ihren Appetit und treiben Sie dazu, beträchtlich mehr als sonst zu essen. Mit anderen Worten: Eine erhöhte Kohlehydratzufuhr zieht fast immer unweigerlich eine erhöhte Kalorienzufuhr nach sich.

N = Nächtliches Essen

F.: Ich halte mich tagsüber so brav an meine Diät. Weshalb verderbe ich mir dann alles jede Nacht durch eine Freßorgie?

A.: Nächtliches Essen ist die häufigste durch einen gestörten Stoffwechsel ausgelöste Anomalie des Eßrhythmus. Es ist fast ausnahmslos ein Symptom eines zu niedrigen Blutzuckerspiegels. Wenn Sie bis jetzt immer nachts hungrig geworden sind, können Sie sicher sein, daß Sie es auch heute nacht sein werden.
Weshalb ergreifen Sie nicht die einzig wirksame Gegenmaßnahme und essen heute *tagsüber* genug – aber nichts Kohlehydrathaltiges! – anstelle Ihrer bisherigen kärglichen Portionen, so daß Sie zur Abwechslung abends einmal richtig schön satt sind.
Jedes Jahr habe ich mindestens 200 Patienten in Behandlung, die früher hauptsächlich nachts aßen. Sie hatten einen Eßrhythmus, bei dem sie gar nichts oder nur sehr wenig zum Frühstück aßen und auch nur ein spärliches Mittagessen; vom späten Nachmittag oder Abendessen an futterten sie dann jedoch fast pausenlos bis spät in die Nacht hinein. Das klinische Resultat bei der Behandlung solcher Patienten mit einer streng kohlehydratarmen Diät ist sowohl äußerst dankbar wie dramatisch. Diese Diät ist unendlich viel besser für Nachtesser als jede andere Diät. Ich habe Hunderte von Patienten behandelt, bei denen der nächtliche Hunger durch radikale Kohlehydrateinschränkung verschwand. Wenn sie jedoch wieder anfangen, mehr Kohlehydrate zu essen, kehrt der nächtliche Hunger wieder.

F.: Ich wache nachts aus tiefstem Schlaf auf und kann erst wieder einschlafen, wenn ich etwas gegessen habe. Das ist doch psychologisch bedingt, nicht wahr?

A.: Keineswegs! Nichts könnte mehr rein körperlicher Art sein. Es spricht eine 99prozentige Wahrscheinlichkeit dafür, daß es Ihr nächtlicher zu niedriger Blutzuckerspiegel ist, der Sie aufweckt und in die Küche treibt. Warten Sie nicht, und melden Sie sich sofort bei Ihrem Arzt zu einem Glukose-Belastungstest an!

N = Nie mehr . . .

F.: Werde ich *nie mehr* meine kohlehydratreiche Lieblingsdinge und Gerichte essen können?

A.: Aber doch! Jederzeit, wenn Sie 3–4 Pfund zuzunehmen gewillt sind. Sie brauchen nur Ihre Diät so lange einzuschränken, bis Sie 3 Pfund unter Ihrem Idealgewicht wiegen, und können dann Ihren Gelüsten frönen, durch die Sie die 3 Pfund ruckartig wieder zunehmen und dadurch erneut auf Ihrem Idealgewicht landen. Sie müssen sich allerdings vor Ihrer alten Devise früherer Zeiten »Jetzt wird geschlemmt! Gefastet später!« hüten!

N = Nierenleiden

F.: Ist diese Diät nicht gefährlich für jemanden mit einem Nierenleiden?

A.: Sie könnte für einen Menschen mit einer chronischen Nieren-Insuffizienz nicht gut sein, wenn die Nieren bereits so geschädigt sind, daß eine proteinarme Diät notwendig ist. Diese Diät ist jedoch auch bei einer leichten Nieren-Unterfunktion völlig ungefährlich. Es ist außerdem höchst unwahrscheinlich, daß jemand ein ernstes chronisches Nierenleiden hat, ohne es zu wissen, wenn er den einfachen Rat befolgt und einen Arzt aufsucht, sowie er sich nicht wohl fühlt.

Ö = Ödeme (Wassersucht)

F.: Wie kann ich aufhören, Diuretika zu nehmen? Ich werde am ganzen Körper aufgedunsen und verschwollen, wenn ich es versuche.

A.: Wahrscheinlich sind Sie eine Frau und haben sogenannte idiophatische weibliche Ödeme. Sie sind leider eine recht häufige Erscheinung, die von Dr. Edgar Gordon von der Universität von Wisconsin beschrieben wurde als »gekennzeichnet durch Depressionen, nervöse Reizbarkeit, geringes bis beträchtliches Übergewicht, schnelles Zu- und Abnehmen sowie meistens eine Anhäufung seelischer Probleme«. Man hält diesen Zustand für eine Störung des Kohlehydrat-Stoffwechsels. Nach meinen Erfahrungen wird die depressive Reizbarkeit durch den fast unweigerlich mit Übergewicht gekoppelten niedrigen Blutzuckerspiegel verursacht. Diese Diät ist die wirksamste Behandlung, die es dafür gibt.

O = Orangensaft

F.: Sie erwarten doch nicht im Ernst von mir, daß ich für den Rest meines Lebens kein einziges Glas Orangensaft – oder anderen Obstsaft – mehr trinke, oder?

A.: Wenn Sie einen so niedrigen Blutzuckerspiegel haben, daß er sich durch Symptome bemerkbar macht, muß ich Ihnen genau dazu raten, und das in allem Ernst! 1 Glas Orangensaft (250 g) enthält 25 g Kohlehydrate; das ist jedoch mehr, als Ihre Bauchspeicheldrüse verkraften kann, ohne Ihren Blutkreislauf mit einer Insulinausschüttung zu überfluten. Auch wenn es sich bei Ihnen nur um ein Gewichtsproblem handelt, so sollten Sie doch die Tatsache nicht vergessen, daß Sie durch 25 Gramm Fruchtzucker bei einer streng kohlehydratarmen Ernährung bis zu einem Pfund zunehmen können.

R = Rauchen

F.: Warum habe ich so viel zugenommen, als ich aufhörte zu rauchen?

A.: Das in Zigaretten enthaltene Nikotin ist den Amphetaminen in gewisser Hinsicht ähnlich. Bei beiden tritt nach Entzug leicht eine Gewichtszunahme ein. Nikotin setzt außerdem die Sekretion von Magensäften und die Tätigkeit der Magenmuskulatur herab, was eine appetittötende Wirkung hat.

F.: Sollte ich im Hinblick auf mein Gewicht, das ich halten möchte, dann nicht wieder anfangen zu rauchen?

A.: Warum wieder mit etwas anfangen, was *derartig* gesundheitsschädlich ist und durch das Sie außerdem nur um so mehr zunehmen, wenn Sie eines Tages damit aufhören *müssen*!

S = Salz

F.: Weshalb und wieso erlauben Sie Salz? Erschwert Salz nicht eine Gewichtsabnahme?

A.: Ja, das tut es, aber Salz hält nur das Wasser im Körper fest, *nicht das Fett!* Bei einer Salzeinschränkung besteht die Gefahr eines Natriummangels, was sich in einem allgemeinen Gefühl der Erschöpfung und Schwäche bemerkbar macht. (Diuretika haben übrigens den gleichen Effekt.) Falls eine erhöhte Flüssigkeitsansammlung im Körper stattfindet, mag eine Einschränkung der Salzzufuhr sinnvoll und angebracht sein. Vergessen Sie jedoch nicht, daß diese Diät als solche bereits eine starke diuretische Wirkung hat.

S = Schilddrüse

F.: Ich scheine bei Ihrer Diät langsamer abzunehmen als andere Patienten. Kann das an meiner Schilddrüse liegen?

A.: Das kann es durchaus, denn bei einem von fünf Patienten ist eine Behandlung mit Schilddrüsenhormonen notwendig. Oft stellt sich sogar ein therapeutischer Versuch mit Schilddrüsenhormonen als die einzig richtige Behandlungsart heraus, wenn die üblichen Blutuntersuchungen zur Überprüfung der Schilddrüsenfunktion scheinbar normale Werte ergaben. Dr. Irving Perlstein gelang es mit seinen bahnbrechenden Untersuchungen über Antikörper des Schilddrüsenhormons, die Ursachen hierfür nachzuweisen.

Das Pendel schwingt daher jetzt wieder zurück, und man greift bei der Behandlung von Übergewicht erneut zu Schilddrüsenhormonen.

Falls Sie zu den Menschen gehören, die nur langsam abnehmen und die unter allgemeiner Lethargie oder trockener Haut leiden oder im Grunde immer frieren, sollten Sie einen Arzt aufsuchen, der Ihre Schilddrüsenfunktion mit den modernen, verfeinerten Untersuchungsmethoden überprüft, bei denen die genaue Menge des tatsächlich im Blutkreislauf vorhandenen Schilddrüsenhormons festgestellt wird (wodurch diese Untersuchungsmethoden sich beträchtlich von den alten, bisher üblichen unterscheiden).

S = Schilddrüsen-Untersuchung

F.: Und was ist mit der alten Untersuchungsmethode, bei der man den Grundumsatz untersuchte?

A.: Sie hat sich als generell unpräzise erwiesen. Der durch sie ermittelte Befund kann an einem Tag einen Wert von minus 20 und am nächsten Tag einen von plus 20 ergeben. Man erhält eine unvergleichlich genauere Auskunft über die Funktion der Schilddrüse, wenn man die Menge des tatsächlich im Blut vorhandenen Schilddrüsenhormons feststellt. In unserer Praxis benutzen wir außerdem das Photomotogramm, das uns Auskunft über die jeweilige Entspannungsgeschwindigkeit beim Fußgelenk-Reflextest gibt. Hierdurch erhält man m. E. sehr aufschlußreiche Hinweise auf die Funktion der Schilddrüse.

S = Schokolade

F.: Weshalb packt mich nach dem kleinsten Stückchen Schokolade eine wahre Gier nach mehr?

A.: Schokoholismus ist eine ganz spezifische Art von Sucht, und zwar eine der häufigsten in der Kategorie der Zuckersüchte. Wie seine zur Suchtabhängigkeit führenden Komplizen Heroin und Alkohol kann schon ein einziges, winziges Stückchen Schokolade einen für längere Zeit in diesen Teufelskreis stoßen. Wieso diese Reaktion gerade durch den Schokoladengeschmack ausgelöst wird, habe ich bisher nicht ergründen können, doch habe ich noch nie einen Vanilleholiker gesehen. Was man dagegen tun kann? *Hüten Sie sich vor jenem ersten Stückchen!*

S = Schwangerschaft

F.: Kann ich diese Diät auch während einer Schwangerschaft einhalten?

A.: Ich empfehle dies Diät allen meinen schwangeren Patientinnen, denn ich kann ihnen wirklich nicht raten, sich mit Kohlehydraten vollzustopfen. Die meisten Gynäkologen sorgen von sich aus auf verantwortungsvolle Weise dafür, daß während der Schwangerschaft keine unerwünschte Gewichtszunahme erfolgt.

S = Sodbrennen

F.: Ich bekomme bei einer Diät immer leicht Sodbrennen. Was soll ich dagegen tun?

A.: Beginnen Sie sofort mit dieser Diät! Nichts verschwindet durch sie mit so unfehlbarer Sicherheit wie Sodbrennen!

T = Tee

F.: Ich liebe Tee. Enthält er viele Kohlehydrate? Muß ich mich mengenmäßig einschränken?

A.: Es ist nicht der Kohlehydratgehalt, der bei Tee – oder Kaffee – zählt, sondern vielmehr das Theobromin, das die gleiche, wenn auch nicht so starke Wirkung hat wie Koffein. Tee und Kaffee regen beide die Insulinbildung an.

Aber Sie dürfen weiter Ihren Tee trinken. Ich rate allerdings jedem passionierten Tee- und Kaffeetrinker, sein Lieblingsgetränk nicht als pechschwarzen Sud zu schlürfen. Guter Tee schmeckt bei richtiger Zubereitung auch mit einer

goldgelben Farbe ausgezeichnet! Wenn Sie sich an einen solchen »lichten« Tee halten, steht Ihren Teefreuden nichts im Wege.
Hüten Sie sich aber vor pulverisiertem Instant-Tee. Auch wenn es heißt, er sei kalorienarm, kann er doch Malz-Dextrin und dadurch Kohlehydrate enthalten. Lesen Sie genau das Etikett! Wenn Sie im Sommer in Gaststätten geeisten Tee mit Zitrone bestellen, wird dieser meist aus pulverisiertem Instant-Tee zubereitet. Das kann besonders während eines langen, heißen Sommers zu einer ausreichend hohen Kohlehydratzufuhr ausarten, die Ihre gesamte Diät durchkreuzt.

T = Teuer

F.: Ist eine streng kohlehydratarme Ernährung nicht sehr teuer?

A.: Sie ist nicht ganz billig, und die Stärkeprodukte sind nicht umsonst auf der ganzen Welt die Nahrung der Armen. In den westlichen Wohlstandsländern gibt die Bevölkerung jedoch Billionen für Cola-Getränke, Limonaden, alkoholische Getränke, Zigaretten, Süßigkeiten, Kuchen, Gebäck und Getreideflocken jeder Art aus. Bei einer streng kohlehydratarmen Ernährung können Sie ja die weniger teuren Fleischstücke kaufen, da Sie vor Fett keine Angst zu haben brauchen und nicht nur auf teures Filet angewiesen sind. Huhn ist durchaus erschwinglich wie auch viele Fischsorten. Am günstigsten sind bei dieser Ernährung allerdings die Eier.

U = Unmöglichkeit abzunehmen

F.: Es war für mich immer unmöglich, bei einer kalorienarmen Diät abzunehmen. Was soll ich machen, wenn ich auch bei dieser Diät nicht abnehme?

A.: Es gibt derartige Fälle wie Sie, und ich habe viele in meiner Praxis gehabt. Sie sollten sich einer gründlichen ärztlichen Untersuchung unterziehen. Wenn Ihr Arzt nicht die Ursache finden kann, darf ich ihm vielleicht mit allem gebührenden kollegialen Respekt zu einem klinischen Test mit synthetischen Schilddrüsenhormonen raten. Bei Fällen wie dem Ihrigen handelt es sich sehr häufig um jene Schilddrüsen-Antikörper, die mit den üblichen Untersuchungsmethoden nicht nachzuweisen sind.

V = Vitamine

F.: Sind Vitamine bei Ihrer Diät wichtig?

A.: Sehr sogar! Ich bin der Ansicht, daß ihre gesundheitliche Bedeutung im allgemeinen unterschätzt wird. Wir können bestimmte günstige Reaktionen bei Verabreichung von Megadosen von Vitaminen B, C und E beobachten. (Das sind die bis zu hundertfachen Mengen des täglichen Mindestbedarfs.)
Eines der Hauptprobleme besteht für den Arzt bei der Behandlung eines hypoglykämischen Patienten darin, seinen Blutzuckerspiegel dauerhaft zu stabilisieren. Wie ich durch jahrelange Erfahrung feststellen konnte, scheinen Vitamin-Megadosen, und ganz besonders solche von Vitamin E, erheblich zur Stabilisierung des Blutzuckerspiegels beizutragen.

V = Vitamin B

F.: Kann ich nicht einfach die so viel billigere Bierhefe essen, um meinen täglichen Bedarf an Vitamin B zu decken?

A.: Da Bierhefe ebenfalls eine gewisse Kohlehydratmenge enthält (30 g etwa 3 g KH), würde ich damit bis zur zweiten Woche, also Stufe 2, der Diät warten und auch dann die Mengen genau bemessen, damit Sie nicht den Erfolg Ihrer Diät gefährden.

V = Vogue-Diät

F.: In der Zeitschrift *Vogue* raten Sie den Lesern, diese Diät nur 16 Tage lang einzuhalten, und in der Zeitschrift *Cosmopolitan* sind es sogar nur 10 Tage. Bedeutet das nun, daß es nicht ratsam ist, diese Diät längere Zeit zu befolgen?

A.: Keineswegs! Ich wollte Sie lediglich durch diese kurze Diät-Periode ermutigen, diese Diät selbst auszuprobieren und so ihre Vorteile im Vergleich mit den anderen Diätarten festzustellen, die Sie bereits kannten, damit Sie selbst auf Grund eigener Erfahrung entscheiden konnten, welche Diät für Sie die geeignetste ist, um Ihre ganz persönliche Dauerernährungsweise fürs Leben zu werden.

W = Willenskraft

F.: Wie soll ich bloß eine Diät einhalten, wo ich doch einfach keine Willenskraft besitze?!

A.: Willenskraft wird im Hinblick auf eine Diät meistens mit der

Fähigkeit bezeichnet – oder verwechselt! –, permanenten Hunger ertragen zu können. Bei dieser Nie-Mehr-Hungrig-Diät braucht man diese Art von Willenskraft gar nicht. Im Grunde ist Willenskraft die Fähigkeit, etwas gegen den eigenen Willen zu tun. Falls Sie schlank und gesund werden wollen, können Sie das durch Ihren eigenen, *freien Entschluß* erreichen – nicht aber durch Willenskraft. Denn »Man kann, was man will!«

Z = Zentimeter, schwindende

F.: Wie kann ich um Zentimeter dünner werden, wenn ich gewichtsmäßig gar nicht abnehme?

A.: Das ist jedoch meistens der Fall. Es ist der Beweis dafür, daß Wasser im Körper zurückgehalten werden kann, während die Fettreserven abgebaut werden. Die häßlichen Zentimeter Ihrer Fettpolster verschwinden, während die gesteigerte Flüssigkeitsmenge den Gewichtsverlust ausgleicht.

Z = Zunehmen, erneutes

F.: Was nützt eigentlich eine Diät, wenn man sofort wieder zunimmt, sowie man mit ihr aufhört?

A.: Ich gebe zu, es ist der größte *Nachteil* dieser Diät, daß Sie schnell wieder zunehmen, wenn Sie abtrünnig werden. Aber ihr größter *Vorteil* ist es, daß Sie bei dieser Diät gar nicht abtrünnig zu werden *brauchen* – DENN DIES IST EINE DAUERERNÄHRUNG, MIT DER SIE FÜR IMMER ANGENEHM UND IN FREUDEN LEBEN KÖNNEN!

Z = Zunehmen, plötzliches

F.: Was hat es zu bedeuten, wenn ich über Nacht 4 Pfund zunehme, ohne gemogelt haben?

A.: Plötzliche Gewichtszunahme bei Einhaltung der Diät bedeutet unweigerlich eine Wasseransammlung im Körper und nicht die Speicherung von Fett. Es verschwindet ebenso plötzlich, wie es kam; meist wird es durch eine erhöhte Salzzufuhr ausgelöst oder tritt bei Frauen in der Woche vor der Periode auf.

Z = Zuviel essen (Völlerei)

F.: Weshalb esse ich nur so viel, wo mein Übergewicht mir doch so furchtbar verhaßt ist?

A.: Wahrscheinlich aus dem einfachen Grunde, daß Ihr Körper

durch zeitweise Kalorienbeschränkung bei zu hoher Kohlehydratzufuhr zu ausgehungert ist. Wenn Sie einige Zeit lang diese Diät befolgt haben, wird dieser dauernde Hunger verschwinden, und Ihr Wunsch, Ihr Übergewicht loszuwerden, wird Ihnen helfen, sich gesund und richtig zu ernähren.

Z = Zuviel essen aus »psychologischen« Gründen (Freßsucht)

F.: Was könnte eindeutiger psychologisch bedingt sein als meine schreckliche Angewohnheit, immer hemmungslos zu essen, wenn mich etwas aufregt oder bedrückt?

A.: Darauf möchte ich Ihnen mit Ihren eigenen Worten antworten: »Was könnte eindeutiger physiologisch bedingt sein als der Umstand, daß Aufregung jeder Art die Insulinbildung erhöht, wodurch der Blutzuckerspiegel absinkt . . . und Sie plötzlich von Heißhunger gepackt werden!«

18 Warum wir eine Diät-Revolution brauchen und nicht nur eine neue Diät

Ich hoffe, Sie lesen dieses Kapitel erst, wenn Sie seit einiger Zeit nach unserer neuen Ernährungsweise leben. Dann wird es Ihnen nämlich – wie ich hoffe! – ebenso wie meinen Patienten und mir selbst ergehen. Sie werden sich sagen: »Wie *konnte* ich bloß all die Jahre auf diesen Schwindel hereinfallen, der einem weismachen will, daß man um der schlanken Linie willen die Kalorien einschränken und dadurch permanent hungern oder sogar ganz zu essen aufhören muß!«

Die Tatsache, daß dieser monströse Irrtum als allgemein gültige Richtlinie hingestellt und akzeptiert wird, beweist, wie notwendig einschneidende Aktionen und Maßnahmen auf nationaler Ebene sind, um diesen wahrhaft tragischen Irrtum aufzuklären.

Unsere Lebensmittelgesetze müssen geändert werden, damit es *jedem* Menschen in Zukunft möglich wird, sich gesund und vollwertig zu ernähren.

Ich bin so zutiefst von dieser dringenden Notwendigkeit überzeugt, daß ich mich mit allen mir zur Verfügung stehenden Kräften dafür einsetzen werde, diese Diät-Revolution auf nationaler – und wenn möglich, übernationaler! – Ebene anzukurbeln. Erst wenn mir das gelungen ist, werde ich meine Arbeit und meinen Einsatz als erfolgreich betrachten können.

Politische Maßnahmen können Ihren Kohlehydratverzehr verringern! Wie jede Revolution, so braucht auch unsere Diät-Revolution den Druck der Konsumenten auf das Establishment, d. h. auf die Lebensmittel-Industrie. Nur so können Veränderungen der allgemeinen Ernährungsweise und grundlegende Reformen erreicht werden.

Politische Aktionen und Ihr energischer und lautstarker Protest können dazu beitragen, die Lebensmittel-Industrie zu Reformen zu bewegen und sie zu zwingen, entsprechend Ihren Forderungen den Kohlehydratgehalt vieler Nahrungsmittel zu verringern – genauso wie gewisse Nahrungsmittel bereits in ihrem Kaloriengehalt reduziert worden sind. Die im Handel erhältlichen kohlehydratreduzierten Produkte sind ein erster hoffnungsvoller Schritt in diese Richtung – aber eben nur ein erster Schritt, dem nun andere folgen müssen! Und vor allem müssen diese Reformen durch entsprechende Gesetze abgesichert werden!

Ich bin überzeugt, daß auch Sie inzwischen buchstäblich am eigenen Leibe erkannt haben, daß die Kalorien-Theorie falsch ist. Sie beraubt Sie der Möglichkeit, so viel und gut und abwechslungsreich zu essen, wie Sie es brauchen, um satt, gesund und zufrieden zu sein und dabei trotzdem Ihre schlanke Linie zu bewahren, also Ihre Schönheit, Fitneß und Spannkraft und noch einiges andere mehr. Sie haben jedoch entschieden ein Recht auf Ihre Schönheit, Lebensfreude und ungeschmälerte Vitalität! Und doch wird all das durch die Kalorien-Theorie ernsthaft bedroht und gefährdet, denn sie schwingt erbarmungslos ihr Szepter über uns alle. Und das noch gesetzlich legitimiert! Wußten Sie z.B., daß laut Gesetz »Diät«-Produkte (und hinter ihnen steht eine Multimillionen-Industrie!) diese Bezeichnung nur tragen dürfen, wenn ihr Kaloriengehalt reduziert ist? Kein Gesetz verlangt jedoch bisher, daß ihr Kohlehydratgehalt reduziert sein muß! Ein derartiges Gesetz ist aber dringend nötig, denn eine Reduzierung der Kohlehydrate ist nicht nur zur allgemeinen Gewichtskontrolle unendlich viel wichtiger als eine Kalorienreduzierung, sondern auch und vor allem im Kampf gegen einige jener Erkrankungen, die Tag um Tag die meisten Todesopfer von uns fordern!

Die kalorienarme Diät-Theorie wird immer noch von allzu vielen medizinischen Kapazitäten und maßgeblichen Stellen vertreten. Die *American Heart Association* empfiehlt ihren übergewichtigen Mitbürgern einen verminderten Fettkonsum, nicht jedoch eine Einschränkung der Kohlehydrate. Und die von der *American Diabetes Association* herausgegebenen grundsätzlichen Diät-Regeln fordern nicht einmal für Diabetiker einen verminderten Kohlehydrat-Verzehr, obwohl es eine längst bekannte Tatsache ist, daß durch eine verminderte Kohlehydrat-Zufuhr der Verlauf der Zuckerkrankheit entscheidend und oft auf geradezu dramatische Weise zum Guten beeinflußt wird.

Ich träumte einen Traum . . . Martin Luther King träumte einen Traum. Und ich, ich träume auch einen Traum, der aber hoffentlich nicht nur ein Traum bleiben wird! Ich träume von einer Welt, in der niemand mehr diät leben muß. Von einer Welt, in der die dick und krank machenden isolierten, denaturierten Kohlehydrate aus unseren Lebensmittel-Produkten und damit aus unserer Ernährung verschwunden sind. Unsere Ernährungswissenschaft ist heute so weit entwickelt, daß wir durchaus Süßigkeiten *ohne* Zucker und Brot *ohne* Stärke herstellen *können,* was bisher zwar nur experimentell gemacht wurde, doch sollte der Lebensmittel-Handel ein reichhaltiges Angebot derartiger Produkte anbieten, damit jeder sie kaufen kann. Diese Forderung bildet einen wesentlichen Teil der Diät-Revolution, die ich anstrebe.

Wenn wir in einer Zivilisation leben würden, in der unsere gesamten Nahrungsmittel nur ein Minimum an Kohlehydraten enthielten, könnten wir alle nach Herzenslust von allem essen und, falls notwendig, dabei wieder schlank und rank und schön und gesund werden und es bleiben! Wenn sich mein Traum verwirklichen läßt, wird es für die Menschen, die diät leben müssen, eine Fülle von Nahrungsmitteln geben, an denen sie sich mit Genuß – wo auch immer und mit wem auch immer! – sattessen können – Nahrungsmittel, die heute noch aus oder unter hohem Zusatz von Kohlehydraten hergestellt werden. In einer solchen Welt könnten auch die Menschen mit einem gestörten Kohlehydrat-Stoffwechsel und einem nicht zu bezähmenden, sorglosen Appetit schön und schlank und damit gesund bleiben.

Wie sieht jedoch die Wirklichkeit aus? Die auf eine Diät angewiesenen Menschen bewegen sich mühsam in einer feindlichen Welt, die nicht nur voller Nahrungsmittel, sondern auch voller Mitbürger ist, die mit allen nur erdenklichen Überredungskünsten versuchen, diese armen Menschen zur Aufgabe der einzigen für sie gesunden Ernährungsweise zu verführen. Und so artet eine gesunde Ernährungsweise oder eine spezielle Diät im allgemeinen in einen ausgesprochen einsamen und wahrhaftig nicht leichten Alleingang aus.

Wie Sie mithelfen können, diese Diät-Revolution in Gang zu bringen. Wenn Sie die in diesem Buch dargelegten Richtlinien befolgen und sich an die Grundsätze unserer neuen Ernährungsweise halten, wird es Ihnen gelingen, Ihr Übergewicht für immer erfolgreich in den Griff zu bekommen, und es wäre schön, wenn Sie nicht vergessen würden, daß ich Ihnen dabei geholfen habe. Als kleine Gegenleistung bitte ich Sie, mir bei der Verbreitung der Diät-Revolution zu helfen.

Wenn z. B. in Ihrer Gegenwart jemand sagt, eine Diät sei so gut wie jede beliebige andere, dann hören Sie sich das nicht höflich schweigend an! Widersprechen Sie! Sprechen Sie mit dem Betreffenden so lange über unsere neue Ernährungsweise und ihre Grundsätze, bis Sie ihn von deren Richtigkeit überzeugt haben und er einsieht, daß seine anfängliche Behauptung einfach nicht stimmt.

Setzen Sie sich dafür ein, daß die Berufstätigen in den Kantinen nicht mehr mit einer billigen Kost, die vorwiegend aus Kohlehydraten besteht, vollgestopft werden! Und setzen Sie sich dafür ein, daß unsere Jugend sich auf Grund unserer neuen Erkenntnisse besser und gesünder ernährt als es uns in unserer Jugend möglich war! Kämpfen Sie für die Erlassung neuer Lebensmittel-Gesetze, die vorschreiben, daß ein Diät-Produkt *sowohl arm an Kohlehydraten wie an Kalorien* sein muß!

Mit Ihrer tatkräftigen Hilfe und Unterstützung müßte es uns mit vereinten Kräften gelingen, eine Diät-Revolution in die Wege zu leiten und die Allgemeinheit über die heute noch bestehenden wahrhaft tragischen Irrtümer auf dem Gebiet der Ernährung aufzuklären! Und das zum Wohle und zum Besten aller!

Register

Tabelle der durchschnittlichen Körpergewichte

von Männern (= M) und Frauen (= W) in Kilogramm nach Hassing-Schall

Körpergröße in cm	25-29 J.		30-34 J.		35-39 J.		40-44 J.		45-49 J.		50-54 J.		55-59 J.		60-64 J	
	M	W	M	W	M	W	M	W	M	W	M	W	M	W	M	W
150	56,1	46,5	57,1	47,4	59,4	49,2	60,0	49,7	60,0	49,8	60,0	49,8	60,0	49,8	58,1	48,2
152	56,3	46,6	58,0	48,1	59,4	49,2	60,3	50,0	60,7	50,3	60,7	50,3	60,7	50,3	59,2	49,0
154	57,0	47,2	58,4	48,4	59,4	49,2	60,6	50,2	61,4	50,8	61,4	50,9	61,4	50,9	60,2	49,8
156	57,2	46,3	58,9	48,8	59,9	49,7	61,2	50,7	62,1	51,5	62,1	51,5	62,1	51,5	61,4	50,9
158	58,3	48,4	59,7	49,5	60,7	50,3	62,0	51,4	62,9	52,1	62,9	52,2	62,9	52,2	62,5	51,8
160	59,4	49,2	60,8	50,3	61,7	51,2	63,0	52,2	64,0	53,0	64,0	53,0	64,0	53,0	63,5	52,6
162	60,9	50,5	62,2	51,5	63,1	52,3	64,5	53,5	65,0	53,8	65,4	54,2	65,4	54,2	64,9	53,8
164	62,0	51,4	63,4	52,5	64,3	53,3	65,6	54,4	66,1	54,8	66,8	55,4	66,8	55,4	66,3	55,0
166	63,3	52,4	64,6	53,6	65,5	54,3	66,9	55,4	67,3	55,8	68,2	56,5	68,2	56,5	68,0	56,3
168	64,8	53,7	66,1	54,8	67,0	55,5	68,4	56,7	68,7	57,0	69,8	57,8	69,8	57,8	69,8	57,8
170	66,4	55,0	67,8	56,2	68,8	57,1	70,2	58,1	70,6	58,6	71,5	59,3	71,5	59,3	71,5	59,3
172	67,9	56,3	69,3	57,5	70,5	58,5	71,9	59,6	72,4	59,9	73,3	60,7	73,3	60,7	73,3	60,7
174	69,4	57,5	71,0	58,8	72,3	59,9	73,3	61,1	74,2	61,5	74,9	62,1	75,1	62,3	75,1	62,3
176	70,9	58,8	72,8	60,3	74,1	61,5	75,5	62,6	75,9	62,8	76,4	63,3	76,9	63,8	77,0	63,8
178	72,3	60,0	74,6	61,9	76,0	63,0	77,3	64,1	77,7	64,4	78,2	64,8	78,6	65,2	79,3	65,7
180	74,1	61,4	76,4	63,3	78,1	64,7	79,1	65,6	79,9	66,3	80,0	66,3	80,4	66,6	81,2	67,3
182	76,2	63,2	78,5	65,0	80,2	66,5	80,8	66,9	82,0	68,0	81,7	67,7	82,2	68,1	83,1	68,9
184	78,5	65,0	80,6	66,8	82,4	48,3	82,8	67,7	84,2	69,8	83,7	68,5	84,2	69,7	84,7	70,2
186	81,0	67,1	82,8	68,6	84,6	70,1	85,1	70,6	86,5	71,7	85,9	71,1	86,3	71,5	86,0	71,3
188	83,5	69,2	85,3	70,6	87,1	72,2	88,1	–	89,0	–	88,0	–	88,0	–	87,1	–

Alle angegebenen Zahlen beziehen sich auf morgendliche Wägung, unbekleidet, vor dem Frühstück, nach dem Stuhlgang. Für Kleidung (mit entleerten Taschen) sind abzuziehen: Im Sommer bei Männern 3 bis 4 kg, bei Frauen 2 kg, im Winter bei Männern 4 bis 5 kg, bei Frauen 3 kg.

Gut essen — sich wohlfühlen und abnehmen mit Dr. Atkins

Mordecai Richler

Sohn eines kleineren Helden

Roman

Aus dem Englischen von Paul Baudisch

Band 11785

›Sohn eines kleineren Helden‹ ist die Geschichte Noah Adlers aus Montreal. Der Konflikt Noahs ist der Zwiespalt des assimilierten jungen Juden von heute, der sich seines Judentum zwar bewußt ist, sich aber befreien möchte aus der bedrükkenden Atmosphäre eines Ghettos, das nicht mehr zwangsweise auferlegt ist, sondern sich durch die Mauern jüdischer Tradition und Strenggläubigkeit aus freien Stücken von der Umwelt abschließt. Noah, der sich vor allem als Kanadier versteht, bricht aus, kehrt aber zurück, als er erfährt, daß sein Vater unter mysteriösen Umständen bei einem Brand ums Leben gekommen ist. Todesmutig hatte er, der sonst nicht gerade ein Ausbund an Charakterstärke war, sich in die Flammen gestürzt, um eine Schatulle zu bergen. Großvater Melech, der orthodoxe Patriarch der Familie Adler, umgibt den Tod seines Sohnes mit einer frommen Legende. Noah, der die Wahrheit kennt, fügt sich – der Ehre seines Vaters, eines eben doch nur kleineren Helden, zuliebe – noch einmal dem strengen Kodex. Aber dann ist er endgültig reif für die Freiheit und sucht sein Glück in Europa.

Fischer Taschenbuch Verlag

fi 1069 / 3